最後通牒ゲームの謎

進化心理学からみた行動ゲーム理論入門

小林佳世子

日本評論社

第3章 「目」と「評判」を恐れる心——なぜ独り占めしようとしないのか？　47

第4章 不公平への怒り——なぜ損をしてまでノー！というのか？　93

第6章
進化の光 207

「心の性質を理解することは、社会制度と社会行動、経済学や政治学における、活気に満ちた理論の構築に欠かせないものである。経済学は、人間の理性についての『アプリオリな』仮定のもとで、二世紀にもわたって問題をごまかしてきた。しかし、そういう仮定はもはや実のあるものではない。そうした仮定は、人間の心についてのもっと真実性のある理論にとって代わられなければならないのである。」

by Herbert A. Simon（1996）*Models of My Life*

『学者人生のモデル』p.521

はじめに——もっとも不可思議な結果⁉

経済学の実験⁉

突然ですが、こんな状況を想像してみてください。とある大学のキャンパスを歩いていたら、「経済実験　参加者募集！」などと書かれたポスターを見つけました。

経済学の実験⁉　ゲーム⁉　なんだかよくわかりませんが、ゲームというからにはなにか楽しいものなのかもしれないし、謝礼ももらえそうということで、とりあえず決められた日に、経済実験室というところに行ってみました。

当日に受付を済ませて案内された部屋に入ると、大きな衝立で仕切られた部屋に案内されました。まもなく、実験者と思われる先生がやってきて、説明をはじめました。この部屋には2人の実験参加者がいて、この2人でペアになって実験を行いますとのことです。どうやら、この衝立の向こうにもう1人の参加者がいるようです。向こうの様子はまったくわかりませんが、実験は匿名で行われるために、衝立の向こうのもう1人のことをAさん、自分のことをBさんとよぶことになりますと、先生が説明を続けています。

> **経済実験　参加者募集！**
>
> 経済学の実験の参加者を募集します。やってもらうことは簡単で、お金を分けあうというシンプルなゲームをするだけです。分けたお金は、謝礼としてさしあげます。参加費はもちろん無料です。
>
> 参加希望者は、○月○日○時に△棟□階の経済実験室までいらしてください。

さらに先生は、Aさんに1000円を渡し、このお金を隣にいるBさん（つまりあなたのことです）と分けてくださいといっています。分け方はまったく自由でどのように分けてもいいようですが、相手であるBさんが納得しなければ、この1000円は返してもらいますとのことです。つまり「相手」である自分が、「イエス！」といえばそのとおりにお金は分けられますが、「ノー！」と断れば、この1000円は先生にとりあげられてしまい、自分たちは何ももらえないということのようです。この状況を、図0-1にまとめてあります。

なんだか変な実験だなあと思いながらも、Aさんはいったい自分にいくらを渡してくるのだろうか

図0-1　実験のはじまり

と、ちょっとだけ楽しみにしていたところ、先生が、1円玉を1枚持って現れました。図0-2を見てください。驚いたことにAさんは、たった1枚の1円玉だけを渡してきたというのです。Aさんの手元には、もちろん999円が残っているはずです。つまりAさんは、Aさん自身に999円、自分には1円だけという分け方をしたようです。

さあ次はあなたの番です。「この1円を、受けとりますか？」と聞かれたあなたは、「イエス！」といって受けとるでしょうか？　それとも、「ノー！」といって断るでしょうか？

最後通牒ゲームとは

何をやっているのか意味がわからない⁉　そうお思いの方も多いかもしれません。実はこれは「**最後通牒ゲーム**（ultimatum game）」とよばれるもので、

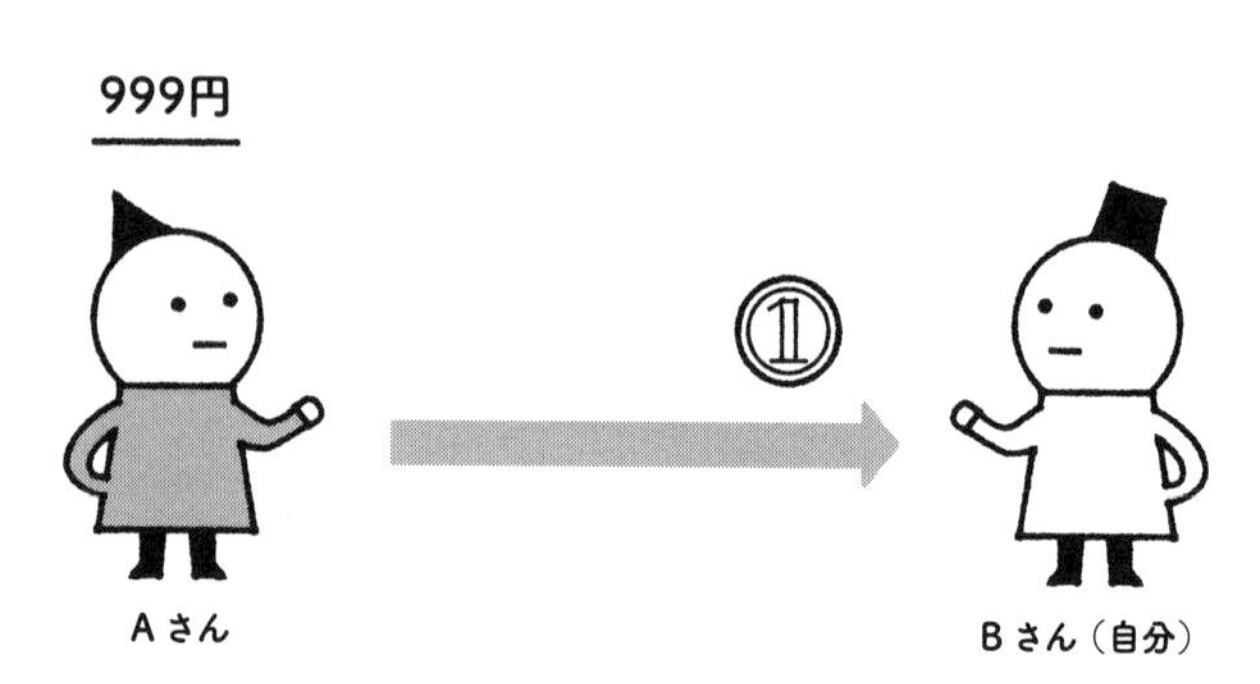

図0-2 提案された1円

ゲーム理論という学問分野で非常によく使われるゲームの1つなのです。

「ゲーム？ あの、遊びの？」と思われる方もいるでしょう。**「ゲーム理論**（game theory）」とは、経済学の一分野として、企業同士の駆け引きなど、人と人とのかかわりを分析するときに使われるれっきとした学問分野です。その爽快な切り口から、学生さん向けのみならず一般の方やビジネスマン向けの書籍も多数出版されているので、たとえば「囚人のジレンマ」なら聞いたことがある、という方も多いのではないでしょうか。ゲーム理論で使われる1つ1つのモデルをゲームとよびますが、囚人のジレンマもまた、ゲーム理論で用いられるゲームの1つです。囚人のジレンマは、ゲーム理論で使われるゲームの中でも、たぶんもっとも有名なものの1つでしょう。

同じようにゲーム理論の中で非常によく使われ、基本中の基本といってもよいゲームの1つが、今回とりあげるこの最後通牒ゲームです。「最後通告ゲーム」とよばれることもあります。もともとは、売買交渉などの交渉のやりとりをごく簡単に表したものです。

受けとる？　受けとらない？　いくら渡す？

さあ先の状況で、Ａさんから1枚の1円玉を差しだされたみなさんは、どのように行動するでしょうか？　イエスといって受けとりますか？　それとも、ノーといって断りますか？

もしイエスといって受けとれば、みなさんは1円を手にいれて、Ａさんは999円を手にいれます。ノーといって断れば、1000円は実験者である先生にとりあげられるので、みなさんもＡさんも何ももらえず、2人とも「0円」ということになります。さあ、みなさんなら、どちらを選ぶでしょうか？

10歳になったばかりの私の本好きの長男は、置きっぱなしにしていたこの原稿をふと目にとめて、「そんなの、ノー！だよ！　ズルいじゃん！」といっていました。ちょうどそばにいた私は「なるほど！」と思ったので、「じゃあ、1000円を分ける人だったら、どう分ける？」と聞いてみたところ、「う～ん。それならやっぱり半分ずつかな」といっていました。自分に500円、相手に500円ということのようです。

では同じようにみなさんが今度はＡさんの立場だったとして、1000円を実験者である先生から受けとったとしましょう。Ａさんの立場となったみなさんは、隣にいるＢさんに、今度はいったいいくらを渡すでしょうか？

もっとも頻繁に行われた実験⁉

実はこの〝実験〟は、「人間を対象としたあらゆる実験の中で、もっとも頻繁に行われるものに入る」（Poundstone 2010／邦訳 p.163）とまでいわれるほどに、世界中で数えきれないほど行われています。

実験をすると、世界中の多くの人は、おおむね10歳の長男がいったとおりの行動を選ぶことが知られています。つまり、Aさんの立場になった場合には自分と相手とで半分ずつに分け、Bさんの立場になった場合には、少額の提案は「ノー！」と拒否をするという行動がよくみられたのです。きっとみなさんも、同じような行動を選んだ人が多かったのではないでしょうか。

しかしながら、この〝アタリマエ〟にも感じられるこれらの行動は、伝統的な経済学あるいはゲーム理論が指し示す「理論的な模範解答」とは、実はまったく異なります。その模範解答では、Aさんの立場であれば、あの実験室のAさんのように「自分に999円、Bさんに1円」というかなり欲張りな提案をし、またBさんの立場であれば、自分にたった1円というその提案を、イエスといって受けいれるというものになります。なぜこれが〝模範解答〟となるのかその理由は本文をみていただくとしても、この答えをきいて、「ああ、なるほど！　いわれてみれば、それはそうだね！」とすぐに納得できる人は、そうはいないでしょう。

納得のいかない〝模範解答〟

先にもお伝えしたとおり、最後通牒ゲームは、ゲーム理論の中でも非常に基本的なものの1つです。ゲーム理論の多くのテキストにも登場しますし、私自身が大学でゲーム理論の講義をするときにも、必ずとりあげるトピックスの1つです。しかしそこで先の〝模範解答〟を説明すると、そのたびに、「納得がいかない……」と、ほぼ必ずといっていいほどいつも、学生さんからそんな反応をされてしまうものでもあります。

「答えにいたる考え方が難しいから」ではありません。最後通牒ゲームは、本文で詳細をみていただくとすぐにわかっていただけると思いますが、その構造も考え方も、ばかばかしいほどにシンプルです。実際に、その考え方がわからないといってきた人は、思い返してみても誰もいません。しかしそれにもかかわらず、「たしかに考え方はわかるけど……」と、いつもそんな反応をされてしまうのです。

ちなみにゲーム理論のほかの事例では、そんなことはほとんど起こりません。たとえばあのとても有名だという囚人のジレンマでも、実際の行動は理論とは異なることもしばしばあるとはいえ、一方ではそれなりに納得できたような顔をしてくれます。またそもそもゲーム理論は、それ自体がなかなか楽しい学問なので、「そんな考え方があったのか！　それは面白い！」と、教えているこちらがうれしくなるほどの反応が圧倒的なクラスでもあります。

そんな中で、理屈をいくら説明されても気持ちのうえではどうにも納得がいかないと、多くの学生さんにそんな顔をされるほとんど唯一といっていいのものが、この最後通牒ゲームです。そしてある意味では困ったことに、実は教えている私自身が、学生さんのこの感覚がよくわかるのです。教えていながらも、どうもなにかがしっくりこない……。そんな違和感は、私自身の学生時代からずっともち続けてもいました。

もっとも不可思議な結果!?

教えている人も聞いている人も納得できないなんて、その最後通牒とかいう変な名前のゲームってやつ、そもそもそれ自体がなんか変なんじゃないの？と思われるかもしれません。ところがこの最後通牒ゲームは、ヒトの利他性や公平性などの問題を考えるときの格好のモデルだということで、登場から間もなく、あっという間に学問の世界に一大ブームを巻き起こしたものでもあるのです。

経済学のみならず、心理学、文化人類学、政治学、法律学、倫理学、動物行動学、認知科学、生物学、脳神経科学など、およそヒト（とその近しい動物たち）を扱うありとあらゆるといっても過言ではないほどに多彩な学問分野で、このゲームがとりあげられるようになりました。有名な論文検索サイトである google scholar で、“ultimatum game（最後通牒ゲーム）”と検索すると、そのヒット件数は3万件をはるかに超えています。このあまりの過熱ぶりには、「もっとも頻繁に行われた実験」とまでいわれるようになったことは、すでにご紹介したとおりです。近年には、最初の研究から30周年を記念した論文まで出版されました（van Damme *et al.* 2014, Güth & Kocher 2014）。このような“誕生日”をお祝いしてもらえる研究など、もちろんめったにありません。

これほどにまでに注目を浴びた理由の1つは、とてもシンプルな構造ながら、理論通りに行動する人はまずいないというその事実です。最後通牒ゲームのバリエーションともいえる独裁者ゲームについては、「実験ゲーム理論における、もっとも不可思議な結果の一つ」とまでいわれています（Franzen & Pointner 2012）。これほどまでに注目を集めながら、一方でどうにも納得がいかないということの「最後通牒ゲームの謎」をどう考えたらよいのか、これこそは私自身がこうした問題を考えるにいたったきっかけでもあり、また、この本のスタート地点でもあります。

ヒトの選択の根底にあるもの

しかしそうしてこの最後通牒ゲームの謎を考えていく中で、これは、もっと深い問題とかかわっているらしいということがわかってきました。この謎を突き詰めていくためには、「ヒトのもつ合理性とはなにか」という問題を考える必要がありそうなのです。これは、「ヒトの選択の根底にはなにがあるのか」という問い、さらには「そもそもヒトとは、どのような生き物なのか」という大きな大きな問いにもつながる問題でもあります。

そこで本書では、この「最後通牒ゲームの謎」を手掛かりとしながら、こうした問題についてもみなさんと一緒に考えていきたいと思います。謎ときの道具は、行動経済学と、そして進化心理学です。

* *

なお本書は、最先端の専門的なところまでしっかりと書き込もうとした結果、脚注だらけの本となってしまいました。さらに細かな点は、章末に補足として入れました。原則として、脚注や補足は少しレベルの高い話題ですので、特に最初はすべて飛ばしていただいてもまったく構いません。ただし興味のあるところだけでも読んでいただけると、学会で行われているような最先端の議論の一端にまで触れられると思います。

また引用した論文等には、かっこの中で著者名とその出版年が書かれています。*et al.* とは“and others (そしてそのほかの者たち)”を意味するラテン語からきており、複数の著者がいるときにそれが省略されていることを示す言葉です。mimeo とは、まだ出版されていない草稿段階の原稿であることを、forthcoming とはまもなく出版予定の原稿であることを意味しています。

第1章 謎解きの道具

「経済学とは、人生の日常の実務において
生き、働き、そして考える人間の研究である。」
by Alfred Marshall (1920) *Principles of Economics*
『経済学原理』p.19

1.1 行動経済学

ホモ・エコノミクスと合理性

突然ですが、「経済学」と聞いてうかぶのはどんなイメージでしょうか？「お金！」「利子」「金儲けの学問！」こんなイメージではないでしょうか。実は、こんな答えには、いつもちょっとがっかりします。

たしかにお金のことも利子のことも、経済学の対象です。でも経済学の一番の関心は、いつも驚かれますが、実は社会の中で生きる「人間」です。少なくとも私はそう思っているのですが、でもそういうと驚かれるようになってしまったことには、残念ながら経済学にもちょっと責任はあるのかもしれません。

伝統的な経済学が長い間標準的にあつかってきた人間像は、「**ホモ・エコノミクス**（homo economicus）——（合理的）経済人」とよばれています。ホモ・エコノミクスはとても論理的で、自分は何が好きで何が嫌いか、すべてのことにとても首尾一貫した考えをもっています。そのうえとても賢くて、自分のおかれた状況を瞬時に正しく把握し、どんな複雑な計算も軽々とやってのけ、自分にとっていったい何がもっとも好ましい選択なのか、たちどころに正しい〝答え〟を見つけることができます。なによりそのときに考慮するものは、自分の利益だけなのです。自己の利益を「**合理的**（rational）」に追求する個人であり、いいかえれば、「絶え間なく自分のみを顧慮する行為者」（Bowles 2012／邦訳 p.154）です（経済学における合理性の考え方は、実は少しややこしいので、章末に簡単な補足があります。興味のある方は見てください）。

完全無欠の計算能力を駆使して迷わず最適な選択肢を選ぶその姿は、〝神のよう〟とも〝合理的な愚か者〟ともいわれます。「もしかして、現実にいたらちょっと嫌な奴？」と思うこともあるホモ・エコノミクスですが、「ホモ・エコノミクス」とは長いので、ノーベル経済学賞を受賞したセイラーにならって、これ以降は「**エコン**」（Thaler 2015）とよぶことにしましょう。

そんなエコンに対する見方が、近年、経済学の中でも大きく変化してきました。「（実験経済学をはじめとする数多くの実験は）経済人という教科書的表現による予測からの一貫した反例を示し続けてきた」、そう書かれたのは、２００４年に出版された、『人類の社会性の基礎（*Foundations of human sociality*：未訳)』(Henrich *et al.* 2004, p.8) という分厚いテキストです。今まで考えられてきたエコンって、やっぱりなにかが違う……、それが経済学の世界でもはっきりと認められるようになってきたのです。その流れに大きな役割を果たしたものの1つが、行動経済学です。

> 「陰鬱(ネノクライ)な経済学者たち(ケイザイガクシャドモ)が、天地創造以来崇め奉ってきた、超合理的で自分のことしか考えないケダモノ、つまり経済人はついに死んだのだ（まあ、そんなもんがほんとにいたとして、だけど)。ハレルヤ！」
>
> by Levitt & Dubner (2009) *SuperFreakonomics*
> 『超ヤバい経済学』p.140

行動経済学とは

「**行動経済学**（behavioral economics)」とは、〝異端の学問〟などともいわれますが、近年急速に注目を集めるようになった新しい経済学の分野です。「行動経済学」という名前だけでは、何をしているのかちょっとわかりにくいのは欠点なのですが、この分野を支える研究手法の大きな柱は、「実験」です。ただしここでいう実験には、フラスコも試験管もアルコールランプもでてきません。ヒトを対象として、特定の状況でヒトはどのように行動するのかを調べるものです。しかし突然「実験」といわれても、「経済学なのに、実験⁉」と戸惑われる方も多いかと思いますので、まずは例をみてみましょう。

大学で私のゼミの学生さんを相手に行った実験の1つに、オークションの実験があります。美術品でもワインでも中古のおもちゃでもなんでも構いませんが、それらの〝商品〟を買いたい人が値段をつけていき、一番高い値段をつけた人がその商品をその値段で買うことができるというのが、典型的なオークションです。ここではいくらの値段でその商品を買う気があるのか、その金額を他の人に見えないように紙に書いて入札をしてもらう、いわゆる「封印入札」という方法で実験を行いました。そしてその入札の前に、ランダムに割りふった数字を意識してもらいました。「意識してもらう」とは、たとえばそのランダムな数字が108449などという数値だったとすると、10万8449円以上の金額でその商品を買う気があるかどうかを一度考えてもらう、といったことです。

すると不思議なことに、大きな数字を意識させられた人は、小さな数字を意識させられた人と比べて、オークションでの入札額が高くなることが示されました。「**アンカリング効果**（anchoring effect）」といわれるこの行動は、あまりに不思議でなかなか納得しがたいものがありますが、驚いたことにさまざまな状況で繰り返し確認されています。

アンカリング効果以外にも、たとえばお寿司屋さんの「並・上・特上」のように品質の異なる3つの選択肢から選ぶとなるとつい真ん中を選んでしまいがちなことや、同じワインであっても値段が高いといわれただけでおいしいと思ってしまうことなども知られています。エコンならば、選択肢そのものの自分にとっての価値から判断するはずですから、選択肢が一番端にあるのか真ん中にあるのかといった選択肢の場所によってその判断が影響されるはずはありません。同じように、ワインのおいしさはワインの味わいそのものから判断するはずですから、ワインの金額でそのおいしさの評価が変わってしまうはずもありません。

これまでの経済学における理論とは、エコンを前提として、「どう行動するはずか」あるいは「どう行動するべきか」といった問題を考えてきました。それに対して経済学における実験とは、それぞれの意思決定の場面で、ヒトは「実際にはどのように行動するのか」を調べるものです。こうした実験を数多く積み重ねることで、行動経済学は、ヒトは経済学が想定するような合理的な行動をとるとは限らないことを示してきたのです。

アノマリー

ちなみにこのような〝不思議な行動〟のことを、専門用語で「アノマリー（anomaly）」といいます[1]。多くのヒトに共通してみられる、エコンとは異なる〝変な行動〟のことです。大きな金額を意識した後は入札金額が大きくなってしまうことも、真ん中の選択肢をつい選びがちなことも、高いといわれたワインは同じワインでもよりおいしいと感じてしまうことも、みんな「アノマリー」です。個人差を超えて多くの人が同じようにやってしまいがちな、合理的ではない〝行動や思考のクセ〟とでもいえるもののことです。

行動経済学は、実験を通じて多数のアノマリーを示すことで、ヒトはエコンではないこと、またこうした〝エコンとのズレ〟は、単なる例外やランダムなエラーなどですまされるものではなく、多くの人に共通した「系統だった特徴」があるということを、驚くほど多くの証拠をもって示してきたのです。

こうした行動経済学の道具を使いゲーム理論の問題を考えていこうというのが、行動ゲーム理論です。そしてゲーム理論の世界で、とびぬけて有名なアノマリーの1つが、今回とりあげる「最後通牒ゲーム」です。

とってもとっても合理的!?

ところで「ヒトは合理的ではない」のだから、行動経済学は、「人間が不合理であることを示した」、

[1] アノマリーとはあまり聞きなれない言葉かもしれませんが、辞書でその言葉をひくと、「ある法則や理論からみて、異常や例外、説明できない事象のこと」といった説明がされています。「ノーマル（通常の、標準の）」という言葉と関係した言葉に、否定の接頭語の〝a〟がついた言葉だと知ると意味がわかりやすいかもしれません。

そんな表現もよく目にします。疑問も感じずに納得してしまいそうな表現ではありますが、行動経済学の生みの親とされ、その業績でノーベル経済学賞を受賞したカーネマン自身は、「(そういわれるたびに)私はうんざりしたものだ」と、なかば怒り調子で明確に否定しています(Kahneman 2011/邦訳(下)p.319)。自分たちが示してきたことは、ヒトの行動は経済学が想定するような合理性では説明がつかないことであり、ヒトが不合理であることではない、というのです。

ヒトは合理的ではないけれど、不合理でもない!? これはいったいどういうことでしょうか……?その答えは、実は「とってもとっても合理的!」といえるのではないかと考えています。おやおや、これはさらに困りました! ヒトは合理的ではないけれど不合理でもない、でも「とってもとっても合理的!」とは、いったいどういうことでしょうか!? これではまるで禅問答です! さあこの問題をどう考えたらよいのか、実はこれこそが、本書の最大のテーマです。

1.2 進化心理学

さて、謎解きのもう1つの道具が、「**進化心理学**(evolutionary psychology)」です。「進化」って、生物学の用語じゃなかったっけ?と思われる方も多いのではないかと思います。ヒトも含んだ生物の体の仕組みが、進化の中で形作られてきたことは、中学や高校などでも習ってきました。それと同じように、私たちの体だけでなくヒトの心もまた、進化の中で形作られてきたとする考え方が近年主流となってきたのです。

「ヒトの心が、進化の中で形作られる!? なんだか、意味がわからない……。」そう思われる方もいるかもしれません。じれったいと思われるかもしれませんが、その意味もまた、本文を読みながらみなさんと一緒に考えていきたいと思います。

1.3 この本の構成

最後にこの本の構成を、簡単に説明しておきましょう。第2章では、まずそもそも最後通牒ゲームとはどういうものなのか、その〝謎〟とはいったい何かについて考えていきます。最後通牒ゲームとは、先にも説明したとおりAさんBさんとよぶことになる2人の間でお金を分けあうゲームなのですが、世界中での実験から、どちらの行動もエコンとは程遠いことが示されます。

第3章ではAさんのアノマリーをとりあげ、なぜAさんはエコンのように行動しないのかを考えていきます。ここでは、「目」や「評判」を極端なほどに気にかけ、「正しくみえる」ことに敏感なAさんの姿が浮かびあがってきます。

第4章ではBさんのアノマリーをとりあげ、なぜBさんもまたエコンのように行動しないのかを考えていきます。ここでは、不公平に怒り、そのような相手を罰したいという強い欲求をもつBさんの姿が浮かびあがってきます。

続く第5章では、再びAさんの問題にもどり、なぜAさんはそこまで「目」や「評判」を気にかけなければいけなかったのか、進化の中で脳に刻み付けられた力について考えていきます。最後通牒ゲームからみえてくる興味深い結果についても、少し触れていきます。

最終章となる第6章では全体をふりかえり、これらのアノマリーは、現代人の中にある「石器人の心」による生き残りの戦略であること、そして本書ではそれを「適応合理性」とよぶことを示します。

さあ、やっと本題にはいる準備ができました。ではまず、そもそも最後通牒ゲームとはどのようなゲームなのか、その謎とは何か、次の章で考えていきたいと思います。

第1章 補足：合理性について

ここは、「合理性」に関する細かな注釈ですので、興味のない方は飛ばしてください。

経済学における「**合理性**（rationality）」のもっとも原理的な定義は、首尾一貫した好みを、あらゆることにもつことです（Mas-Colell *et al.* 1995）。たとえば「私はモモよりイチゴが好き。イチゴよりブドウが好き。でもブドウよりやっぱりモモが好き！」といったような、結局何が好きなのかよくわからない矛盾した状況が起きずに、いったいどちらを自分は好ましいと思っているのか、あらゆることに明確な好みをもつことです。矛盾しない首尾一貫した好みをもつことを「**推移性**（transitivity）」といい、そうした好みをあらゆることにもつことを「**完備性**（completeness）」といいます。この2つの条件を、著名なゲーム理論家のルービンシュタインは「明確な好み（clear preferences）」とよんでいますが（Rubinstein 1998）、合理性の条件は、実はこの2つだけなのです。

誤解されやすいのですが、そのときに「自己の利益のみを追求すること」、つまり「**利己性**（selfishness）」は必ずしも必要ではありません。ほかの人の利益が大きくなることを喜ぶ「合理的な利他者」がいることは、この合理性の定義からはなんら問題ないのです。

しかし少なくとも旧来の経済学においては、自己利益を合理的に追求する個人が標準的な前提として用いられてきました。それこそが、しばしば揶揄されてもきた、経済学における典型的な「エコン」です。経済学の巨匠エッジワースは、1881年に出版された本の中で、「経済学の第一原理は、すべての主体が自己利益のみに基づいて行動するというものである（The first principle of Economics is that every agent is actuated only by self-interest.）」と書きました（Edgeworth 1881, p.16）（ただしエッジワースは、この文章に続いて、こうした行動原理が正しいのは戦争と契約の場面だけだという注釈をつけています）。

最後通牒ゲームの実験を初めて行ったギュートは、「最後通牒ゲームの実験が広く使われる実験パラダイムとなったのは、ゲーム理論や経済学で要求されている合理性（rationality）に明らかに反しているから」と、その初期の展望論文の中で書いています（Güth & Tietz 1990）。「過去においては意思決定主体が合理的であるという仮定は、自らの物質的利益のみを最大化し、他者もまたそうするであろうと期待するという、いわゆる『利己性原理（selfishness axiom）』と典型的には結びついていた」（Henrich *et al.* 2004, p.8）と書かれたように、「合理性」という一言の中には、長い間、暗黙裡に利己性が結びついてきたと考えられます。自分の損になることを、わかっていながらわざわざ選択するということは、『理』に『合わない』とされてきたのです。まただからこそ、ここで扱う最後通牒ゲームの実験結果が自己利益の追求とは大きく異なる結果であったことに、これほどの大きな驚きをもって受けとめられたのでしょう。「合理的な利他者」という表現に、なんとはなしにすわりの悪さを感じる程度には、「合理的」という言葉には、一般的には自分のことだけを考える〝冷たさ〟が入っているからかもしれません。

経済学者のフランクは、「合理性についての定義は、合理性について論じた人の数だけあるようだ」（Frank 1988／邦訳 p.23）と書きました。実際に、「手続き合理性」や「目的合理性」など、さまざまな「合理性」の定義も提唱されています（塩沢２００６）（ちなみに、フランク自身の「合理的行動」の定義は、「自己利益追求行動」です）。

そんな中で今日の経済学では、「合理性」と「利己性」の違いを意識した議論がされるようになり、たとえば今回の最後通牒ゲームは、「合理的」だが「利己性」に反しているようにみえる事例として議論されています（川越（２０２０）参照）。本書でも厳密になりすぎない範囲で、この違いを意識した言葉の使い方をしていきたいと思っています。

第2章 ホモ・エコノミクスを探して

2.1 見知らぬ人と分かちあう

さて、ゆっくりと本題にはいっていきましょう。例の、「**最後通牒ゲーム**（ultimatum game）」というやつです。本書の冒頭で簡単に説明はしましたが、ここでもう一度しっかりと、その基本構造を確認しておきましょう。簡単にいえば、もらったお金を2人でどう分けあうのかを考えるゲームでした。いえいえ、まったく難しくなどありませんから、心配しないでくださいね。

最後通牒ゲーム：基本構造

まず2人でペアを組み、1人を「分ける人（Aさん）」、もう1人を「受ける人（Bさん）」とします。2人を今後、Aさん、Bさんとよびましょう。2人はそれぞれ違う部屋にいて、将来まで含めて決して顔をあわせることもなく、お互いに名前も顔も性別も何もわかりません。

〈ステップ1〉Aさんの提案

図2-1を見てください。まず、Aさんに1000円を渡します。そしてその誰だかわからないB

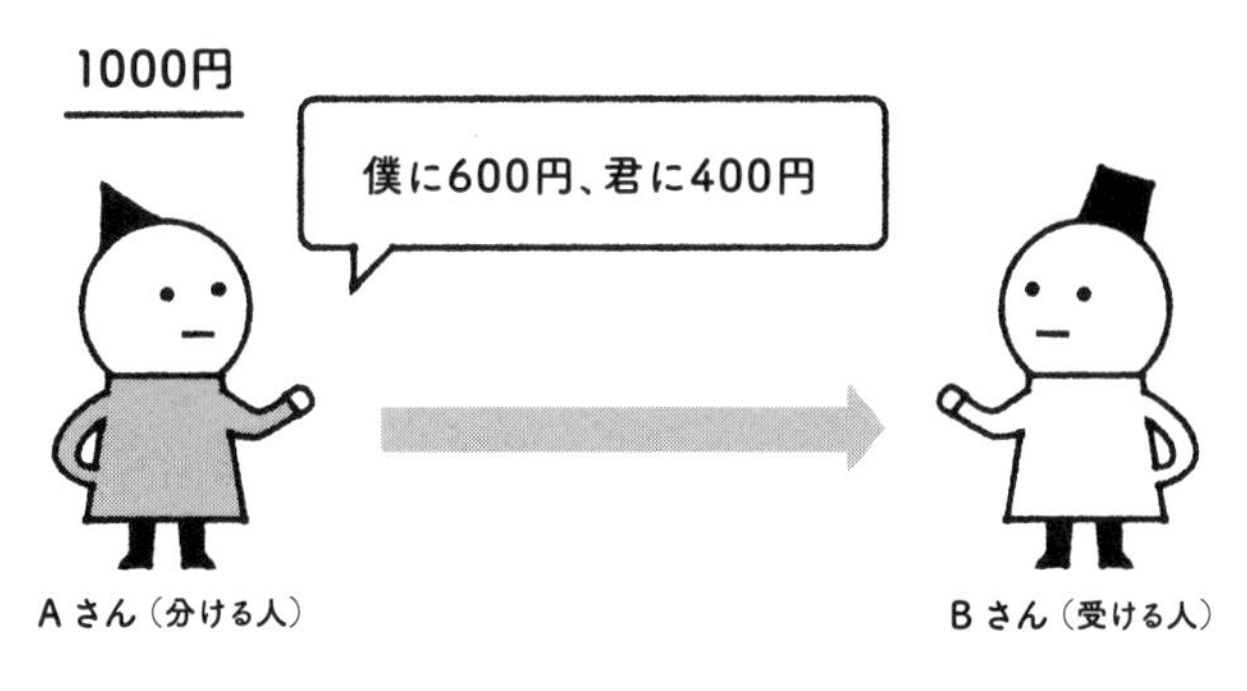

図2-1　最後通牒ゲーム・ステップ1：Aさんの提案

さんと、この1000円をどう分けるのかをAさんに提案してもらいます。Aさんの提案をたとえば（600円、400円）と書き、前の数字をAさんの分、後ろの数字をBさんの分とします。

〈ステップ2〉Bさんの返事

次に、Aさんの提案に対して、「賛成（イエス）」するのか「反対（ノー）」するのかを、Bさんが決めます。図2-2を見てください。Bさんの返事が「イエス」ならばAさんの提案通りに分け、お互いにその金額をポケットに入れられます（おめでとう！）。しかしBさんの返事が「ノー」ならば、1000円は没収、つまり取り分は（0円、0円）となり、2人とも何ももらえません。これが図2-3です。こうした状況を、AさんもBさんもお互いによくわかっているとします。

さあ、たったこれだけが、最後通牒ゲームです。簡単ですよね！　でもやっていることが簡単すぎて、逆に意味がよくわからない……と感じられる方がいるかもしれません。特にBさんが「ノー！」といったあとに、2人ともその利得がゼロになるとい

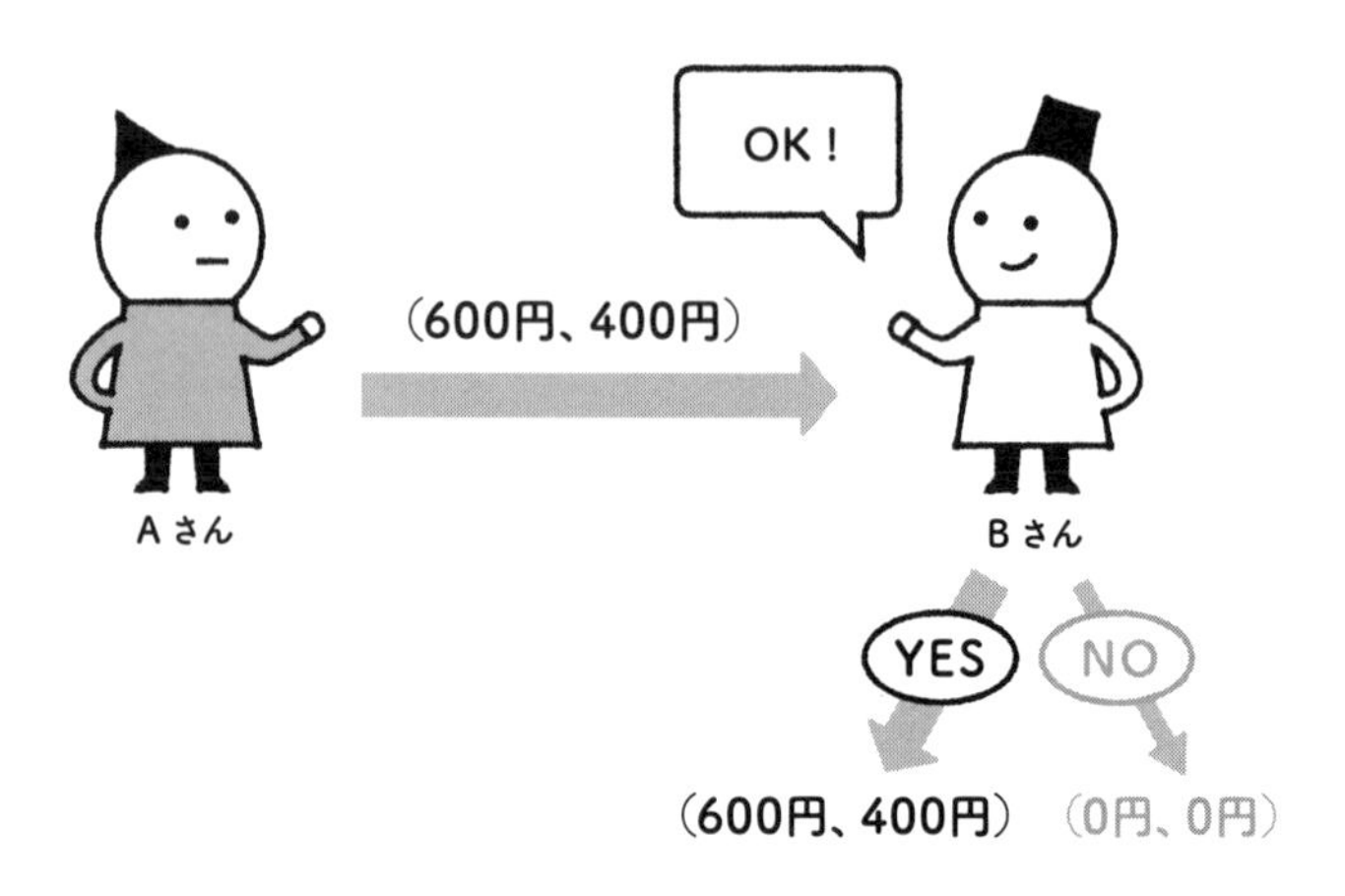

図2-2　最後通牒ゲーム・ステップ2：Bさんの返事「イエス」

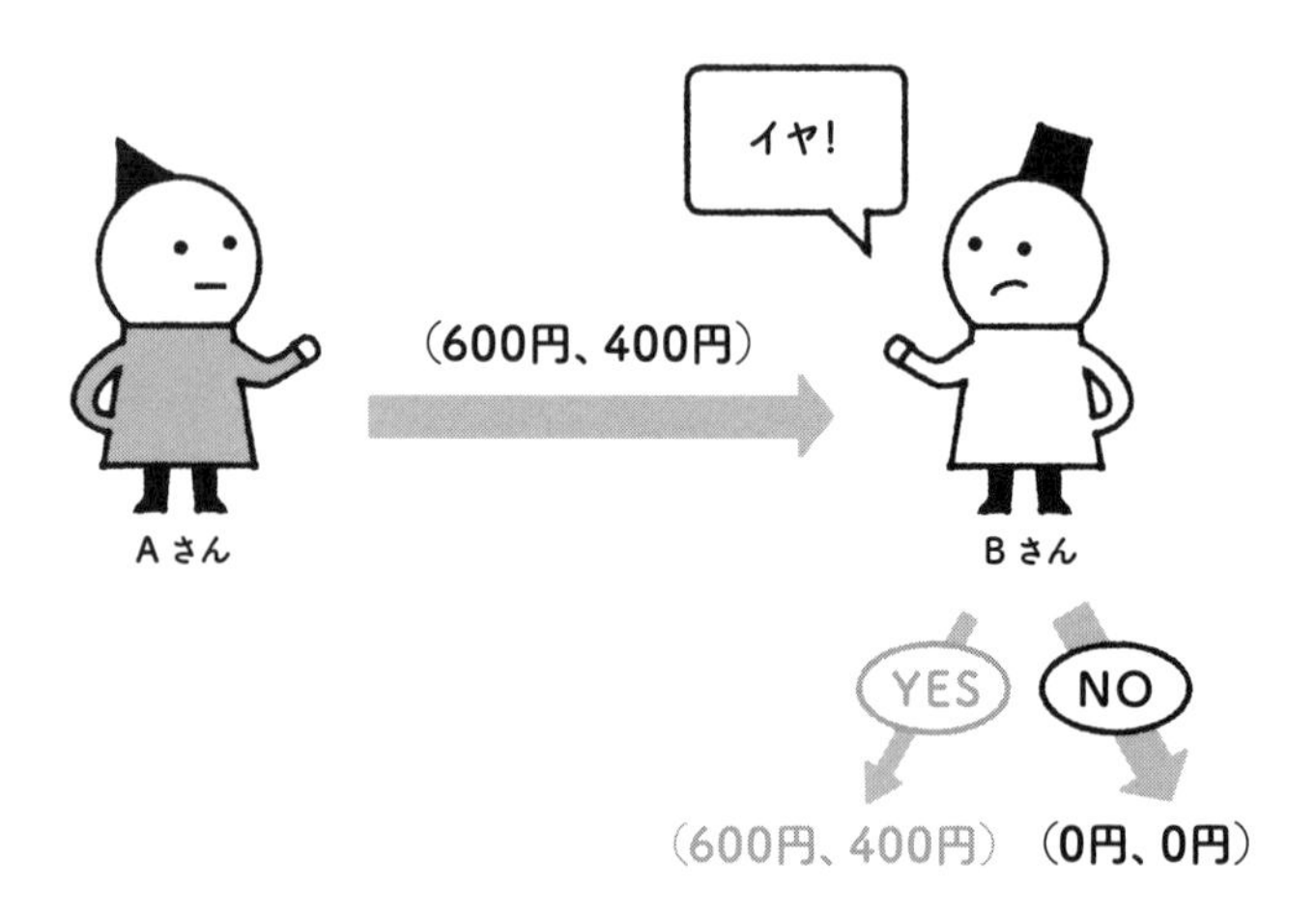

図2-3　最後通牒ゲーム・ステップ2：Bさんの返事「ノー」

うのが、なんだかどうも不自然だと感じる方もいるでしょう。

このゲームは、もともとは、シンプルな交渉のモデルとして考えられました。たとえば、Aさんのお店に買い物にきたBさんというお客さんとの間のやりとりとして、

Aさん：「○○円で買ってもらえない？」

Bさん：「OK！（＝交渉成立）」または「イヤ！（＝交渉決裂）」

といったような売買交渉の状況を、ごくごく簡単に表したものとして考えられたものだったのです。Bさんの「ノー！」は、交渉決裂、つまり売買が成立しない状況を意味していたため、2人ともその利得がゼロとなるとされました。

その後このゲームは、自らの持ち分をどれだけ見知らぬ他者と分かちあおうとするのか、あるいは他者と自分の取り分が互いにどの程度ならば納得がいくのか、そういった利他性や公平性などが関わる、社会の中でのヒトのふるまいについて考えるときのシンプルなモデルの1つとして、さまざまな分野で非常によく使われるようになっていったのです。

さあ、これで最後通牒ゲームの基本の構造はわかりました。簡単だったでしょう⁉　では問題です。この状況で、いったい何が起こるでしょうか？

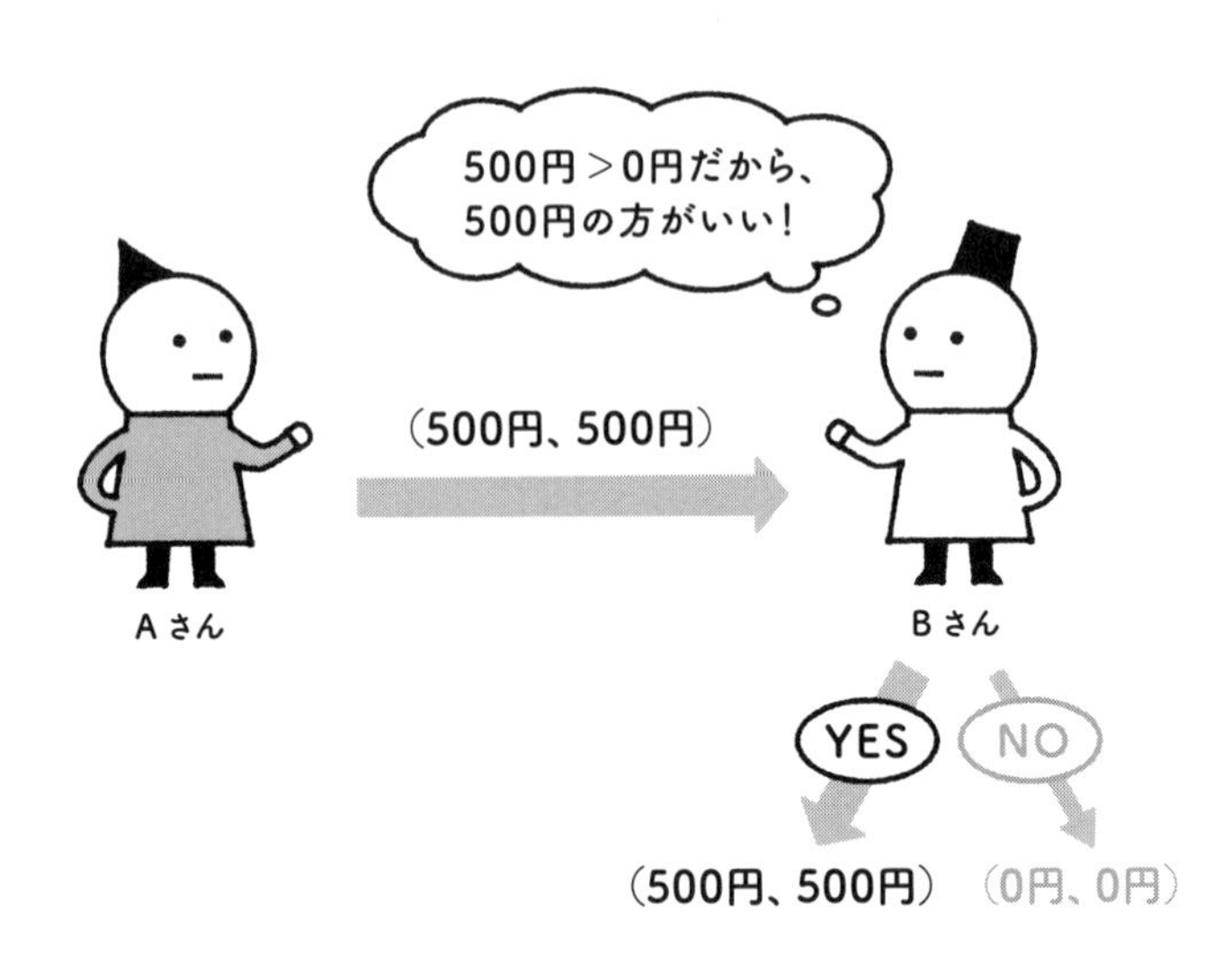

図2-4　最後通牒ゲーム：500円の提案に対して

エコン・バージョン：エコンだったらどうする？

では最初に、AさんとBさんの2人ともあのエコンだったらどうなるのか、まずその問題を考えたいと思います。Bさんの行動から考える方がわかりやすいので、まず、Bさんから考えるとしましょう。

〈Bさんの立場〉

（ケース1）提案が（500円、500円）の場合

Aさんの提案が、（500円、500円）だったとしましょう。Bさんは、これに賛成（イエス）か反対（ノー）かを決めるのでしたね。

図2-4を見てください。Bさんは、「イエス」といえば500円、「ノー」といえば0円になります。エコンならば、迷うことなく「イエス」で

す。だってノーの0円よりも、イエスの500円の方がずっといいですからね。

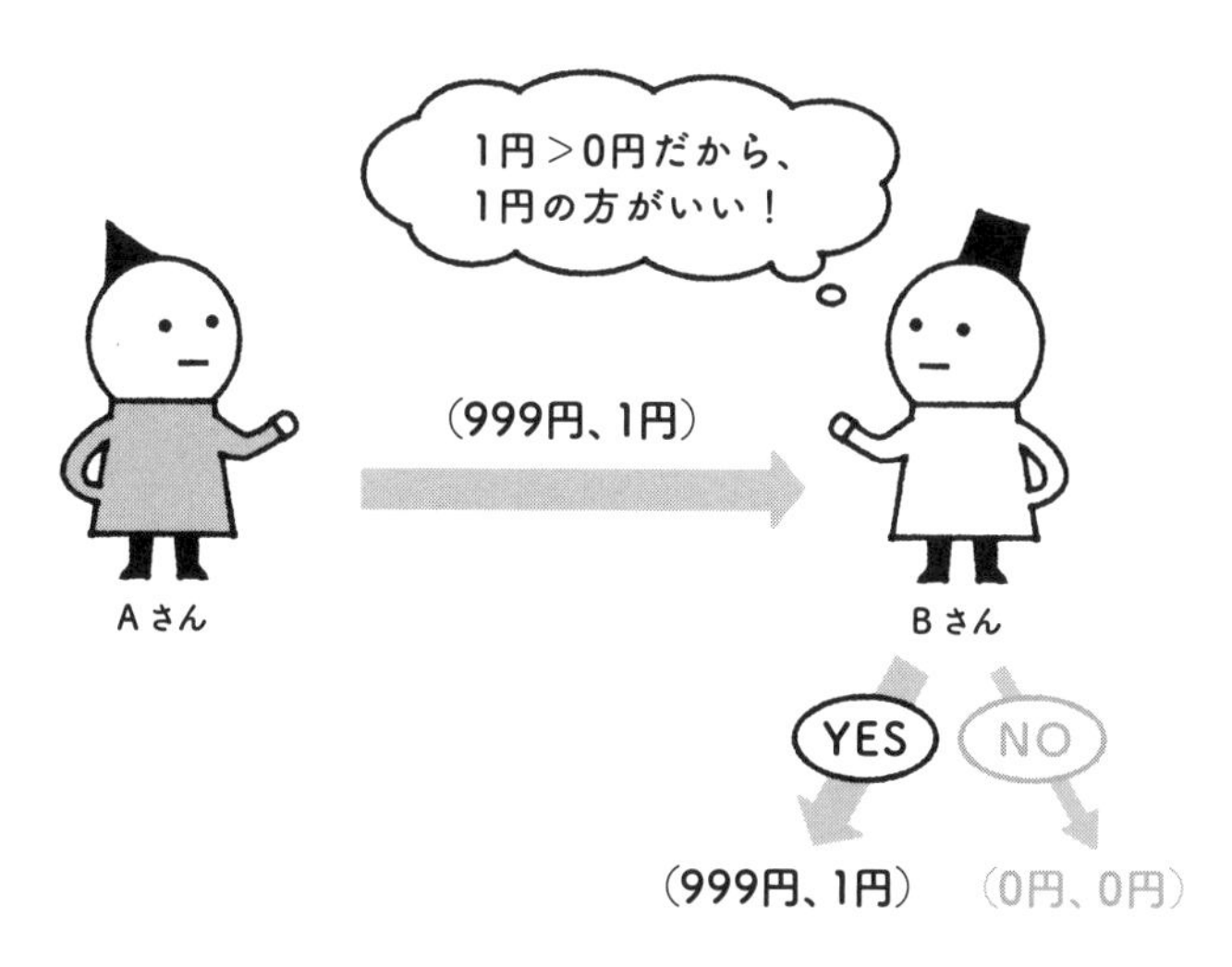

図2-5　最後通牒ゲーム：1円の提案に対して

（ケース2）提案が（999円、1円）の場合

次に、図2-5を見てください。Aさんがもっと欲張りで、（999円、1円）と提案してきたとしましょう。Bさんには、たったの1円です。どうしますか？　でも迷うことはありません。「イエス」の1円の方が「ノー」の0円よりはましですから、エコンならば、やはりここでも迷わず「イエス」というはずです。

おや、気がつきましたか？　さすがです!!　エコンは、自分の取り分が1円以上ならば、全部「イエス」というはずです。だってノーの0円より、1円以上ならばいつだってましだからです。これがわかれば、あとは簡単です！「受ける人」

のBさんがエコンならば、自分の取り分が1円以上のときは、いつでも全部「イエス」です！

〈Aさんの立場〉

さあ、Bさんのやることがわかりました。次は、Aさんです。Aさんがエコンならば、どう提案するでしょうか？　そう、簡単です！（999円、1円）です。だってBさんは、自分の取り分が1円以上あるならば、いつでも「イエス！」です。それがわかれば、あとは簡単！　Bさんには1円だけを渡して、あとは全部自分のものにするべきです！

長くなったので、まとめてみましょう。2人ともあの計算高いエコンならば、こうなるはずです。

① Bさん：「ノー」の0円よりはましなので、自分の取り分が1円以上あるならば、常に「イエス」。

② Aさん：Bさんの行動を予想して、（999円、1円）を提案（ほぼ独り占め!!）。

つまり、AさんとBさんが2人ともエコンならば、Aさんは、

「自分に999円、Bさんには1円だけ！」という、かなり欲張りな提案をします。Bさんはその提案に「イエス」と応じて、その提案を受けいれます。結局、2人ともエコンならば、ほとんど全部をAさんが独り占めをするという結果になるはずだということがわかります[1]。

2.2 実験：やってみなくちゃわからない！

普通の人バージョン：もっとも頻繁に行われた実験⁉

さてここまでで、AさんBさんの2人ともにエコンだったとすると、Aさんがほとんどすべてを独り占めすることになるはずだということがわかりました。しかしAさんがほぼすべてを独り占めというこの結果には、なにか納得がいかないと思いませんか？　講義で最後通牒ゲームをとりあげたときに、学生さんから質問がくるのも、まさにこのタイミングです。「先生！　僕がBなら、たったの1

[1]　なお厳密には、もう1つ別の〝答え〟もあります。詳しくは、章末の補足をみてください。

図2-6　小規模社会実験が行われた地域
出典：Henrich *et al.* 2004, Fig.2.1を元に作成。

円で『イエス』なんていいません！　相手だけ、ずるいです！」ってね。

ではエコンではない普通の人は、こんなときにはどう行動するのでしょうか？　これはもう、やってみなくちゃわかりません！　さあ、実験です！

この実験は、日本・アメリカ・ヨーロッパなどとよく聞く国や地域はもちろんとして、アフリカの奥地やアマゾンの少数民族、さらには刑務所の受刑者まで、いえいえもっといえば、〝ヒト〟にすら限らず、チンパンジーなどの動物にまで行われています。思いつく限りありとあらゆる実験が行われたといってもよいのではないかとも思うほどで、「人間を対象とした実験でもっとも頻繁に行われているものの一つ」とまで書かれたことは、すでにご紹介したとおりです。

もっとも大規模な国際比較研究の結果を紹介しましょう。図2-6を見てください。人類学者をはじめ著名な研究者が集まって行われた、4大陸12か国にわたる壮大な実験です。

実験の対象となった社会も、非常に多様です。狩猟採集、焼畑農業、遊牧、小規模農業などの、産業化されておらず、伝統的な生活を続けている15の小規模な部族社会が選ばれました（Henrich *et al.* 2001, Henrich *et al.* 2004）。実験としては、類をみないほど大掛かりなものです。この小規模社会での実験結果と、アメリカでの結果（Camerer 2003）や、さらに国際比較の先駆的な研究でもある経済学者の奥野先生たちによる日本での結果（Roth *et al.* 1991）をあわせてまとめたものが、図2-7です。ちなみに、奥野先生たちのこの最後通牒ゲームの実験こそが、日本における経済学実験の最初でもあるようです[2]。

実験の結果

図2-7を見てください。ここでは、それぞれの地域でAさんがBさんへ平均的にはいくら渡そうとしたのか、その平均的な提案率を低い順に示しています。近代産業社会の代表として日本やアメリカでの結果を濃いグレーで表し、小規模社会での結果を白で表しています。

たとえば東京で行われた日本での結果は、グラフでは真ん中あたりの濃いグレーで表されています。このときの平均提案率は、42％ほどです。実験者からもらったもともとの金額を1000円とすると、Aさんが Bさんに渡そうとした金額は、平均して420円ほどということになります。

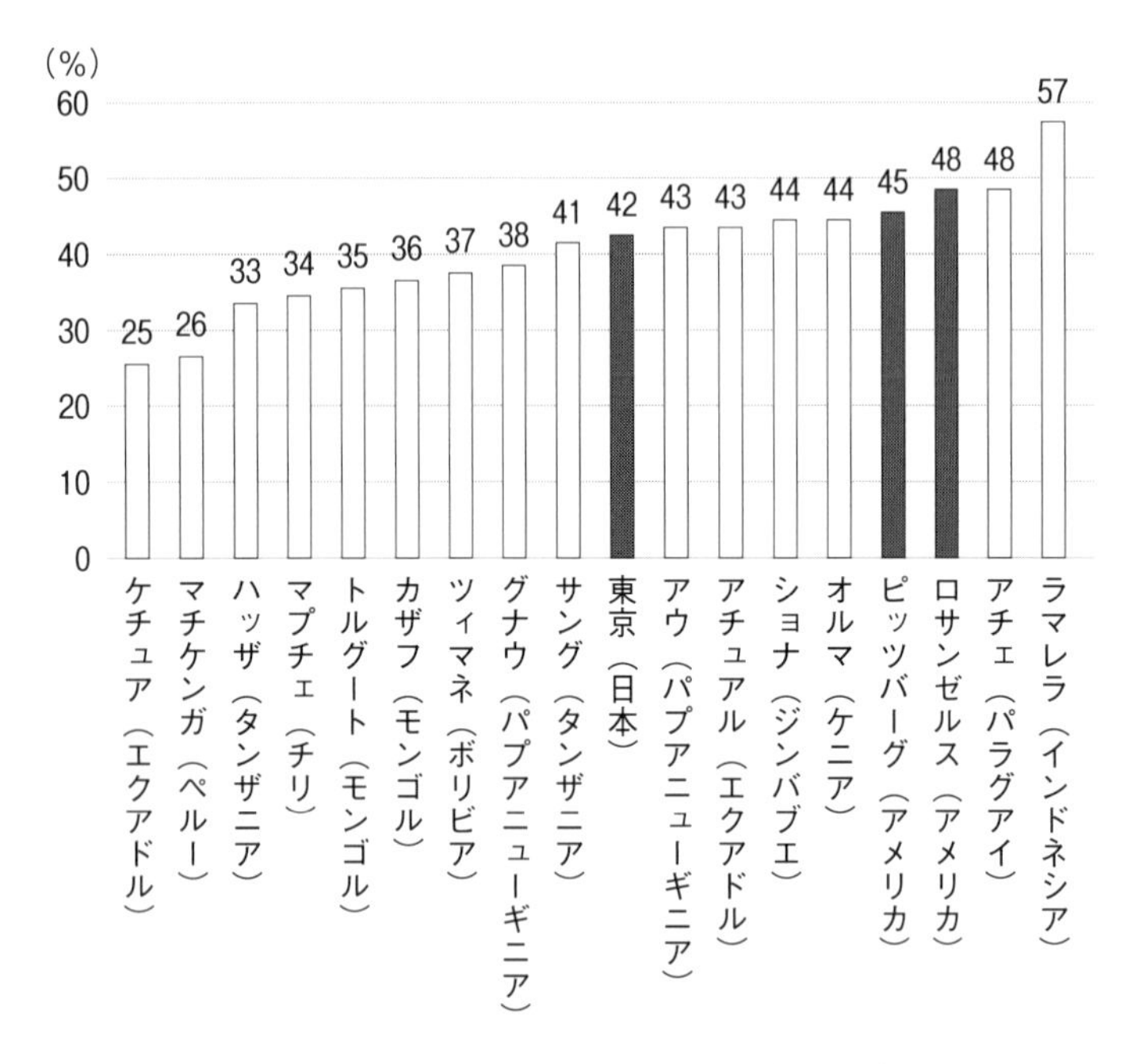

図2-7　Bさんへの平均的な提案率（低い順）

出典：Henrich *et al.* 2004、Camerer 2003より著者作成。

さて覚えていますか？　エコンでは、この割合はいくらだったでしょう？　AさんがBさんに渡そうとした金額は、最低額の1円でした。元の金額を1000円としたら、0.1％です。要するに、提案する側がほぼ独り占めでした。

さあ、ここでもう一度図2-7を見てください。これだけ世界中を探し回っても、0.1なんていう数字はどこにも見当たりません。また提案の大半は40％～50％をBさんに渡そうとするものでしたし、平均提案率が20％未満の提案をした者は、100人中5人にも満たない数でした（Sigmund *et al.* 2002）。最後通牒ゲームにおいて、

「提案する側が独り占め」なんていう、経済学の理論が主張するエコンのようなふるまいが標準的にみられる社会というものは、少なくともこの地球上ではまだ見つかっていないのです。

文化による違い

実験の詳細を、少しみてみましょう。日本やアメリカなどの近代産業社会では、一番よくみられた

〔2〕 この日本初となる最後通牒ゲームの実験は、慶応大学で行われており、当時奥野先生が所属されていた東京大学ではありません。経済学の実験では、参加者が選択をした結果として最後に受けとる金額が変わることは普通です。たとえば最後通牒ゲームの実験でも、受ける人のBさんがイエスというかノーというのかで、Aさんの取り分は異なります。つまり一種の「ギャンブル」のようなものであり、「賭博（とばく）罪」にあたる可能性があるとして、東大ではできなかったそうです（奥野 2014）。経済学の実験というものに対する、当時の時代の背景が感じられます。なおこのときの共著者のロス先生は、のちにノーベル経済学賞を受賞されています。

またこのときの論文は、まもなく出版予定の *The art of experimental economics: Twenty top papers reviewed*（実験経済学の技：トップ20の論文）（Charness & Pingle forthcoming：未訳）という本で改めて紹介されるようです。この本では、ギュートによる最後通牒ゲームの実験をはじめ、本書で紹介している論文も多数紹介されるようです。

提案は、半分ずつに分けることでした。平均的な提案率でみても、Bさんには40%～50%程度を渡しており、おおむね公平だったといってよいでしょう。極端に金額の低い提案自体も少なく、またそうした少額の提案は、学生さんの疑問通り、かなりの頻度で「ノー」と拒否されてもいました。

それに比べて小規模社会では、グラフからもわかるとおり、結果にはもっとばらつきがありましたネシアのラマレラ族です。グラフからもわかるとおりラマレラ族は、相手に半分以上を渡そうとしていました。著者たちが、〝超公平（hyper-fair）〟とよぶ提案です。クジラ漁で生計をたてるラマレラ族は、集団で連携し、手にしたモリ一本でクジラに立ち向かうという、非常に危険な狩りを行います。命の危険と背中あわせの中で協力しあって手にいれた獲物は、厳格に公平に分けるという文化があり、そうした文化との関連が指摘されています。

グラフではそのお隣のパラグアイのアチェ族も、もっとも気前の良かった人たちの1つで、ほとんどの人が40%以上を提案していました。アチェ族も、狩猟や採集で得た肉やはちみつなどの食料は、集団のメンバーに等しく分ける文化をもつようです。

パプアニューギニアのアウ族やグナウ族でも、半分以上を相手に分ける〝超公平〟な提案がしばしばなされていました。しかし興味深いことに、そうした超公平な提案は、少額の提案と同じような頻度でしばしば「ノー」と拒否されていました。これらの社会では、高い地位を得るために競いあって贈り物をし、贈り物をもらってしまった側はお返しをする強い義務を負うとされ、やはりそうした文化的背景が関係しているといわれています。

もっともエコンに近かったのは、グラフでは一番左側のケチュア族やマチケンガ族でしょう。平均的な提案率が25％前後と特に低いうえに、その大半が総額の30％以下という金額の低い提案でした。そのうえ、それらの少額の提案が拒否されることはほとんどありませんでした。特にマチケンガ族は、もっとも頻繁にみられた提案が15％と飛びぬけて低く、さらに提案の8割近くが総額の30％以下という少額の提案でありながら、拒否されたのはたったの1件でした。

先のケチュア族のほかに、ツィマネ族、アチェ族、カザフ族の4つの社会では、Bさんの拒否は1件も起こりませんでした。そのうちアチェ族はその提案のほとんどが40％以上だったので特に不思議ではないかもしれませんが、ケチュア族とツィマネ族の提案には、少額のものがかなりの頻度で含まれていました。

このようにいくつかの地域では、近代産業社会よりはエコンに近いふるまいがみられました。またゲームでのふるまいは、それぞれの社会での協力の程度などの、文化の違いにも影響されていることもわかってきました。しかしながら、今まで実験を行ったどんな社会でも、その平均的な提案率は0.1とは程遠く、結局エコンを見つけることはできませんでした。

ちなみに、この壮大な国際比較研究の火付け役となったのは、先のマチケンガ族です。マチケンガ族は、アマゾンで焼き畑農業を営む少数民族で、ほかの社会との交流が非常に少ない社会で暮らしています。

著名な人類学者であるヘンリックが若き大学院生だったとき、マチケンガ族のフィールド研究のさいに最後通牒ゲームの実験を行ったところ、そのふるまいが近代産業社会でのものとはかなり異なることに気がついたのだそうです。このなかば偶然の発見がきっかけとなり、この類をみない大掛かりな研究となりました。このときの論文のタイトルは、「ホモ・エコノミクスを探して（"In Search of Homo Economicus"）」です。

実験結果のまとめ

結局エコンを発見することはできませんでしたが、こうして行われた多数の実験の結果をまとめると、おおむね以下のようになることがわかりました（Camerer 2003, Oosterbeek *et al.* 2004）。

最後通牒ゲーム：実験結果（図2-8、図2-9）

〈Aさんの行動〉

●一番多い提案率（最頻値）40％〜50％

●平均的な提案率（平均値）30％〜40％

〈Bさんの行動〉

●少額の提案（おおむね20％〜30％以下）しばしば「ノー」と拒否

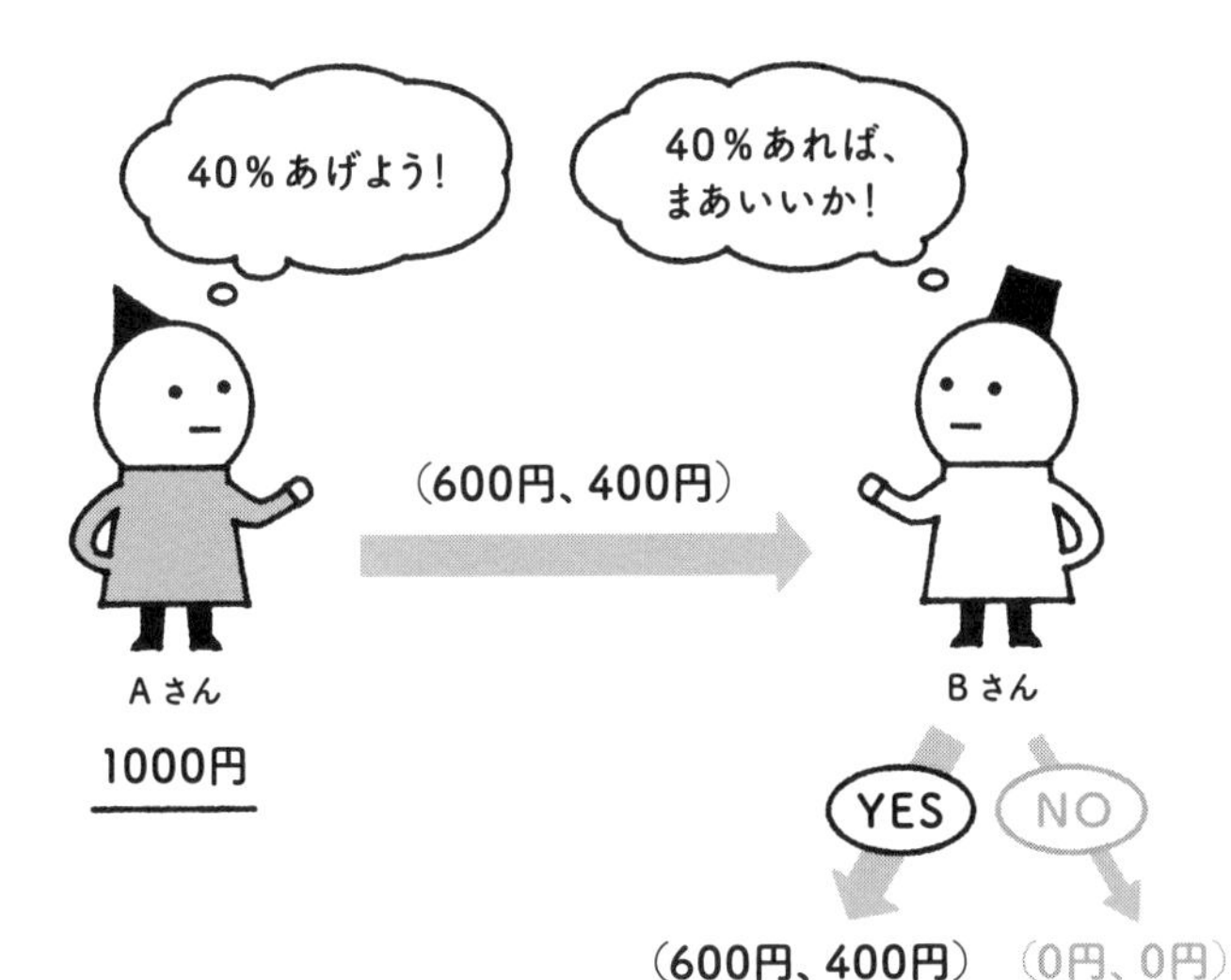

図2-8　最後通牒ゲーム：よくある結果1

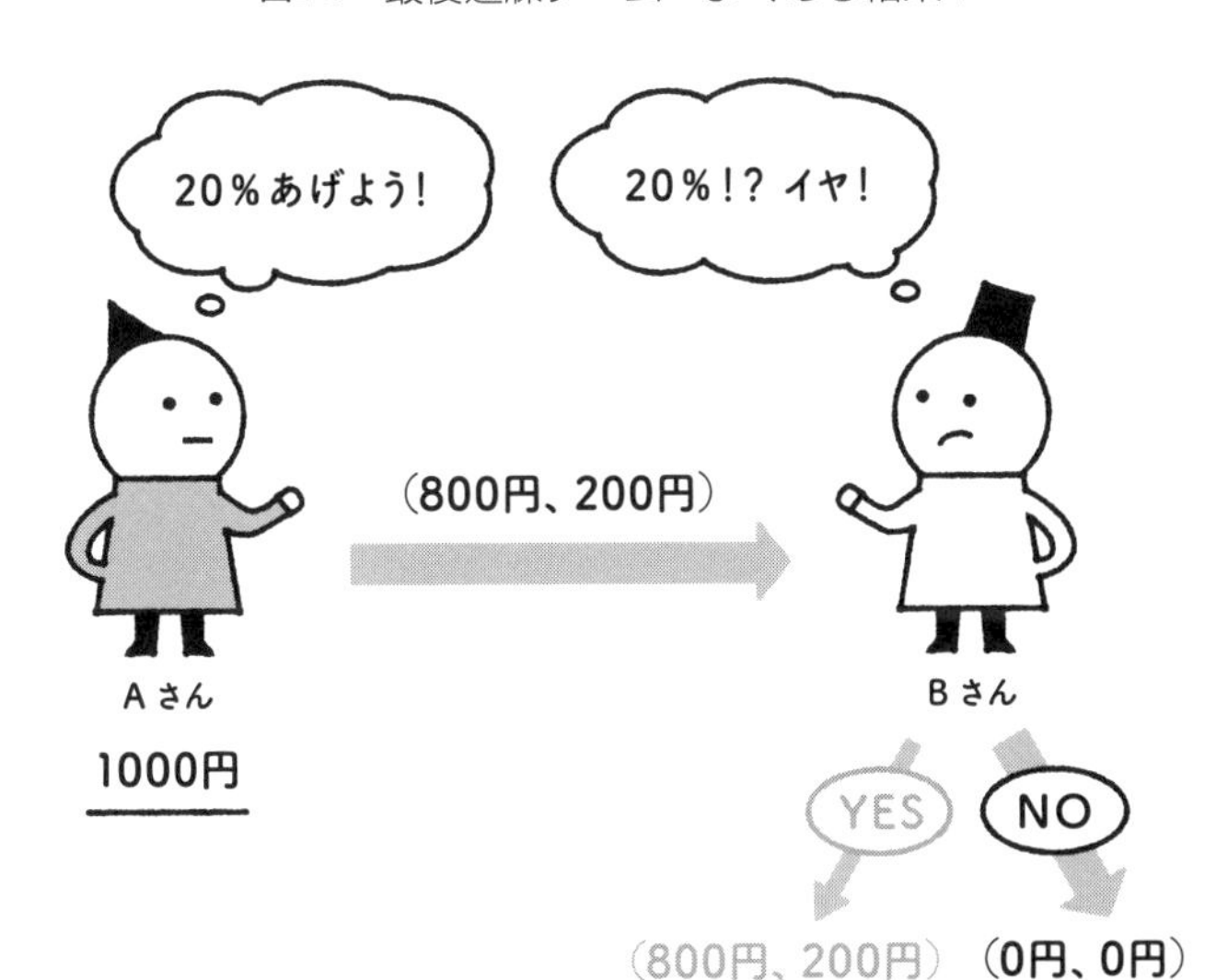

図2-9　最後通牒ゲーム：よくある結果2

さあこの実験の、何が面白いのでしょうか⁉

ここでは、自分にとってもっとも得な選択が何かということは、少なくともちょっと考えれば簡単にわかります。「ただで100円あげるよ！」といわれたら、すっとポケットに入れるのが、当然〝得〟です。「相手は900円じゃないか！　ずるい！」とかなんとかいって、せっかくの100円を、「ノー！」と蹴とばしてしまうことが〝損〟だと理解することは、決して難しいことではありません。

でもこの理屈を理解しても、「そうだなあ。たしかによく考えたらそれは損だから、ありがたくもらっておこう！」とはなかなかできないというのが、この実験結果です。理屈は理屈。それはわかっていても、「でも、やっぱりなんかイヤ！」と「ノー！」といってしまうのです。これはどうみたって、エコンではありません[3]。

ケルン大学の学生は馬鹿？

ちなみに最後通牒ゲームの実験は、ドイツの経済学者ギュートがケルン大学で行ったのが最初です(Güth *et al.* 1982)。多くの学生がより公平な分け方をするというあまりにエコンと違う結果に、「ケルン大学の学生は、バカなの？（"Are those students in Cologne stupid?"）」とまでいわれたそうです[4]（マックスプランク研究所ＨＰ：ギュートのインタビューより）。

この実験により、「合理性（rationality）」に疑問を投げかけたことで多くの批判を受けたと、同じインタビューの中でギュートは回想しています。ヒトが目の前の自己利益だけを常に追求するわけではないという事実が、当時どれほどのインパクトがあったのかをうかがい知ることができるエピソードです。

---

[3] なおAさんに最初に渡すお金（ここでの1000円）が変わると、こうした行動も変わるのではないかと思う方はいないでしょうか。Aさんに最初に渡すお金を「**ステイク**（stake）」あるいは「パイ」といいます。はっきりとした結論が出たわけではありませんが、これまでの実験をみている限りでは、このステイクが相当程度大きくならない限り、大きな変化はないようです（Andrea *et al.* 2019, Karagözolu & Urhan 2017）。

ただしステイクが大きくなったときには、Bさんへの平均提案率もBさんの拒否率も、どちらも小さくなる可能性が報告されています（Cooper & Kagel 2016）。知っている限りもっともステイクの大きな実験は、地域の平均年収を少し上回る程度なので、日本円では数百万円相当でしょうか（Andersen *et al.* 2011）。多くの場合、実験でのステイクの大きさは日本円にして数百円からせいぜい数千円程度ですから、けた違いに大きな金額であることがわかります。そこではこの傾向はよりはっきりとみられ、たとえばもっとも高いステイクでは、24回の提案のうち1回しか拒否をされませんでした。素朴な感覚としても、1000円の1%にはノーといえても、1000億円の1%にノーといえる人はそうはいないですよね。少なくとも私はいえません！

[4] 同じインタビューの中でギュートは、経済学の理論が想定してきた行動をヒトはとらないことを示すことは、「すでに死んでいる人間をもう一度殺すようなもの（"overkilling an already dead man"）」（＝当たり前すぎて必要ないこと！）と語っています。なお念のためですが、ケルン大学は、その創立は1388年（日本では室町時代です）とヨーロッパ最古の大学の1つで、由緒あるとても優秀な大学です。

第2章まとめ

《最後通牒ゲーム》

エコン・バージョン（経済学における理論的予想）

- Aさん：ほぼすべてを、自分のものと提案。
- Bさん：自分の取り分がごくわずかでもあれば、すべて「イエス」。

実際のヒト・バージョン（実験での結果）

- Aさん：相手に、ある程度（平均30％～40％程度）の額を渡す。
- Bさん：少額の提案だと、拒否する。

このように、世界中で数多くの実験が行われましたが、Aさんの行動もBさんの行動もどちらもエコンとは違うことがわかり、結局エコンを見つけることはできませんでした。

さてここからは、この問題を2つに分けて考えることにしましょう。

問題1　分ける人（Aさん）の問題
「なぜAさんは、エコンのように（ほぼ）すべてを独り占めしようとしないのか？」
問題2　受ける人（Bさん）の問題
「なぜBさんは、損をしてまでノーというのか？」

以下では、まず第3章でAさんの問題である第1の問題を、続く第4章でBさんの問題である第2の問題を、それぞれ順番に考えていきたいと思います。

第2章　補足：もう1つの〝答え〟について

最後通牒ゲームにおける理論的な〝模範解答〟では、AさんとBさんが、それぞれ（999円、1円）を受けとることになることを本文中で説明しました。これは、Aさんが（999円、1円）を提案し、Bさんがその提案を受けいれるというのは、「**（ナッシュ）均衡**（(Nash) equilibrium）」（厳密には、「部分ゲーム完全均衡（subgame perfect Nash equilibrium）」）で起こることだということを意味しています。

しかし実はこれ以外にも、もう1つ別の（部分ゲーム完全）均衡があります。Aさんが（1000円、0円）と完全な独り占めを提案し、Bさんがそれを受けいれることも、別の均衡として起こりえることです。念のために、これが均衡であることを簡単に確認してみましょう。

ゲーム理論における均衡とは、「相手のやることは変えられないことを前提として、自分だけがやることを変えて得をするか？」を考える概念です。ここでのBさんは、自分の取り分が0円のときも含めて、すべての提案にイエスと賛成をします。自分の取り分が0円でも賛成するって、どういうこと!?と疑問に感じるかもしれませんが、冷静に自分の利得だけを考えてみてください。Aさんの（1000円、0円）という提案に対して、Bさんが、「イエス」という代わりに「ノー！」といったとしても、Bさん自身の利得はどちらでも0円です。イエスの代わりにノーといったとしても、Bさん自身の利得を、さらに増やすことはできないのです。これ以上の〝得〟をしないという意味において、Bさんにはその選択を変えるメリットはないことがわかります。

同様に、Aさんもまた、Bさんがすべての提案に「イエス」ということを前提として、自分の（1000円、0円）という提案の中身をどう変えたとしても、これ以上に利得を増やすことはできません。つまりAさんもまた、やることを変えてこれ以上の〝得〟をすることはありません。このように、誰一人として、やることを変えてさらに利得を増やせる人がいないので、これも均衡となるのです。このようにゲーム理論における均衡では、誰一人として、自分だけがやることを変えても「何のメリットもない状態」となっているのです。

誰一人としてやることを変えても得をしない状態ならば、積極的にそのふるまいを変えようという人はあまりいないであろうから、その状態が社会のなかで続いていくと考えてもよいのではないだろうか、ということで、それを〝均衡〟とよぼうというのがゲーム理論における均衡の考え方です。逆に考えれば、〝均衡〟ではない状態を考えると、そこでは、「自分（だけ）がやることを変えると、もっと得のできる人が、少なくとも1人はいる」ことになります。すると、その人はそのふるまいを変える可能性が高いと考えられ、そんな状態が社会のなかで長く続くはずはないであろうから、〝均衡〟とよぶには値しないと考えるのです。

結局、ここでは2つの均衡があることがわかります。しかしどちらの均衡であっても、Aさんがそのほとんどすべてを独り占めするという結果に大きな差はなく、議論の本質には影響ありません。そこで本書では、よりわかりやすいと思われる（999円、1円）を用いて今後の説明をしていくことにします。

なお、さらにナッシュ均衡達成のメカニズムをきちんと考えたい人は、（神取 2014：6章）の説明や、（松井 2002：7章）で説明されている「**思惟的過程**（eductive process)」や「**進化的過程**（evolutive process)」に関する議論をぜひ見てください。

第3章

「目」と「評判」を恐れる心

――なぜ独り占めしようとしないのか？

3.1 独裁者ゲーム：ノーとはいわせない！

相手の拒否が怖い？

ではまず第1の問題，「なぜ分ける人（Aさん）は，エコンのように（ほぼ）すべてを独り占めしようとしないのか」について考えてみましょう。

世界中での実験をふりかえってみても，「ほぼ独占！」を提案する人はまずいませんでした。実際に自分がAさんでも，そんな欲張りなことはやりにくい……，そう感じる人が大半ではないでしょうか。

でも，なぜでしょう？　最初になんとなく思いつくことの1つは，「独り占めをしようとすると，Bさんにノーといわれそうで怖い！」というものではないでしょうか。実際に，実験でもそんな欲張りな提案はしょっちゅう「ノー」といわれていましたし，学生さんからの反論も，「そんな額なら，僕ならノーといいます!!」というものでした。

もしこの考え方が正しいとすると，Aさんは，Bさんの拒否の可能性を合理的におりこみ，「ノー」といわれない程度の最低額を提案していると考えているということになります。

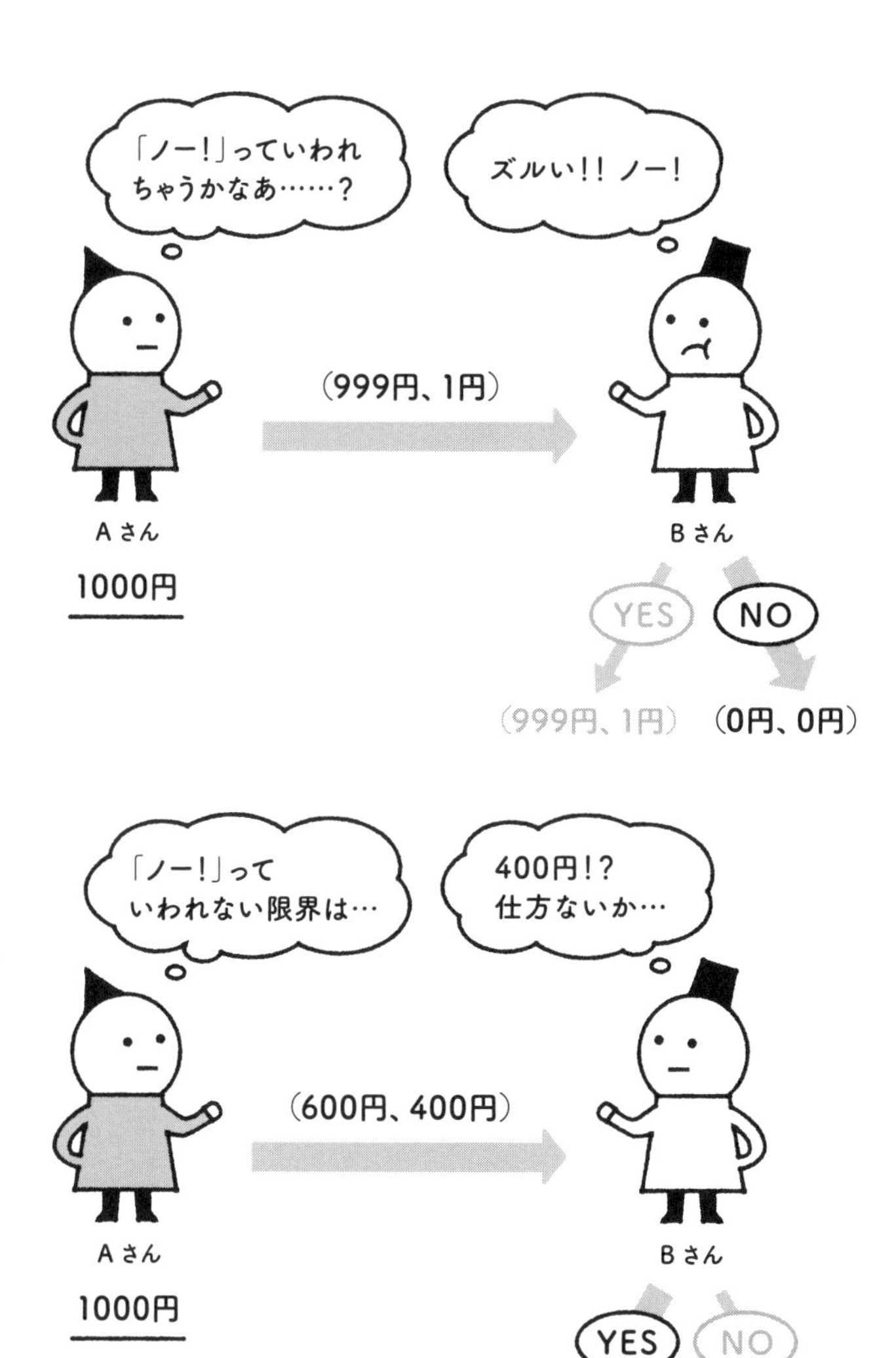
「ノー!」っていわれ
ちゃうかなあ……?
ズルい!! ノー!
(999円、1円)
Aさん
1000円
Bさん
YES
NO
(999円、1円)
(0円、0円)
「ノー!」って
いわれない限界は…
400円!?
仕方ないか…
(600円、400円)
Aさん
1000円
Bさん
YES
NO
(600円、400円)
(0円、0円)

しかしBさんに「ノー！」といわれない程度の金額を考えて提案をしているというこの考え方は、感覚的にはわかる気もしますが、よく考えると、ちょっとおかしな点もあります。これは、Aさんは予想されるBさんの拒否をおりこんだ〝理にかなった〟提案をしているけれど、Bさんは「ずるい!!」とかなんとかいって、なぜか理屈にあわない「ノー」を選んでいると考えていることになるのです。

これはこれで大問題なのですが、とりあえずこの疑問はいったん脇において、「Bさんの『ノー！』が怖いので、拒否されない程度のぎりぎりを提案している」という考え方を検証してみましょう。

安心して独り占め!?

さあその考え方を検証するために、「**独裁者ゲーム**（dictator game）」という、別のゲームを考えます。図3-1を見てください。これは、「Bさんの『ノー』が怖いのなら、『ノー』といえなくしてしまえ！」ということで、Bさんは何もできず、Aさんの提案が常にそのまま決定されるゲームです。

最後通牒ゲームでは、Bさんは「イエス」か「ノー」かを選択することができました。しかし今回の独裁者ゲームでは、Bさんには、もはや選択権は何もありません。Aさんがどう分けるのかを決め、常にAさんのその決定通りにお金は分けられます。いつでもAさんの決定通りになるので、「独裁者ゲーム」とよばれています。

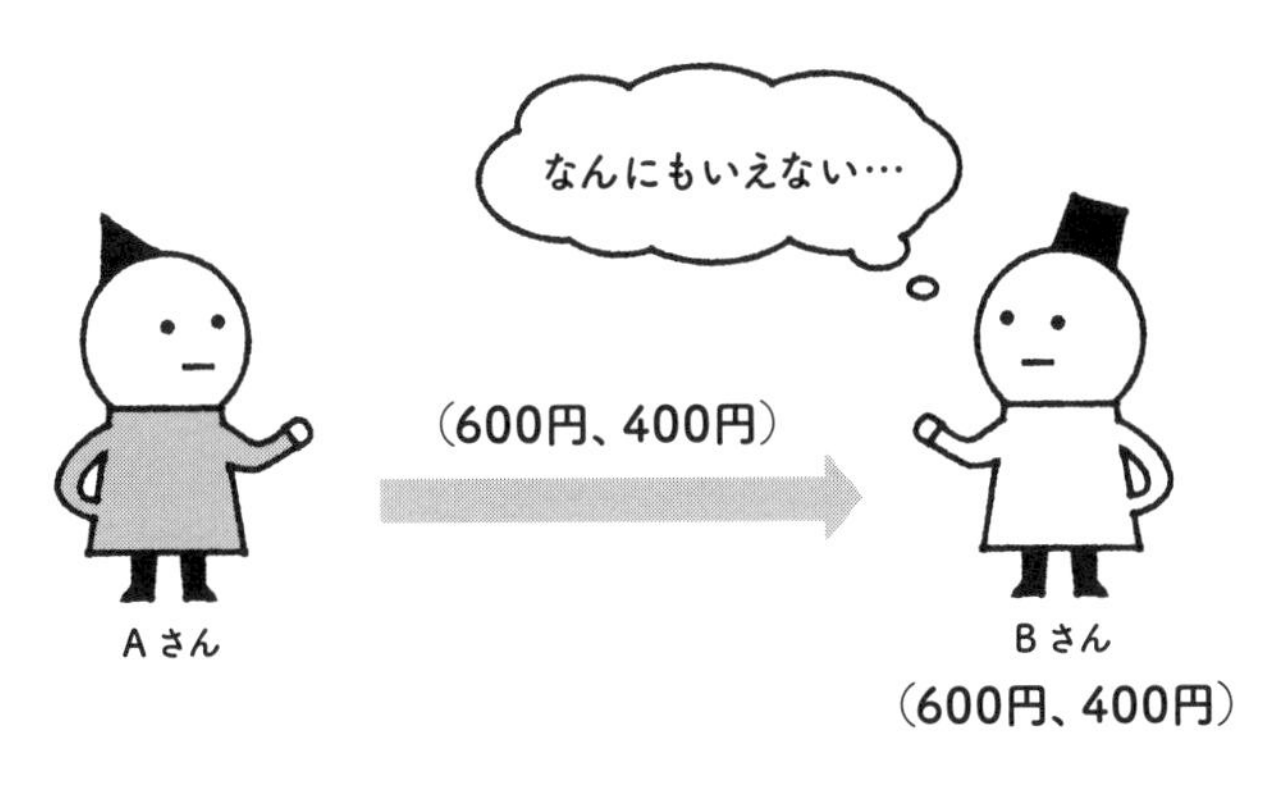

図3-1　独裁者ゲーム

ここで、簡単なクイズです。Aさんがエコンだったら、どうしますか？

そう！　正解です！　Aさんは、すべてを独り占めです！　図3-2を見てください。Bさんの「ノー」が怖くてお金を分けていたのならば、独裁者ゲームになってBさんが拒否をすることもできなくなった今、Bさんにはたったの1円すら渡す必要がなくなります。つまり今度は安心して、（1000円、0円）と提案できるはずだからです。

ところがところが、実際にやってみるとそんなことにはなりません。心の中で、1人実験をしてみてください。自分がAさんだったとして、「やった！　相手は何もできない！安心して、独占だ！」とできるでしょうか？

独裁者ゲーム：実験

では実際のヒトは、どのように行動するのでしょうか？

さあここでもまた、実験です。こうして世界中で行われた6

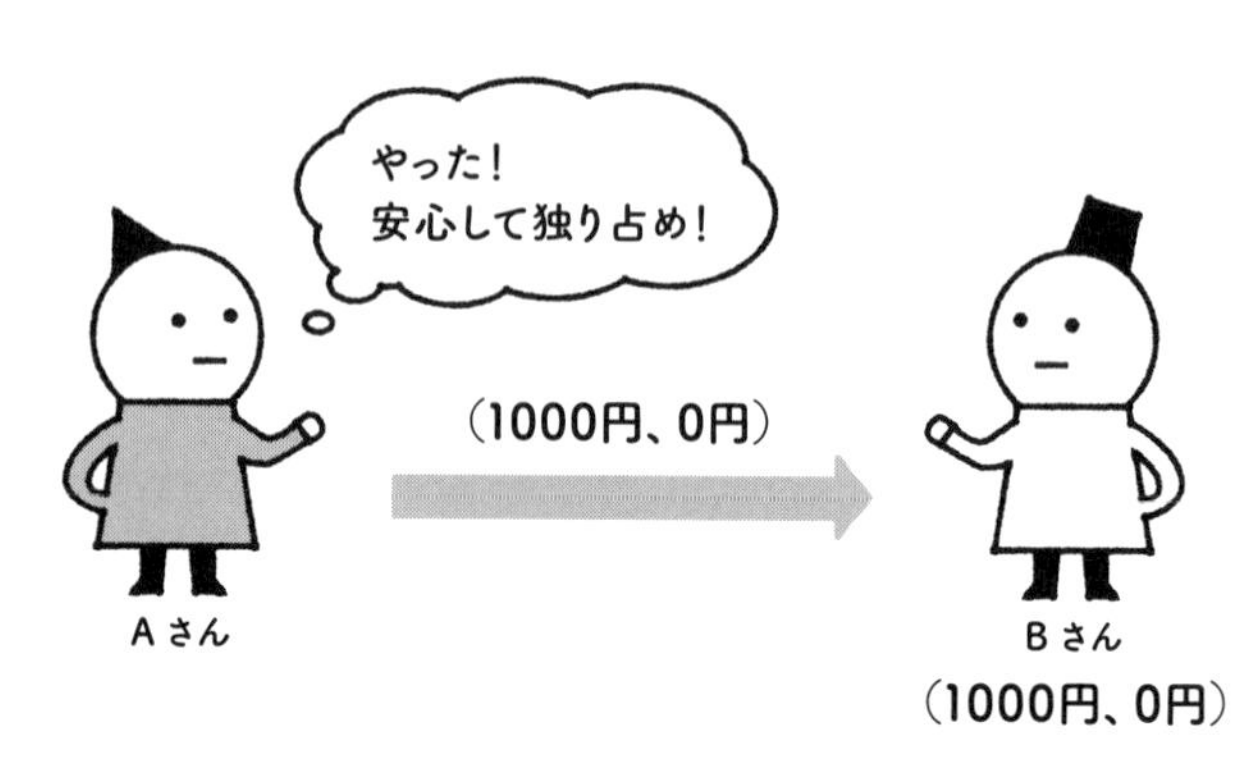

図3-2　独裁者ゲーム：理論的結果

00以上の実験結果をまとめると、おおむね以下のとおりであることがわかりました（Camerer 2003, Engel 2011）。

独裁者ゲーム

〈Aさんの行動〉

●平均提案率　約20％～30％
●相手に何かをあげる人　約3人に2人
●半分ずつにする人　約6人に1人

ここからもわかるとおり、独裁者ゲームにおけるBさんの取り分は、平均的に20％～30％ほどはあります。最後通牒ゲームのときのBさんの取り分が30％～40％ほどでしたから、そのときよりも減ったとはいえ、ゼロではありませんでした。半分ずつに分ける人も6人に1人ほどいて、独り占めをしていたエコンの行動とはまったく異なります。なおこの独裁者ゲームでのふるまいこそが、「実験ゲーム理論におけるもっとも不可思議な結果の1つ」とまでいわれたものです

(Franzen & Pointner 2012)。

20%の希望

ちなみにこの結果を、脳神経学者の藤井先生は、〝20%の希望〟とよんでいます(藤井 2009)。顔を見たこともないまったく知らない人のために、自分の持ち分の20%も提供できるのならば、これを社会全体で集めたらなにかすごいことができるのではないだろうかというのです。

この言葉を借りるならば、ここで知りたいのは、この〝20%の希望〟の中身です。つまり、見知らぬ他者のために、なぜ自分の持ち分の20%も差しだすのだろうかという問題です。

「利他性」という人もいるかもしれません。多くの実験では、分ける相手は、お互いに誰だかまったくわからない見知らぬ人でした。そんな見知らぬ他者のために自分の持ち分の20%も差しだせるというのは、たしかに見知らぬ他者への思いやりという、美しい利他の心といえるのかもしれません。

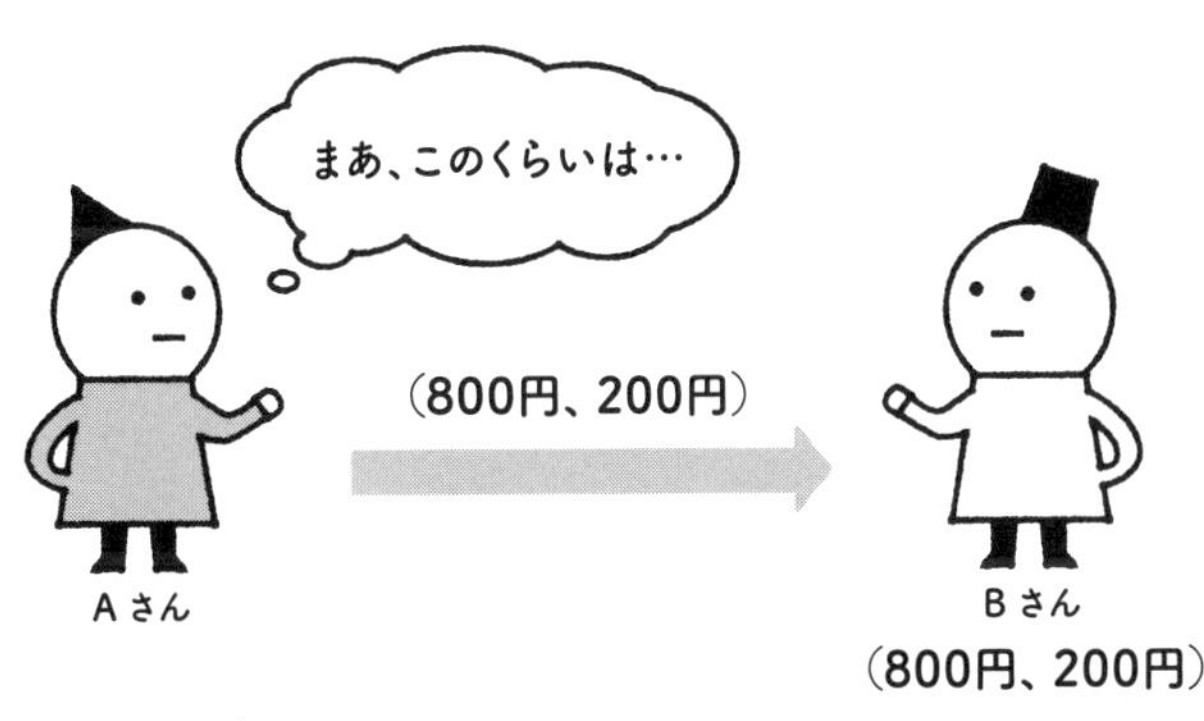

「利他性とは何ぞや⁉」。この問題を正面から考えるのは、ちょっと重すぎです。そこでここでは、少しわき道から入っていきましょう。

3.2 観察者の目：見てるぞ〜〜

匿名性：バレないのなら……

ここで、今までの実験を振り返ってみましょう。最後通牒ゲームでも独裁者ゲームでも、たいていの場合、お金を渡す相手はお互いにまったく知らない人でした。とはいえ、少なくとも1人、誰がどれだけのお金を渡したのか、よ〜〜く知っている人がいました。よく考えてみてください。いったい、誰でしょう？

そう、実験者です！　大学での実験では学生さんが参加者になることも多く、その場合の実験者は、たいてい先生です。相手には自分のことはわからないとはいえ、先生が見ているというのはやりにくい……、そう感じる可能性はありそうです。でも本当に、たったそれだけのことで、結果はそんなにも変わるものなのでしょうか……？　やってみなくてはわかりません。さあ、実験です！（Hoffman

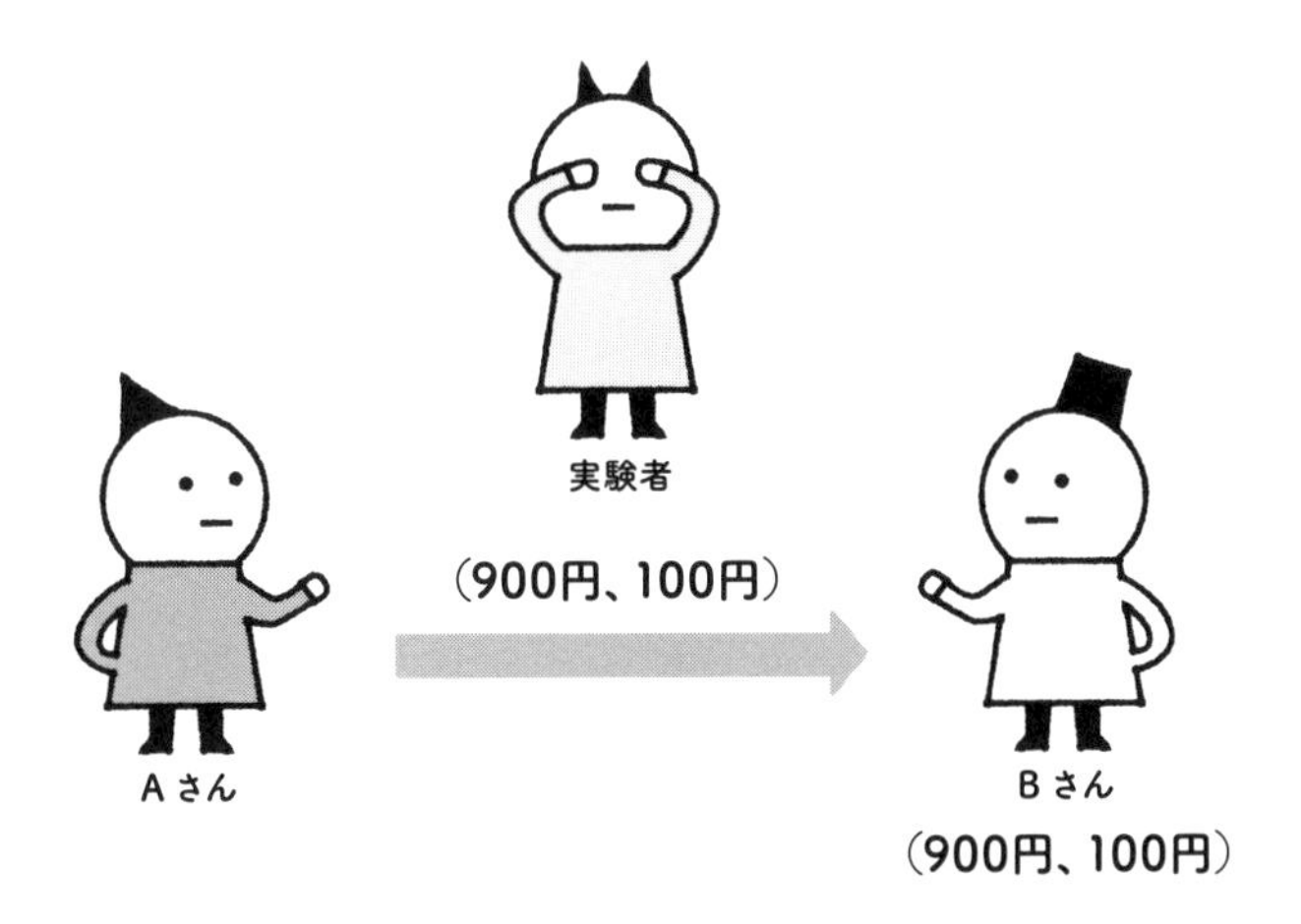

図3-3　独裁者ゲーム：実験者の「目」がない

et al. 1994）。

図3-3を見てください。ここでの独裁者ゲームは、誰がどう行動したのか、相手だけではなくて実験者にもわからないような形で行われました。このときの結果を、図3-4で表しています。このグラフから、相手ばかりか実験者にも誰が何をしているのかわからなくするだけで、Aさんの立場の約6割の人は、Bさんに何も渡さずに独り占めをするようになったことがわかります。Bさんへの平均的な提案率は約10％となり、通常の独裁者ゲームの半分以下となりました。実験者という〝観察する目〟の存在は、たしかに影響をしていたようです。

しかし、まだ問題があります。この実験では、たしかに客観的には匿名性が保たれ、誰がどのような選択をしたのか、実験者にも決してわからないようになってはいました。しかし、実験の参加者にとって、自分の選択が、本当に実験者にも誰にも絶対にわからない

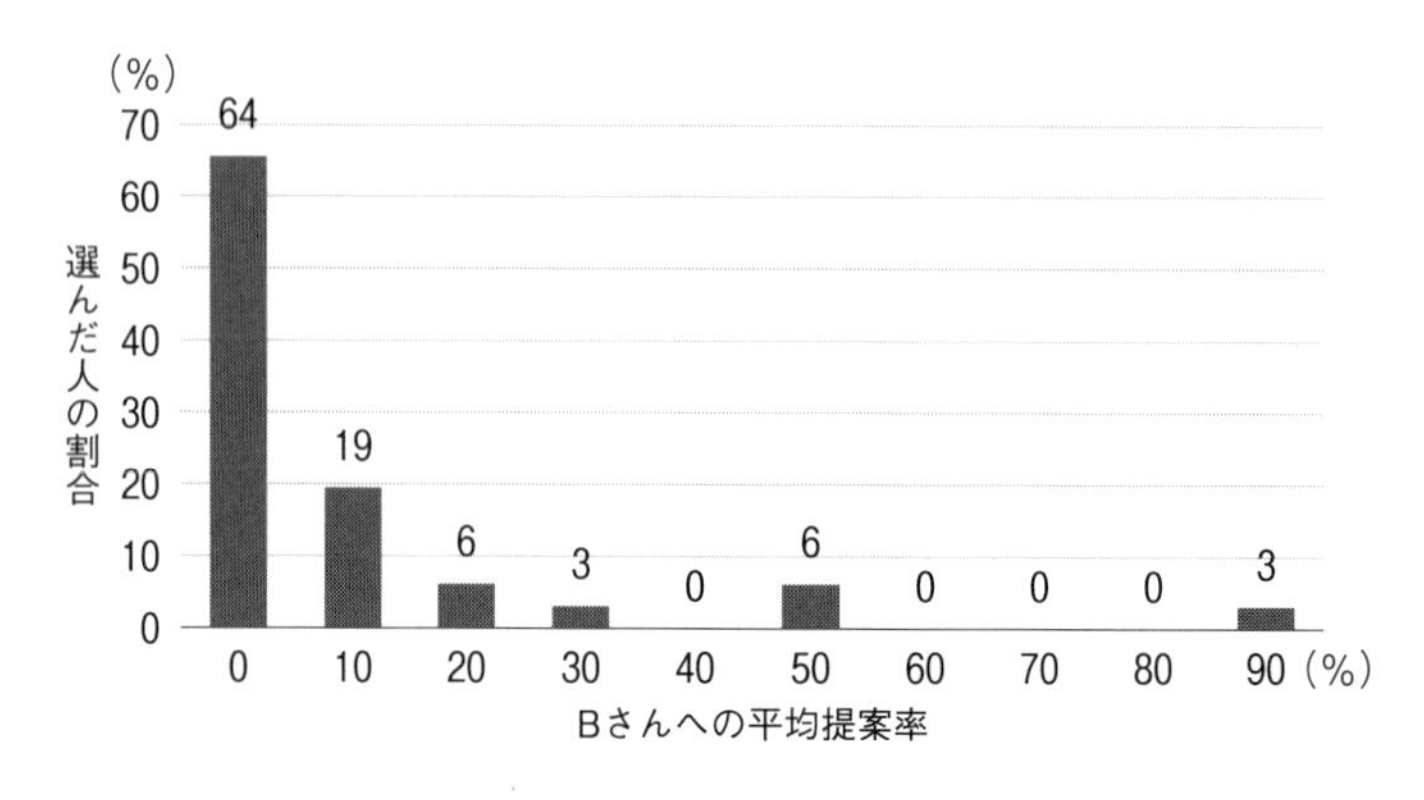

図3-4　実験者の「目」がない場合のＢさんへの平均提案率とそれを選んだ人の割合

出典：Hoffman *et al.* 1994, fig.4およびCamerer 2003より著者作成。
注：比較をしやすくするため、金額から割合に変えて表示している。

という確信がどの程度もてたのかどうかは、また別の問題です。

そこでこれを調べるために、「**ランダム回答法**（randomized response technique）」という手法を用いて匿名性をさらに高め、自分の選択が絶対に誰にもわからないことを、よりはっきりと確信できるようにしたうえで、さらなる独裁者ゲームの実験が行われました。

すると、驚いたことに平均提案率はさらに下がり、わずか７％ほどとなってしまったことが示されました（Franzen & Pointner 2012）。最初にＡさんに渡した金額を１０００円とすると、平均して、たった69円しかＢさんに渡さなかったのです。〝観察する目〟の存在は、ここまでヒトの行動に影響していたようなのです。「見られている」という感覚がなくなればなくなるほど、つまり「発覚の可能性が少ない」と（無意識に）感じられるほどに、自己の利益を追求する方向にその行動を変えるそのふるまいは、とても合理的でもあります[1]。

このほかにも、見ている人がいない状況では、現実の市場取引での商品の品質が落ちること（Levitt & List 2008）や、逆に見ている人がいるとボランティア（特に負担の大きなボランティア）への参加が増えること（Bereczkei *et al.* 2010）、あるいは優秀な同僚に見られていると仕事が早くなること（Mas & Moretti 2009）など、〝観察する目〟の存在がヒトの行動に影響を与えるという結果は多数あります（Bradley *et al.* 2018）。「目」がなくなる暗闇では、ズルや身勝手な行動が増える、そんな実験もあります（Zhong *et al.* 2010）。残念ながら、たしかにヒトってそういう側面はありそうです。

ニセモノの目：ラボ実験

さてヒトは、「目」を意識するらしいということがわかりました。つまり、「目」があれば他者から非難されにくい方向に、「目」がなければ自己の利益を追求する方向に行動をかえる傾向があるらし

[1] なおこれ以外にも、ここでの結果と同様に実験者の「目」の効果があるとする報告もありますが（List *et al.* 2004, Thielmann *et al.* 2016）、一方で、必ずしもそうでもないとする報告もあり（Bolton *et al.* 1998, Barmettler *et al.* 2012）、注意が必要です。

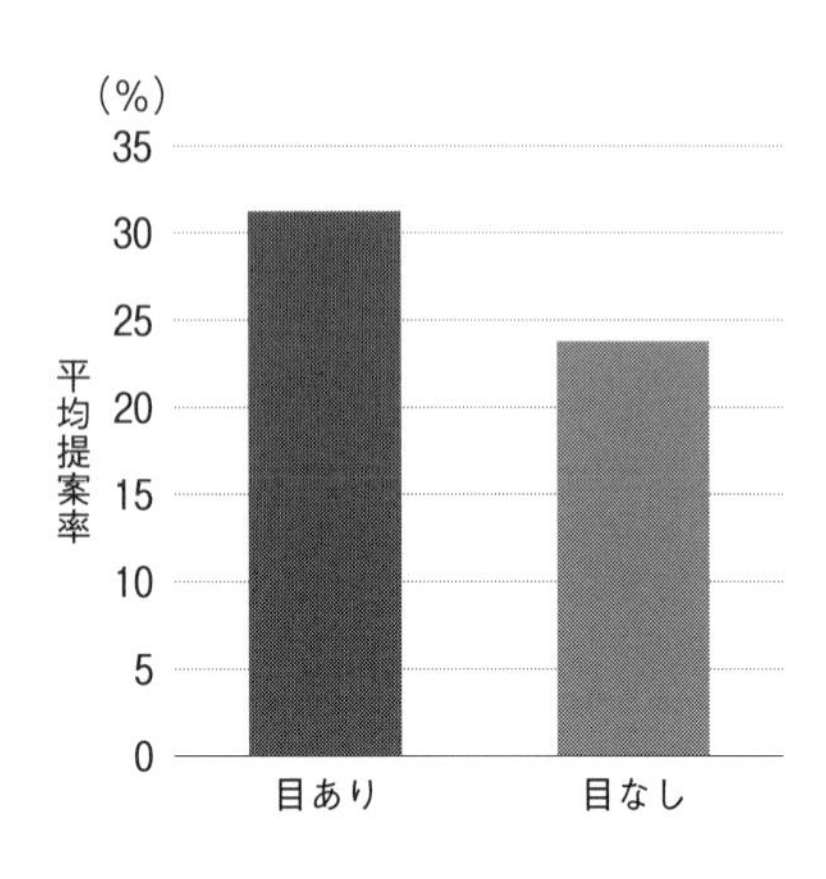

図3-5　“ニセモノの目”があるときとないときのＢさんへの平均提案率
出典：Haley & Fessler 2005, fig.2を元に作成。

いというのです。とはいえ、他人の目があればちゃんとするというだけのことですから、ここまではごく当たり前のことにも聞こえます。さあ、おもしろいのはここからです！　なんとこの「目」とは、どうやらニセモノでもよいらしいのです。

ここでは、実験の参加者のすぐそばのコンピューターの画面に、人の顔のような模様、つまり〝ニセモノの目〟がある状況で、独裁者ゲームの実験が行われました（Haley & Fessler 2005）。実験の参加者は、19歳から36歳のカルフォルニア大学ロサンゼルス校の学部生２４８名です。目の前のコンピューターの画面に目のような模様がある、たったそれだけのことですが、驚いたことに、結果に大きな影響があったのです。

図３-５を見てください。この独裁者ゲームの実験で、Ｂさんに渡された金額の割合が示されています。〝ニセモノの目〟があるというだけで、その金

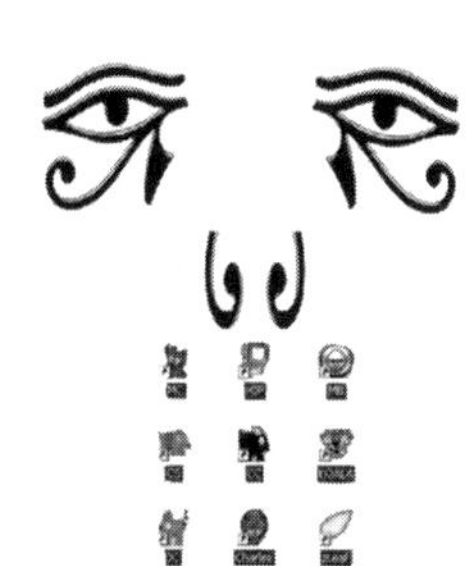

図3-6　実際に使われた「目」の画面
出典：Haley & Fessler 2005, fig.1

額が、なんと30％以上も増えていたことがわかります！　独り占めをしないでBさんにいくらかのお金を渡すAさんの数も、倍ちかくと大幅に増えていました。図3-6の左側が実験で実際に使われた〝ニセモノの目〟の画像、右側が「目」のない画面です。なおこの〝ニセモノの目〟の画像は、ホルスの目とよばれるエジプトの神様のシンボルのようです。

〝ニセモノの目〟に反応してしまうなど、すぐには信じがたいような結果でもありますが、その後も、ニセモノの目があると、気前が良くなること（Rigdon *et al.* 2009, Nettle *et al.* 2013, Mifune *et al.* 2010, Oda *et al.* 2011）や、協力的に行動すること（Burnham & Hare 2006）、モラルを破る者に厳しくなること（Bourrat *et al.* 2011）、ウソをつかなくなること（Oda *et al.* 2015）など、多くの結果が報告されました。ニセモノの目も、人の顔にみえる模様や写真などだけではなく、ロボットの目でも同様の効果があることも示されました（Burnham & Hare 2006）。

さらには、単なる〝点〟でも同様の効果があったことが報告されています（Rigdon *et al.* 2009）。図3-7を見てください。

「目」の効果のある並べ方　　「目」の効果のない並べ方

図3-7　三角に並べられた3つの点

出典：Rigdon *et al.* 2009, fig.1

3つの点を（∴）と普通の三角の模様のように並べたのでは効果はなかったのですが、顔のようにみえる逆三角形の（∵）と並べただけで、男性の参加者で先と同じような効果がみられました。こんなシンプルな「目」でも、ヒトは無意識に反応してしまう可能性があるというのです[2]。

ラボ実験とフィールド実験

おや、でもここで1つ問題がでてきました。実験者という〝観察する目〟の存在でヒトの行動が変わりうるならば、そもそも「実験」というやり方自体が問題です。

教室に集まってもらうなどして、「これから実験をします！」と宣言をしたうえでの実験を、「**ラボ（実験室）実験**（laboratory experiment）」とよびます。先の、コンピューターの画面にヒトの顔の模様が……という実験は、まさにこのラボ実験です。

このやり方では、どれほど匿名性を高めたとしても、自分の行動を、実験という名目で観察している〝実験者〟という存在がいることは明白です。実験の参加者に、実験者という〝観察する目〟の存在そのものを隠すことは、そもそも、実験に参加していること自体に気がつかせないようにでもしない限り難しいでしょう。しかし、実験をされているのにそのこと自体に気がつかせないことなど、果たしてできるのでしょうか……？

ニセモノの目：フィールド実験

そこで、こんな実験が行われました（Bateson *et al.* 2006）。ある大学のコーヒールームでは、飲み物の代金を、各自で料金箱に支払うという仕組みでした。そこでそのコーヒールームの料金箱の前にポスターをはり、さらにそのポスターを1週間ごとにはりかえました。そのうえで、そのポスターの種類ごとのお金の支払い率を比べたのです。すでに、この分野の古典ともいえる有名な実験です。

実験の〝参加者〟は、ニューカッスル大学の心理学専攻の48名です。いつもどおりにそのコーヒールームにきて飲み物をとり、その代金を、いつも通りに自分でその料金箱にいれるだけです。ポスタ

［2］なお、生まれて間もないごく幼い赤ちゃんであっても、顔のようにみえる3つの点（⁚）、特に白地に黒い点のある目の模様のような3つの点に反応すること（Farroni *et al.* 2005）や、さらにはおなかを通して赤い光を当てることで、胎児もまた顔のようにみえる3つの点に反応する可能性も示されています（Reid *et al.* 2017）。

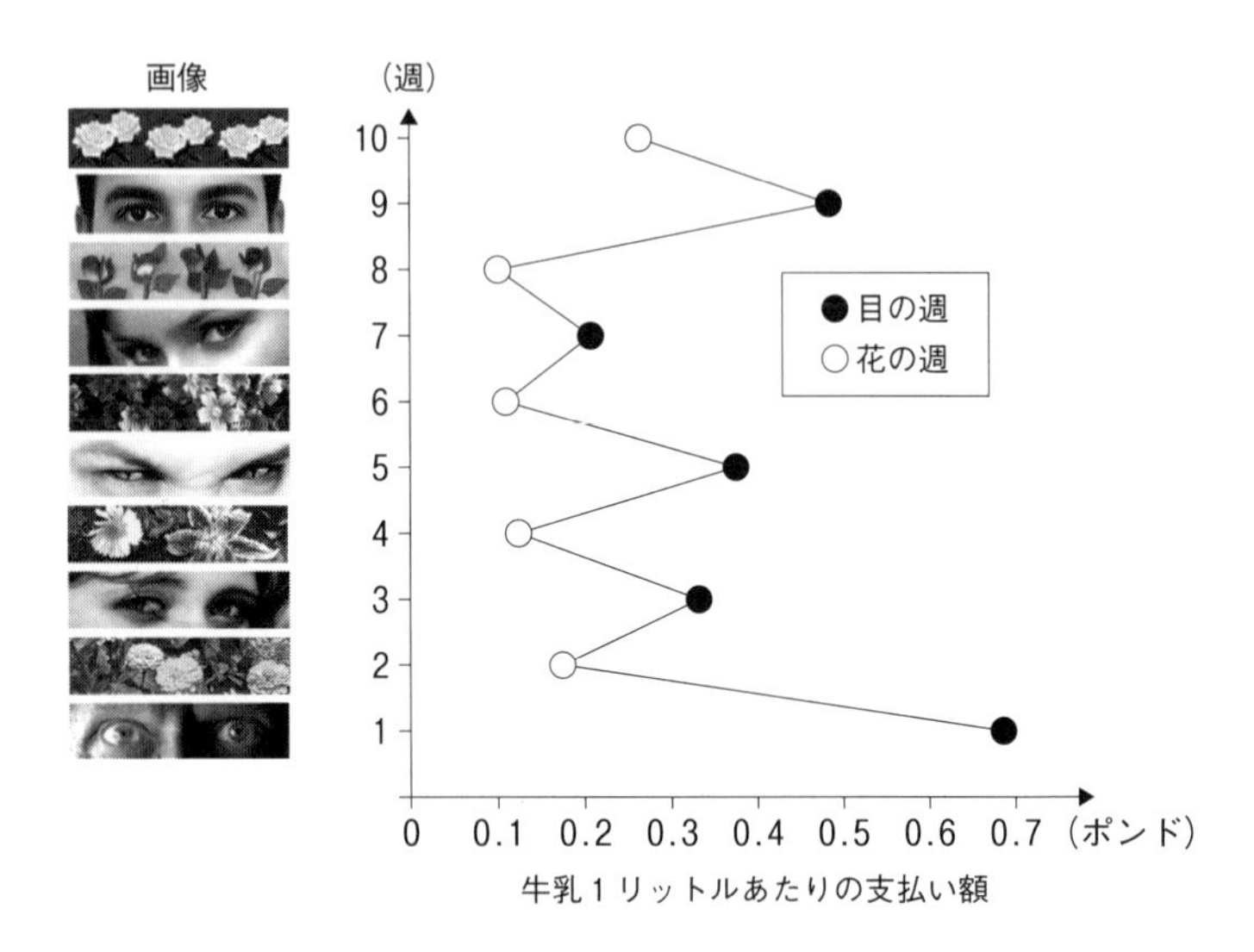

図3-8 ポスターの画像ごとの支払額

出典：Bateson *et al.* 2006, fig.1を元に作成。

注：このコーヒールームでは、紅茶とコーヒーと牛乳を選ぶことができたが、牛乳の消費量を飲み物全体の指標として、牛乳１リットルあたりの支払額をみている。

ーがとりかえられ、そのポスターの種類ごとに料金箱に入ったお金がいくらであったのか調べられていることなど、知らされてはいません。

このやり方ならば、実験の参加者は自分が実験に参加させられていること自体を知らないのですから、自分の行動を観察している実験者の目を意識しようがありません。このようなより自然な状況での実験を、「**フィールド実験**（field experiment）」といいます。人工的な環境の実験室を離れた、〃現場（フィールド）〃での実験、という意味です。

とはいえ、単に部屋のポスターの写真が変わっただけなので、これでいったいなんの影響があるのかと、不思議にすら感じるかもしれません。ところが驚いたことに、ポスターが花の写真から「目」になっただけで、支払い率はなんと約3倍にまで跳ねあがっていました。図3-8を見てください。ポスターの種類ごとに、その支払い額がみごとなまでにギザギザに変化していることを一目でみてとることができます。

ニセモノの目：フィールド実験その後

「ポスターの目」などという、実質的な意味のないことがこれ以上ないほどはっきりとわかっているものに対して、ヒトの行動がこれほどまでに影響をうけているというこの結果は、多くの注目を集めました。その後も同様のフィールド実験は相次ぎ、「目」のポスターなどがあるだけで、カフェテリアのテーブルにゴミを残さない（Ernest-Jones *et al.* 2011）、ゴミを散らかさない（Bateson *et al.* 2015）、寄付が増える（Powell *et al.* 2012, Kelsey *et al.* 2018）、ゴミをきちんと分別するようになる（Francey & Bergmüller 2012）、自転車泥棒が減る（Nettle *et al.* 2012）、選挙にいく人が増える（Panagopoulos 2014）、手をきちんと洗うようになる（Pfattheicher *et al.* 2018）などなど、多数の結果が報告されています。

ヒトは、こちらをまっすぐに見ている視線にはすぐに気がつくことは以前から指摘されており（von Grünau & Anston 1995）、それはこどもであっても同じであることも報告されています[3]（Senju *et al.* 2005）。「目」には、「見られている」という感覚を作りだすことや（Pfattheicher & Keller

2015）、強い不安や懸念、落ち着かなさといったネガティブな感情をひきおこすことも示されました（Panagopoulos & van der Linden 2017）。また、メタ分析という多数の研究をまとめた研究からも、こうした「目」の効果が確認されています[4]（Dear *et al.* 2019）。

こうした数多くの実験から、実際の監視者はもちろんとして、単なるポスターやコンピューターの画面など、実質的な意味がまったくないことが明らかな〝ニセモノの目〟にも、ヒトは無意識のうちに反応してしまう可能性がみえてきました。どうやら「目」には、ヒトの行動をここまで変える力があるようなのです。

なお、鏡に映った自分の姿が見えるようにしておくだけでズルをしなくなるなど、鏡にはここでの「目」と似たような効果があることは以前から知られていました（Beaman *et al.* 1979, Batson *et al.* 1999）。倫理規定に署名をしたり、宗教のシンボルを思いだしたり、神様に関する言葉を含んだ文章を読んだりすることで、ズルやごまかしが減ったり気前がよくなったりすることを示した研究もあります（Mazar *et al.* 2008, Shariff *et al.* 2016）。これらは、〝内なる目〟を作りだしているのかもしれません[5]。

さらにその後の詳細な研究の結果、「目」の効果は相手に渡す金額の平均額をあげるのではなく、そもそも相手に渡すかどうかの意思決定に影響することが報告されました。もともとお金を渡していた人がその金額をさらに増やすというよりも、独り占めをしていた人が相手にお金を分けるようになるというのです（Nettle *et al.* 2013）。つまり「目」は、ヒトを一般的により気前よくさせるというよりは、悪い評判から自らを守るために、社会の規範から最低限の逸脱をさせないようにする効果があるのではないかという可能性が示されたのです[6]。

[3] なお、生まれて数日の赤ちゃんであっても、自分に向けられた視線をよそを向いた視線より好んで見ること（Farroni *et al.* 2002）や、生後4か月の赤ちゃんは、自分に向けられた視線を見たときによそを向いた視線よりも強い脳活動がみられること（Grossmann *et al.* 2008）、生後すぐの赤ちゃんが顔のような図形をほかの物よりもよく見ることなど、ごく幼い赤ちゃんの頃から、ヒトは「目」や「顔（ないし顔らしきもの）」に対する特別な感受性がある可能性が議論されています（レビューとして板倉 ２０１２、遠藤 ２０１２、千住 ２０１２）。

[4] ただし、ヒトは「目」に思わず反応してしまうとしても、その効果は当初思われていたよりは限定的かもしれません（Kobayashi mimeo）。詳しくは章末の補足を見てください。

[5] この〝内なる目〟とは、よく知られた、西洋の「罪の文化」や東洋の「恥の文化」といったものとも関係があるのかもしれません（Benedict 1946）。文化が異なればヒトのふるまいが異なるのはもちろん、認知や感情などの心の働き、さらにはホルモンの分泌や脳の反応まで異なるといった結果も知られるようになりました（Nisbett & Cohen 1996, Nisbett 2004, Henrich 2017）。文化がヒトの進化の中で重要な役割を果たしてきた可能性についても議論されています（Henrich 2017）。文化に関する議論は、近年ますます注目を集めています。

なお、その後、メイザーらの研究（Mazar *et al.* 2008）は実験結果の再現ができなかったという報告もあり（Verschuere *et al.* 2018）、注意が必要です。

捕食者の目

このように、ヒトが「目」に対してさまざまな反応をしてしまう可能性が議論されていますが、一方で、「目や視線方向に対する特別な敏感性は、必ずしもヒトという種に限られたものではない」ともいわれています（遠藤 2005、p.19）。

たとえば「目の模様」を避ける行動は、チンパンジーやヒヒなどの霊長類だけでなく、カラスなどの鳥にもみられたこと（小林 2019）や、さらには「目」のような模様のあるチョウのほうが天敵である鳥に襲われにくく、生き残りやすかったという報告（Kodandaramaiah *et al.* 2009）もあります（家畜の牛のお尻に「目」を描くことで、牛がライオンに襲われにくくなったという報告もあり、さらなる調査も行われているようです（小林 2019））。

進化生物学者のマエストリピエリは、「一部の動物にとって、捕食者の目を感知することは、生死の違いに直結する」としています（Maestripieri 2012／邦訳 p.148）。「自分を見つめている目」に対する特別な感受性は、〝潜在的な捕食者〟への対応として始まったものなのかもしれません。

3.3 絆と孤独はアメとムチ

よい評判は「おいしい！」

では、こんなにも〝他者の目〟に敏感になるほどに気にしているらしい「他者からの評価」や「評判」といったものは、ヒトの脳にとっていったいどのような意味をもっているのでしょうか。

ヒトはおいしいものを食べたりお金をもらったりすると、喜びや快感に反応する脳の「**報酬系**（reward system）」（特に報酬系の中でも重要な部位である「**線条体**（striatum）」）とよばれる部位が活性化します。つまり、「お金をもらってうれしい！」「おいしいものが食べられてうれしい！」と脳

[6] 同様に、「目」は悪い評判を避ける効果をうむ可能性を議論したものとして、Kawamura & Kusumi (2017) があげられます。一方で「目」は、罰への恐れというよりは、自分の評判をよりよくすることで将来の見返りを期待させる効果があるのではないかという指摘もあります（Oda *et al.* 2011）。「目」を気にかけるのは悪い評判を恐れそれを避けるためなのか、それともよりよい評判を得るためなのか、この問題はまだ議論が続いています。

が反応していると解釈できます。うれしいからこそ、「もっとお金が欲しい！」「もっとおいしいものが食べたい！」と反応してしまうともいえます。

一方「他者からの評価」や「評判」は、もちろん食べられませんし、少なくともその場で具体的に何かを得ることも損をすることもない、形のないものです。ところが実験をしてみると、褒め言葉などの形のないそうした〝社会的報酬〟にも、脳は金銭などの物理的報酬と同じように、報酬系（線条体）が反応をしていることがわかりました（Izuma *et al.* 2008）。もらえるお金が多いほど報酬系の活動が強くなるのと同じように、他者からの評価が高いほど報酬系の活動が強くなることもわかりました。また、自分にとって大切な人からはもちろん、たとえ見知らぬ人からであっても、他者から「好意」を示されると脳の報酬系が活発に反応したという報告もあります（Lieberman 2013b）。つまり褒め言葉や他者からの好意といったものは、脳にとっては、おいしいごはんやお金と同じような〝リアルなもの〟だということがわかってきたのです。

図3-9　サイバーボール実験

孤立は「痛い」

さらにヒトは、集団からの〝孤立〟に対しても非常に敏感であるらしいということもわかってきました。

図3-9を見てください。コンピューター上でキャラクターを操作して、3人でキャッチボールをしてもらう状況を考えます（Eisenberger *et al.* 2003）。**サイバーボール**（cyberball）**実験**といわれるものです。しかし自分以外の参加者は実は実験の協力者で、いわゆるサクラでした。そしてそのサクラである実験協力者同士だけでキャッチボールが行われ、自分にはいつまでたってもボールがこないのです。突然、訳もなく仲間外れにされるのです。

この〝孤立〟のときの脳の反応を測定すると、身体的な痛みと同じような部位（「**帯状皮質前部**（anterior cingulate cortex: ACC）」や「**島皮質前部**（anterior insula）」など）が活性化することが報告されたのです。

また、拒絶されたという感覚の強い人ほど、帯状皮質前部の活動が大きいことも示されました。

この研究を行ったのは著名な社会神経学者のリーバーマンたちですが、実験データの整理をしていたときに、偶然すぐ隣のコンピューターで、大学院生が身体的な痛みのデータを分析していたそうです。2つのコンピューターの画面を見比べたとき、身体的な痛みとこの社会的な痛みへの脳の反応が、驚くほどよく似ていることに気がついたのだそうです（Lieberman 2013b）。

この実験の参加者は、お互いにまったく知らないし、もちろんその後会うこともありません。仮想空間上で仮想のボールがもらえなくとも、具体的な〝損〟は何もありません。でもたったこれだけの孤立ですら、脳にとっては痛みだというのです。「心が痛い」という表現は、単なるレトリックではなかったのです。

これ以外にも、自分を仲間外れにした他者が、自分が所属している集団のメンバーではなく、自分とは関係のない集団（いわゆる「外集団」）のメンバーであっても（Williams *et al.* 2000）、社会的に軽蔑されるような集団のメンバーであっても（Gonsalkorale & Williams 2007）、また仲間外れによって自分は得をすることがわかっていても（van Beest & Williams 2006）、さらにはあくまでコンピューターのプログラムを相手にしていて実際の人間を相手にしているのではないことを知っていてすら（Zadro *et al.* 2004）、「集団からの排斥」に対して、脳は同じような〝痛みの反応〟を示すことが示されました。集団からの孤立に対して、ヒトはこれほどまでに敏感だというのです。[7]

進化の中の「孤立」

ヒトは、身体的な痛みを感じるおかげで、身体的な危険を避けることができます。孤独を研究してきた著名な心理学者のカシオポは、孤独感も同じような理由で進化してきたことを指摘しました（Cacioppo & Patrick 2008）。孤独感は、「人間が社会的なつながりにもっと注意をはらい、他者を求め、ほつれたり切れたりした絆を修復するのを促す刺激として発達した」というのです（邦訳 p.29）。つまり、孤独の痛みを感じるおかげで、ヒトは孤立したままでいる危険を避けられるようになったというのです。

「群れから孤立すること、とりわけ、幼いころに自分の保護者から引き離されることは、途方もない危険をはらんでいる。したがって、どの動物も孤立を避け、仲間との近接を維持する本能的習性を持っていたとしても、驚くことがあろうか」。そう書いたのは、愛着理論の先駆者であるボウルビィです（Bowlby 1973：引用部分は Cacioppo & Patrick 2008／邦訳 p.27）。

---

[7] ただし、周囲からの社会的なサポートを日常的に受けている人は、サイバーボール実験のような、一時的な孤立のときの脳の〝痛み〟の反応は弱いことが示されています（Eisenberger *et al.* 2007）。裏を返せば、普段から社会的なサポートをあまり受けられず、常に「孤独」を感じている人は、ごく一時的な孤立に対しても、より〝強い痛み〟を感じてしまうようです。

先に紹介したサイバーボールの実験を行ったリーバーマンは、集団からの孤立が直接的に命の危機につながりかねなかった私たち哺乳類は、社会的なつながりが断たれるという脅威に対して、社会的苦痛が身体的苦痛系を脳の中で〝乗っ取る〟ことで、「痛み」として警報を鳴らすようになったのだろうとしています（Lieberman 2013b）。痛みは、「その原因を避けろ！」という体からの警告なのです[8]。

人とのつながりはアメ、孤独感はムチ

こうした多数の研究から、褒められたり好意を示されたりする「社会的な喜び」や、邪魔にされたり孤立をしたりする「社会的な苦痛」と、金銭や物質的なものなどの〝リアルなもの〟とでは、脳の中での反応は非常によく似ていることがわかってきました。

お金や物が手に入るかどうかではなく、「いい人だと思われたい！」「仲間外れにされたくない！」、そんな思いだけからでも、ヒトはちょっと無理をしてでも頑張ってしまうのかもしれない、そんな可能性が、脳の研究からもみえてきたのです。孤独を研究してきた心理学者のカシオポは、「人とのつながりはアメ」、そして「孤独感はムチ」と表現しています（Cacioppo & Patrick 2008）。

●コラム●孤独について

近年、「孤独」の問題は、大きな注目を集めています。イギリスでは、「孤独は現代の公衆衛生上、もっとも大きな課題の一つ」として、2018年に、世界初の「孤独担当大臣」を任命したことをご記憶の方は多いでしょう。我が国においても、近年には孤独・孤立問題を担当する大臣が指名され、やっと国をあげてのとりくみがはじまりました。

社会的なつながりの断たれた孤独な状態が続くことは、私たちヒトという生き物にとってとても大きなストレスです。それは、免疫機能や認知機能を妨げ（Cacioppo & Patrick 2008）、さらには、うつ状態、心臓疾患、脳卒中、早すぎる死など、驚くほどにさまざま健康リスクを高め、最後には命を脅かすほどの大きな影響を与えることもわかってきました（Holt-Lunstad *et al.* 2015, Russo 2018）。健康へのマイナスの影響は、たばこや肥満よりなお大きいとすらもいわれます。孤独感を覚えると、他者に親切でなくなるばかりか（Twenge *et al.* 2007）、攻撃的になったり（Twenge *et al.* 2001）自滅的なリスクを冒したりするようになる（Twenge *et al.* 2002）など、実行制御や自己調整の機能が低下し、衝動的で利己的な行動につながりやすいといった報告もあります（Cacioppo & Patrick 2008）。

また「孤独」の中で育たなければならなかったこども達への影響は、さらに甚大です（Blum 2002）。

[8] 近年には、「孤立」のあとでは、社会的交流を〝渇望する〟ことが報告されています（Tomova *et al.* 2020）。社会的な交流から強制的に隔離されたのちには、誰かが友達と冗談をいいあっているといった社会的交流の様子を見たときに脳の中で起こる反応が、飢えているときに食べ物を見たときの反応とよく似ていることが示されたのです。

その健全な発達は驚くほどに大きく阻害され、その影響の記録を読んでいるだけでもこちらが苦しくなるほどです。社会的なつながりが断たれるということは、大人であってもこどもであっても、私たちヒトという生き物にとって思っている以上に深刻なダメージとなりうることは、もっと知られてもいいように思います。

こうした議論に興味のある人は、『愛を科学で測った男―異端の心理学者ハリー・ハーロウとサル実験の真実』(Blum 2002／ブラム 2014)や、『孤独の科学―人はなぜ寂しくなるのか』(Cacioppo & Patrick 2008／カシオポ・パトリック 2018)などをぜひ読んでみてください。

3.4 独裁者ゲーム：バリエーション

さてここまでで、ヒトは「目」や「評判」を極端なまでに気にかけてしまうこと、そして逆に目がなければ自己の利益を追求する方向にふるまうことがわかってきました。

ではここで、独裁者ゲームのバリエーションを4つほどみるなかで、Aさんのふるまいの意味を、もう少し深く考えていきたいと思います[9]。

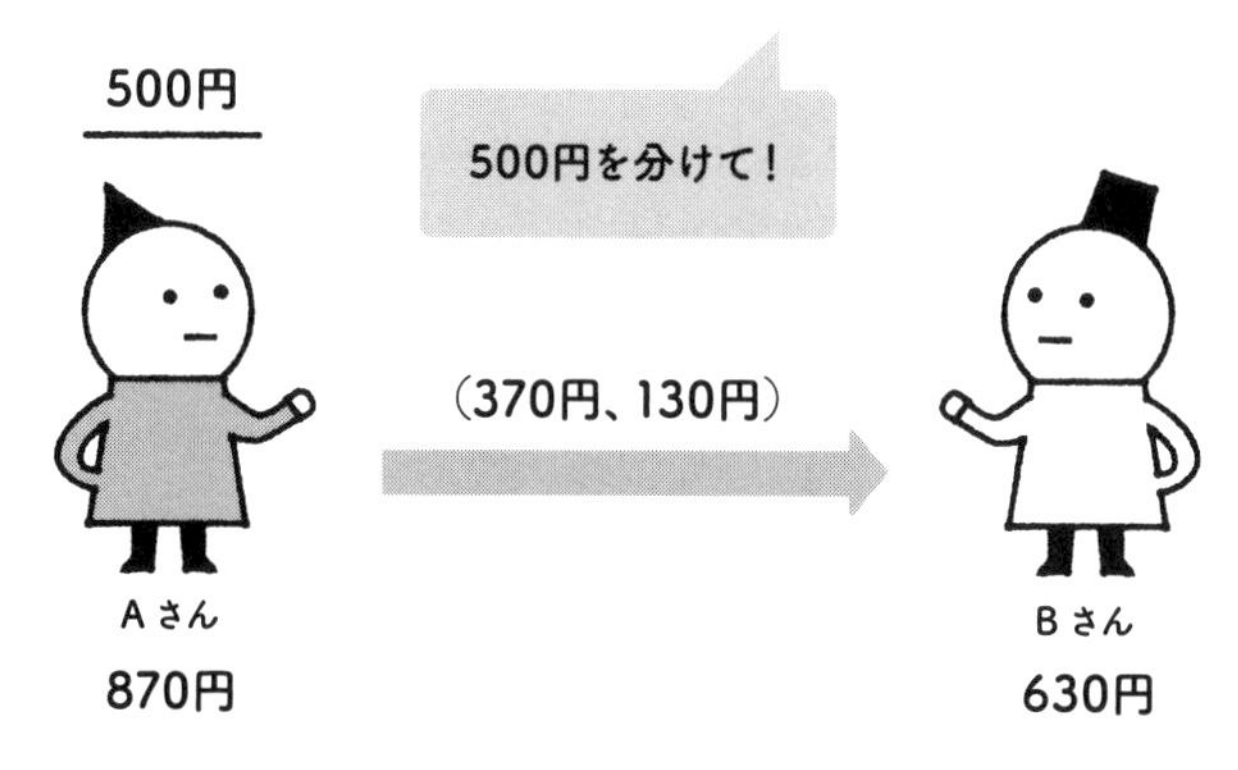

図3-10　独裁者ゲーム：基本形

バリエーション〈1〉相手から奪ってもいいのなら……

最初のバリエーションは、「相手から奪ってもいい」という選択肢を追加した独裁者ゲームです。

まずAさんとBさんの2人に、それぞれ500円を渡します。その後さらにAさんに500円を渡し、この追加の500円をBさんとどう分けるかを決めてもらう基本の独裁者ゲームをまず考え、次にここから少しずつ選択肢を変えていきましょう（List 2007）。実験の参加者は、メリーランド大学の学部生で、実験1が24名、実験2が46名、実験3が50名です。

[9]　3.4節の研究はすべて外国通貨で行われていますが、わかりやすくするために、ここでは1ドル100円などの換算で説明をし、場合によってはさらに数値をまるめています。

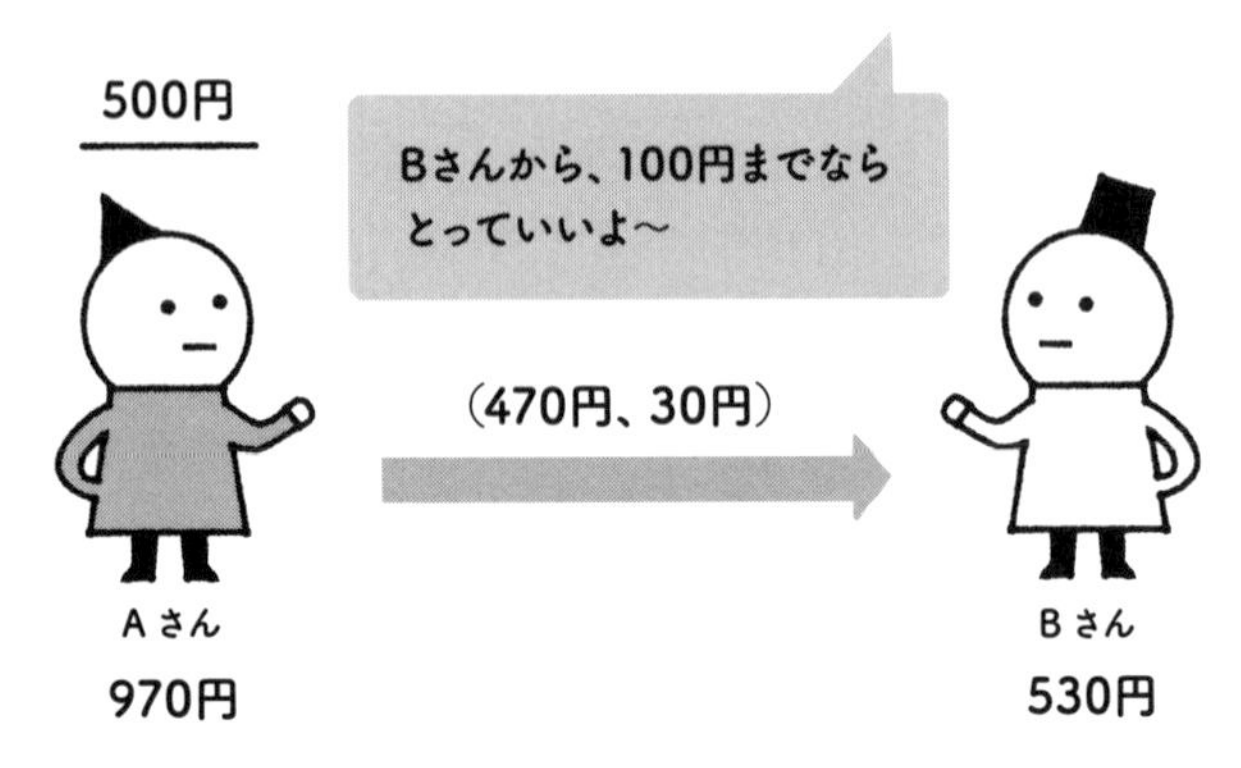

図3-11　独裁者ゲーム：100円までとれる

（実験1）独裁者ゲーム：基本型

図3-10を見てください。基本型のゲームでは、独裁者であるAさんがBさんに渡したのは、500円のうち約130円でした。平均提案率は約25％で、約70％の人は相手にいくらかの金額を渡しました。独り占めをして相手にまったく何も渡さなかったのは、Aさんの立場の約30％の人でした。これらはすべて、今までの独裁者ゲームと同様のごく標準的な結果です。なお、Aさん、Bさんのイラストの下に書いてある金額は、最終的にそれぞれが手にいれた金額を表しています。

〈Aさんの立場〉

Bさんにいくらかを渡した人　約70％
Bさんに何も渡さなかった人　約30％

（実験2）Bさんから100円までとれる

図3-11を見てください。今度は、Aさんは「自分の50

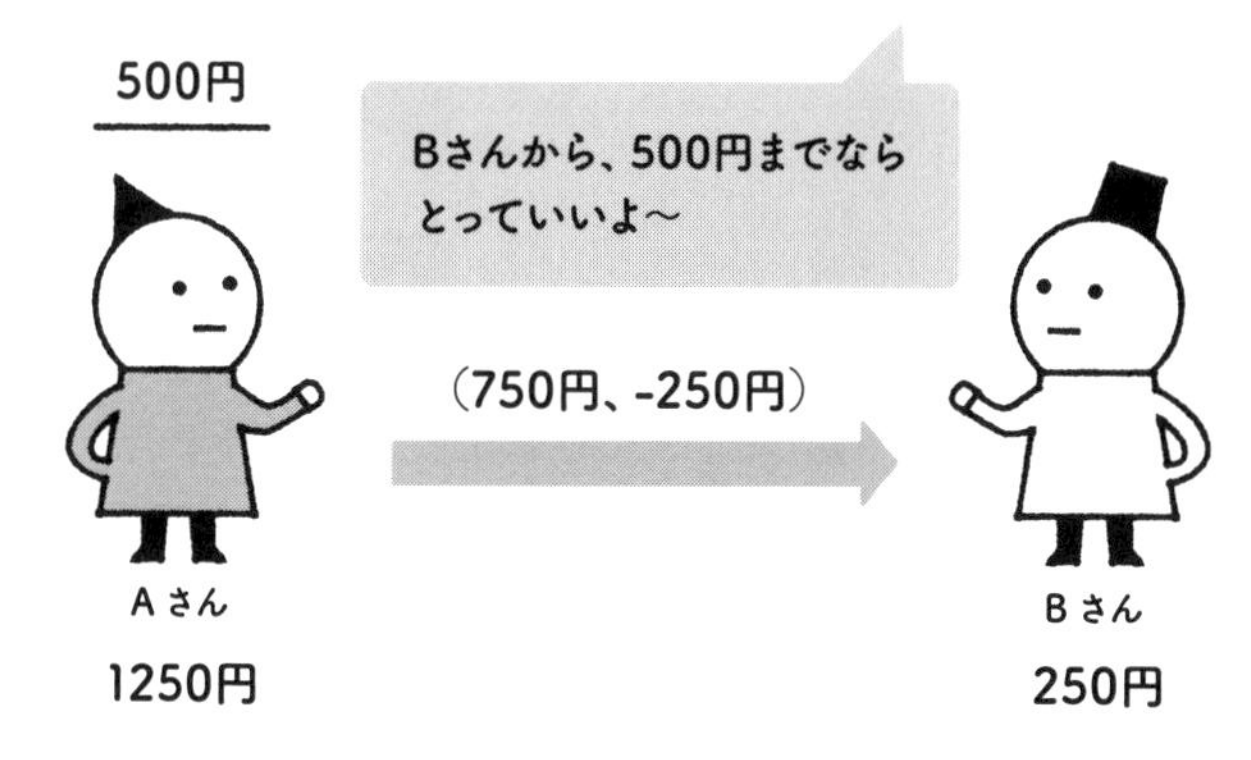

図3-12　独裁者ゲーム：500円までとれる

0円をBさんと分けてもいいし、Bさんから最大100円まではとってもいいですよ」といわれたとします。

するとBさんに渡した金額は、なんと約30円にまで激減してしまいました！　相手に何も渡さなかった人も約45％にまで増えただけでなく、約20％の人が、Bさんから奪える上限である100円すべてをとりあげました！


〈Aさんの立場〉

Bさんにいくらかを渡した人	約35％
Bさんから奪いも渡しもしなかった人	約45％
Bさんから100円奪った人	約20％

（実験3）Bさんから500円までとれる

図3-12を見てください。最後のケースは、Aさんは「自分の500円をBさんと分けてもいいし、Bさんから全額の500円までとってもいいですよ」といわれました。

すると、なんと平均で約250円を奪いました！　あげた

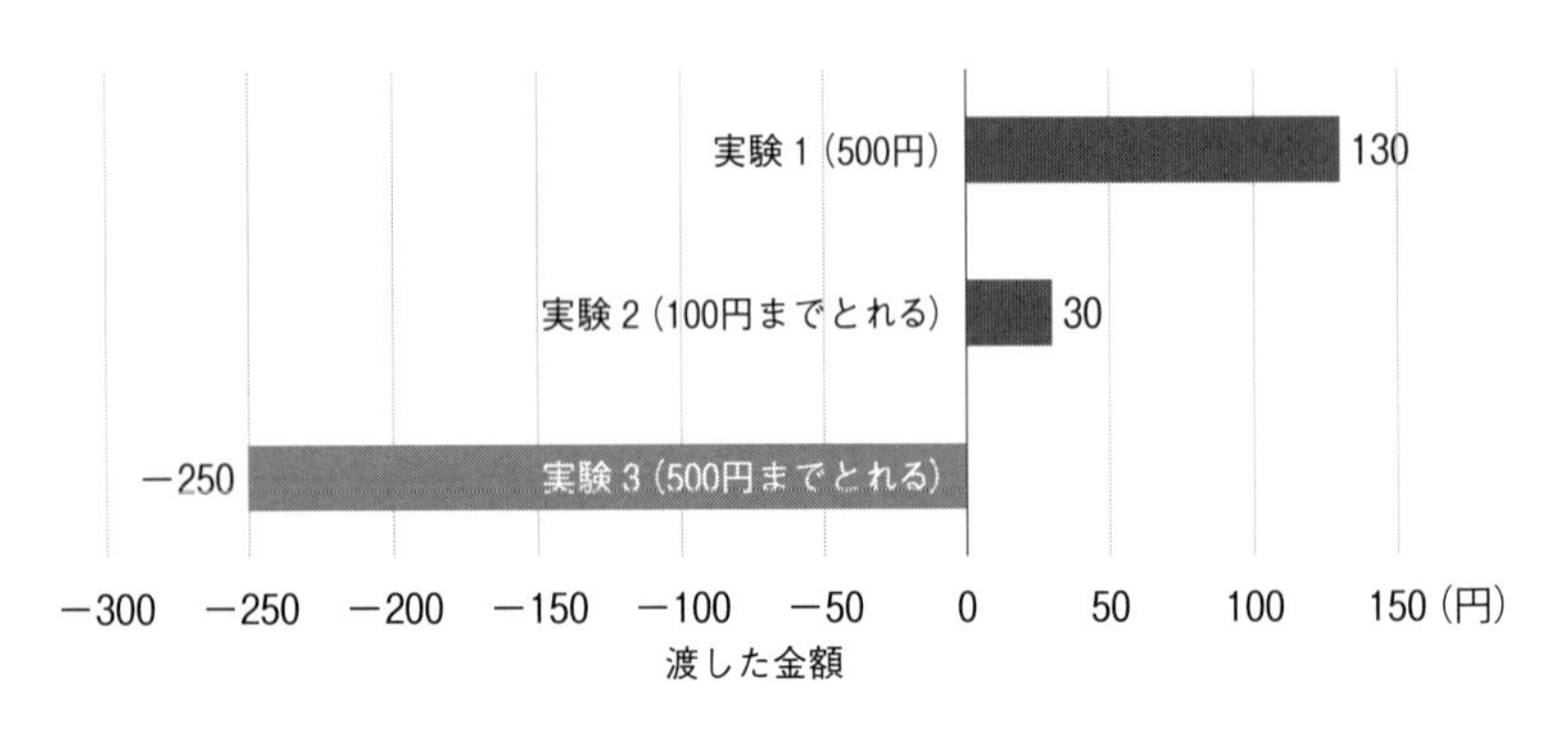

図3-13　各実験でBさんに渡した平均金額

出典：List 2007より著者作成。
注：表記の仕方を少し変更してある。

んじゃなくて、奪ったんですよ！　お金を分ける人もほとんどいなくなり、何も渡さなかった人は約30％ほどで、約60％の人は相手からお金を奪いました。そのうち約4割は、なんと全額を奪いました！　Bさんからお金を巻きあげはじめたAさん。「見知らぬ他者への思いやり」という美しき利他性は、どこへいってしまったのでしょうか……!?

〈Aさんの立場〉

Bさんにいくらかを渡した人	約10％
Bさんから奪いも渡しもしなかった人	約30％
Bさんからお金を奪った人	約60％
（そのうち40％以上の人は全額を奪った人）	

実験1～3の結果をまとめたものが、図3-13です。Bさんからとっていいといわれる金額が増えるごとに、Bさんに渡す金額は減り、最後にはBさんからお金をとりあげるようになったことがはっきりとわかります。

相手からお金を奪えるとなると、実際に奪いはじめたAさん。Bさんからぎりぎりまで全部を絞りとったわけではないとはいえ、そのふるまいを、見知らぬ他者を思いやる利他の心とよぶには抵抗がでてきます。全額を奪うという最悪の選択肢をとらなかったのは、「目」と「評判」を気にかけるAさんの、「そこまで強欲じゃないですよ!!」というメッセージでしょうか。「(独裁者ゲームを通じて)ぼくたちが見てたのは、ぜんぜん思いやりじゃなかった!」。著者であるリストは、そう語ったようです[10](Levitt & Dubner 2009/邦訳 p.153)。

状況がほんの少し変わっただけで、Bさんに渡す金額は大きく変化しました。どこまでなら奪ってもよいのか、逆にどこから先は奪ってはいけないのかといった、「これなら大丈夫!」と感じられる基準は、ちょっとしたことにでもすぐに影響を受けてしまうようです。

バリエーション〈2〉 知らなかったらしょうがない!?

さて次は、相手の利得がすぐにはわからない状況での独裁者ゲームを考えます(Dana *et al.* 2007)。

[10] この結果は、少し設定を変えた状況でも成立することが示され(Bardsley 2008, Korenok *et al.* 2014)、リストの結果を支持しています(Zhang & Ortmann 2014)。

実験 1

	取り分	
	Aさん	Bさん
選択肢 1：	500円	500円
選択肢 2：	600円	100円

実験 2

	取り分	
	Aさん	Bさん
選択肢 1：	500円	？円
選択肢 2：	600円	？円

図3-14 相手の取り分がわからない

実験の参加者は、ピッツバーグ大学の学部生で、実験1が38名（19組のペア）、実験2が64名（32組のペア）です。

ここで考えるのは、選択肢は2つだけという、独裁者ゲームの簡単バージョンです。コンピューターの画面上に、AさんとBさんの間の分け方を示した選択肢が2つでてきます。Aさんにはこれを見て、どちらを選ぶのかを決めてもらいます。

（実験1）基本形：2つの選択肢

図3-14の左側を見てください。最初の実験1では、Aさんに与えられたのは、選択肢1と選択肢2の2つの選択肢でした。

選択肢1では、AさんとBさんがもらえるのは2人ともに500円ですから、これは平等な分配といっていいでしょう。それに対して選択肢2では、Aさんは600円と選択肢1よりもたくさんのお金が手に入りますが、Bさんの取り分はたったの100円です。つまりこれは、Aさん自身は得だけれども、Bさんは大きく損をする選択肢です。この2つの選択肢のうちのどちらかを選ぶようにいわれると、自分が損をするとわかっているのに、Aさんの立場の7割以上の人は、平等に分ける選択肢1を選びました。

やはり見知らぬ他者への利他性でしょうか……？

（実験２）Ｂさんの取り分がわからない

ではここで、選択肢を少しだけ変えてみましょう。続く実験２では、Ｂさんの取り分が、すぐにはわからない形となりました。

図３‐14の右側を見てください。今回の実験２でも、Ｂさんの取り分は先とおなじく１００円か５００円のどちらかであることだけはＡさんも知っていました。しかしＢさんの実際の取り分がそのどちらなのか、Ａさんには見えないようになっていて、Ａさんのコンピューターの画面上では、Ｂさんの取り分の部分には「？」と書かれていました。

ただしＡさんが、「？」の部分をコンピューターの画面上でクリックをしさえすれば、Ｂさんの取り分はすぐにわかるようになっていました。もし見知らぬ他者への思いやりの心から分け方を決めていたのであれば、クリックなど簡単ですから、今度もＢさんのもらえる額を確認してから、どう分けるのかを決めるはずでしょう。

しかし、簡単に調べられることがわかっているにもかかわらず、Ａさんの立場のおよそ半数の人は、Ｂさんのもらえる額をみようとすらしませんでした。そして６割を超える人が、自分にとって得であることがはっきりしている選択肢２を選んだのです！

ゲームの後で、なぜそのような選択をしたのかを尋ねてみました。すると、「自分が６００円をもらえるようにすることで、相手がどうなるのかを知らなかったから！」と説明しました（Kurzban 2011）。たしかにそれはウソではありません。しかしより正確には、簡単に知ることができたのに、知ろうともしなかったというべきです。ちなみにこういう状況を、「**戦略的無知**（strategic ignorance）」といいます。[11]

「知らなかったのだから、しょうがないよね〜〜」というAさん。ほんの少しゲームの状況が変わっただけで、「見知らぬ他者への思いやり」はまたもやどこかへ消えてしまったようです。

バリエーション〈3〉 バレないようにできるなら……

3つ目のバリエーションでは、Aさんは自分の選択をBさんにはまったく伝えずに、お金を持ち帰ることができる状況を考えます（Dana *et al.* 2006）。実験の参加者はカーネギーメロン大学の学生80名（40人の独裁者）です。

図3-15を見てください。ここでは、実験者からもらう1000円をどう分けるかを決める前に、Aさんが実験者に100円を支払

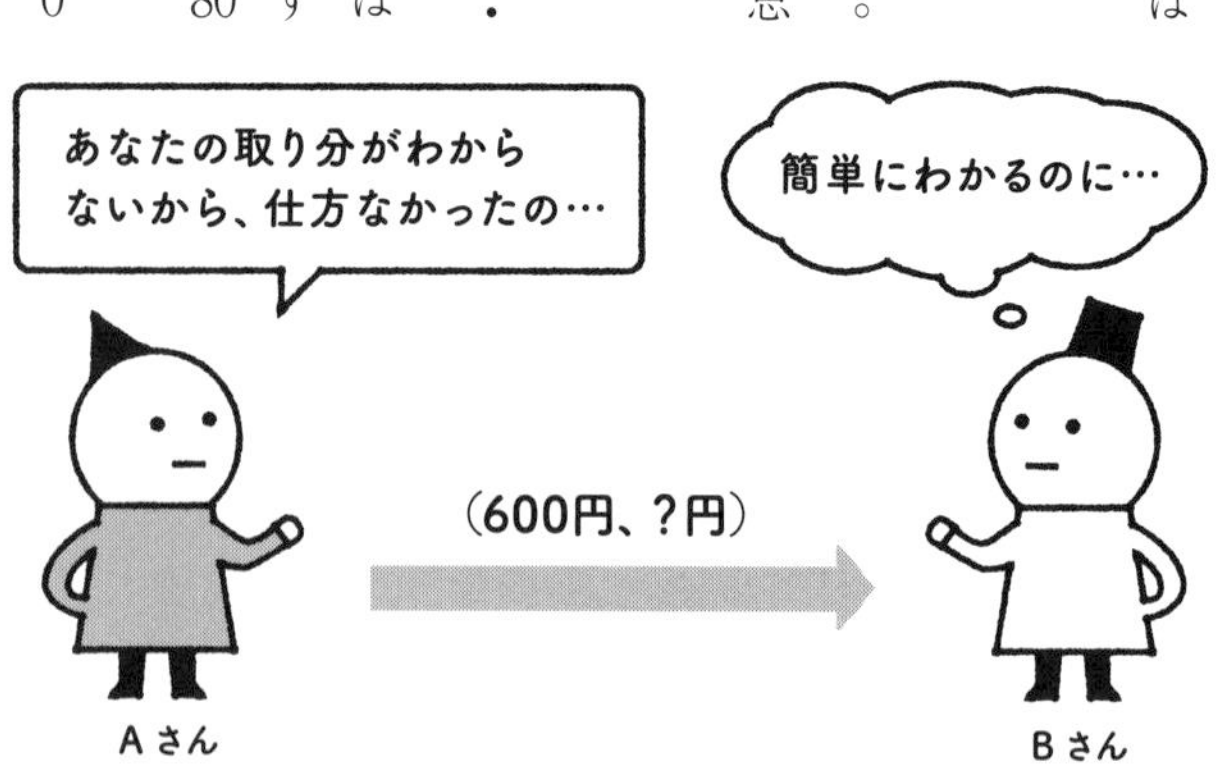

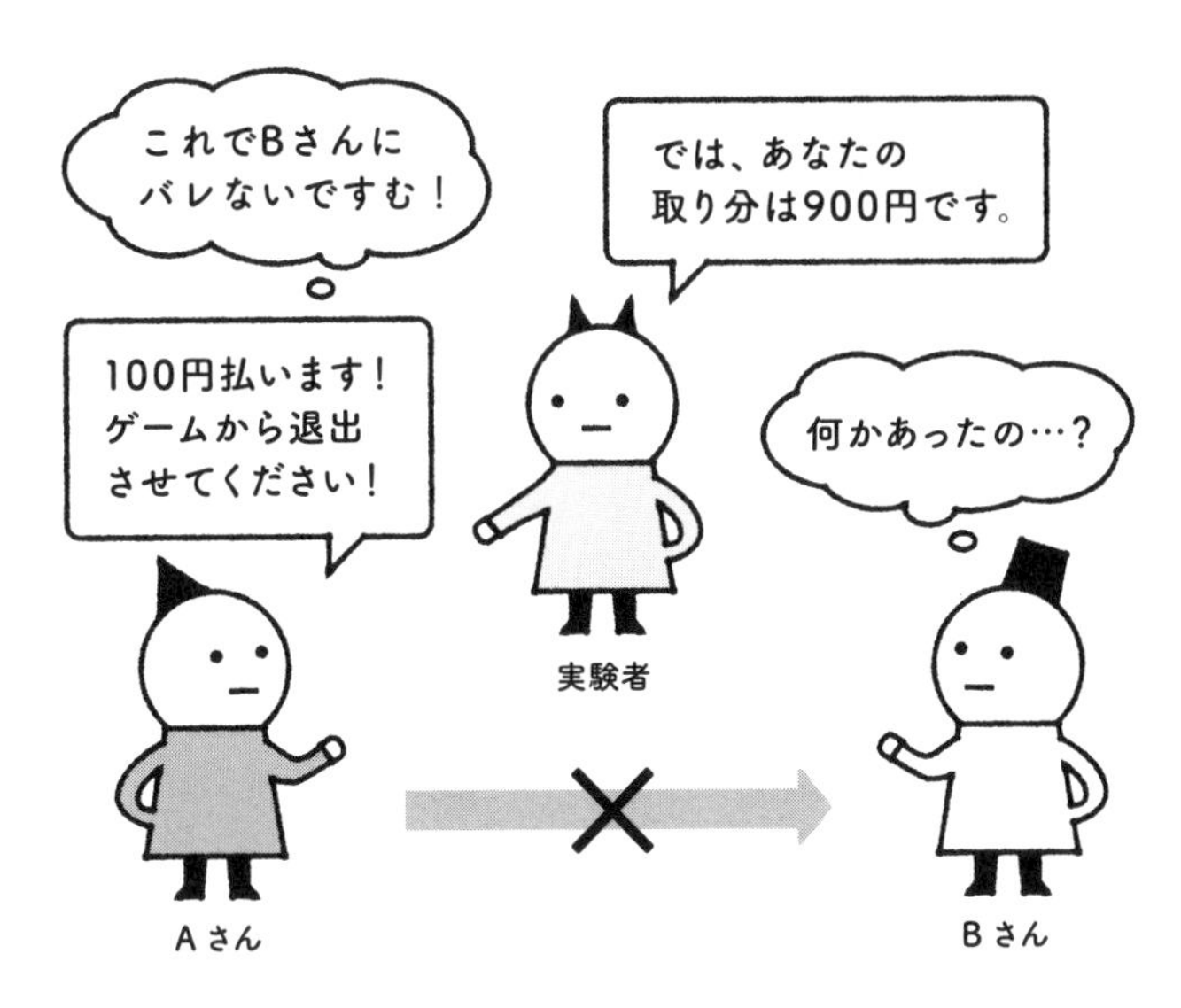

図3-15　ゲームから退出できる

えば、そもそもBさんとお金を分ける予定があったこと自体をBさんに伝えることなく、残りの900円を全部Aさんのものにできる状況を考えます。つまり、100円のコストを支払えば、Bさんに知られることなく、このゲーム自体から〝退出〟ができるのです。

　すると約3割の人が、実験者に100円を払ってゲームから退出することを選びました。

[11]　さらにその後の研究で、無知でいるためにはコストがかかるとしても、そのコストを払ってでもなお戦略的に〝無知〟でいることを選ぶこと、さらにそのような無知でいるためのコストを払う人ほど、自分の利得を大きくする選択肢を選ぶ傾向があることが示されました（Grossmann & van der Weele 2017）。

続いて独立に行われた再現実験では、約4割の人がこの〝退出〟の選択肢を選んでいました。このときのAさんの取り分は900円ですから、わざわざ100円を払って退出をしなくとも、（900円、100円）と分けることで、自分の利得は同じままでさらにBさんに100円を渡すことができたはずです。見知らぬ他者と分かちあいたいという利他の心ならば、100円をムダにすることなくBさんにあげることができたのです。逆にお金が欲しいだけならば、（1000円、0円）と自分が独り占めをする選択肢を選ぶことで、さらに100円多く手にいれることもできました。

しかし実際には、どちらの選択肢も選ばれませんでした。選ばれたのは、自分がそんな〝欲張りな〟選択をしたことがBさんに伝わらないように、喜んでムダな100円を支払うというものだったのです。同様の結果は、その後日本でも追試されています（Hashimoto *et al.* 2014）。「お金は欲しいけれど、自分がそんな欲張りだということは相手に知られたくない！」、そんなAさんの心の声が聞こえてきそうな結果です。[12]

バリエーション〈4〉フェアにみえるかしら？

さて最後の実験は、誰が提案したのかがわからなくなるときがあるケースを考えます（Andreoni & Bernheim 2009）。実験の参加者は、ウィスコンシン大学マディソン校の経済学コースの学部生120名です。

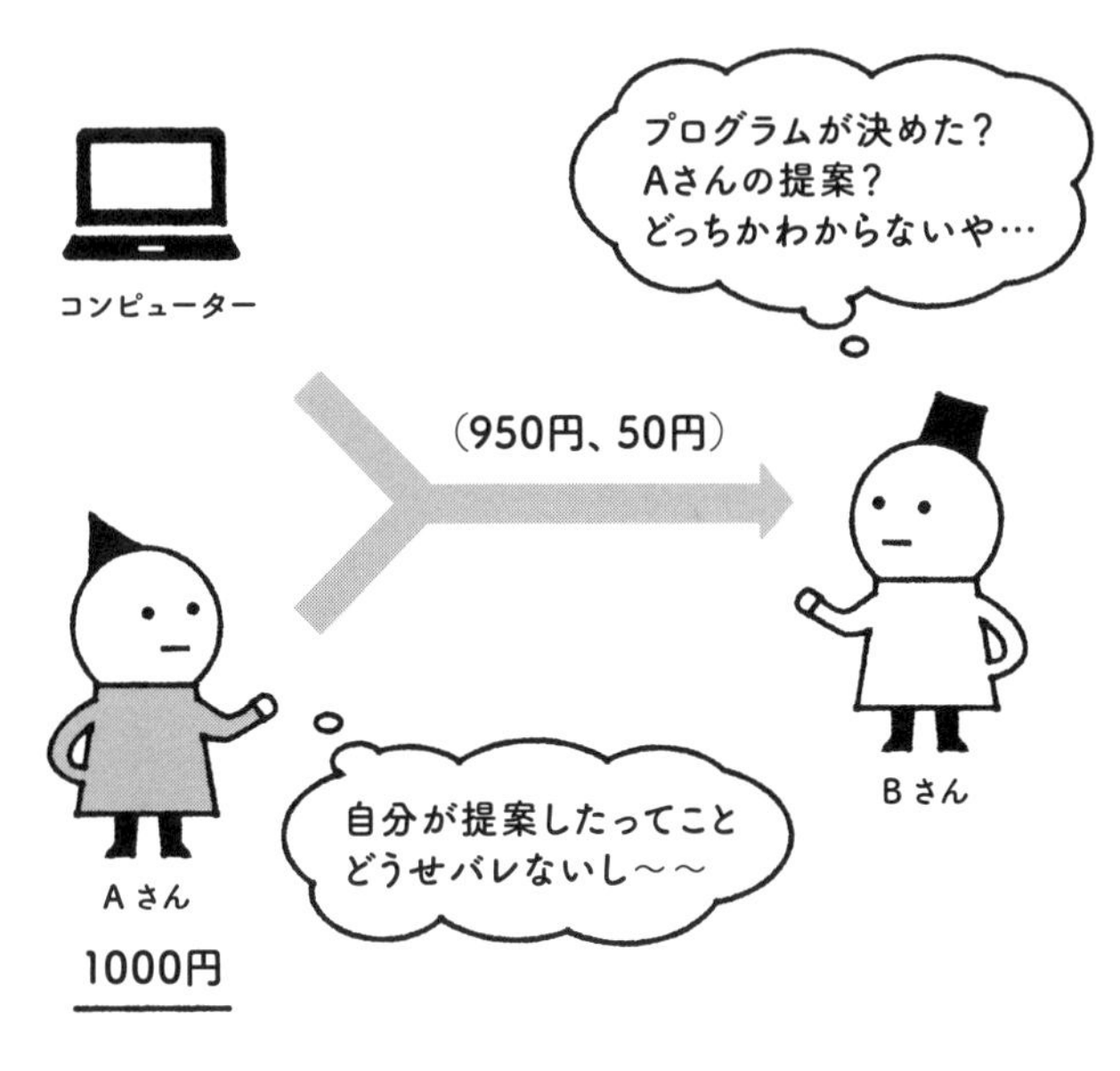

図3-16　プログラムの提案に“隠れられる”

図3－16を見てください。ここでは、Aさんが分け方の提案をするとき、Aさんの提案額にかかわらず、あらかじめ決められていた提案が、コンピューターによるプログラムによって勝手にされてしまうことがある状況を考えます。つまり、たとえば実際にはAさんは公平な分け方を提案していたとしても、プログラムが勝手に不公平な提案をしてしまうことがある、そんな状況です。

しかも実際にそのプログラムによる提案は、（950円、50円）あるいは（1000円、0円）などの、「かなりAさんに有利な」提案でした。つまりこうしたかなり不公平な提案をされたとき、それはAさん自身が実際に提案をしたものなのか、それともプログラムによる勝手な提案なのか、

Bさんにはどちらなのかわからない状況です。この状況は、AさんもBさんも事前によくわかっているとします。

すると、コンピューターによるプログラムがこうしたAさんに有利な提案をする可能性が高くなると、Aさん自身も、このプログラムとまったく同じ提案をすることが増えました。つまり、自分が提案をしたのかどうかがBさんにわからなくなると、その自分自身に有利な不公平な提案を、Aさんはどんどん選択するようになったのです。

「自分が提案したってこと、Bさんにはわからないし～～」ということのようです。この実験を行ったアンドレオーニとバーンハイムは、「ヒトは、フェアであることそのものよりも、フェアだとみ・・・えることを好む」としています。

「正しくみえる」ことに配慮する

さてここまでに、4つの実験のバリエーションをみてきました。簡単に復習をしてみましょう。最初の実験では、相手から奪ってもよいといわれれば、実際に相手から奪いはじめることが示されました。2つ目の実験では、相手の利得がわからないとき、たとえどんなに簡単にそれがわかるとしても知ろうとすらせずに、単純に自分の利得の大きい選択肢を選ぶことが示されました。3つ目の実験では、自分が欲張りな行動をとったことが相手に伝わらないようにするためには、喜んでコストを支払うことが示されました。最後の実験では、コンピューターのプログラムが自分に有利な選択肢を提案してくれていて、かつそこに〝隠れる〟ことができるのならば、それに乗じて、自分に有利な不公平な選択肢を選ぶことが示されました。

こうした実験のバリエーションの結果をみていると、「見知らぬ他者への思いやりの心」ともみえたAさんの行動は、ずいぶん違ったものにみえてきます。

---

[12] なお、お金を払ってゲームから退出したAさんが3割～4割ほどとは、むしろ少ないのではないかと思った人もいるかもしれません。これは、「自分ばかり得をしたがる不公平な奴！」であるうえに、「それを相手に知られないようにまでする卑怯な奴！」と実験者に思われることの恐れが影響した可能性があるのではないかと考えています。

さらに、「**現状維持バイアス**（status quo bias）」が働いた可能性を考えています。現状維持バイアスとは、一度行った選択を変更したがらない傾向、つまり〝現状〟を〝維持〟する傾向のことです。本文で紹介した実験では、AさんはBさんにどれだけ分けるのかを選んだ後に、改めて「退出」の選択肢があることを知らされています。最初から退出の選択肢がある状況では、より多くの人が退出を選ぶ傾向があるのではないかと考えて、実験を行っています。

実際にその後の実験で、欲張りな選択をしたことをBさんに知られないですむのならば、最大2割程度までならば支払う意思があることが示されています（Broberg *et al.* 2007）。つまりここでの例でいえば、２００円程度までならば、その金額を支払ってでもゲームから退出をしたいと思っていることが示されました。そこでは、退出することで失う金額が1割のとき、つまり本文の実験の例でいう１００円のとき、6割程度の人が退出を選ぶことが示されています。

「私たちは真に正しくあるよりも、正しく見えることに配慮する傾向をもつ」と、著名な社会心理学者のハイトは書きました（Haidt 2012／邦訳 p.297）。残念なことではありますが、こうした一連の研究からも、ヒトにはそういう側面がありそうだということがみえてきます。

●コラム●奇妙な（WEIRD）……人々？

本書で紹介している実験の参加者は、その多くが大学（それも、しばしば先進諸国における有名な大学）の学生さんです。たとえば独裁者ゲームのメタ研究では、実験参加者の94・7％が学生さんでした（Lim & Yu 2015）。しかし学生と社会人では、そのふるまいは必ずしも同じとは限らないことがわかってきました。

たとえば一般に独裁者ゲームのようなゲームでは、学生さんは、社会人や年配の人より自己の利益を追求する傾向が示されています（Belot *et al.* 2015, Lim & Yu 2015）。独裁者ゲームにおいては、西洋社会における25歳以上の成人は、「平等」に分ける傾向が強いこと（Henrich 2017）や、日本における学生さん以外の参加者を対象とした実験でも、年齢があがるにつれて相手により多くを渡そうといった傾向があったという報告もされています（Matsumoto *et al.* 2016, Ogawa *et al.* 2020）。こうした傾向を考慮すると、本書で紹介している実験結果なども、少し調整して考える必要があるかもしれません。

小規模社会実験を行ったヘンリックらは、行動科学の実験などでは、**“WEIRD”**と彼らがよぶ文化のもとで暮らす人々が対象にされることが多く、サンプルとして非常に偏っている点を批判しています（Henrich *et al.* 2010b）。なお“WEIRD”は、それぞれ、“western（西洋の）”、“educated（教育を受けた）”、“industrialized（産業化した）”、“rich（豊かな）”、“democratic（民主主義的な）”の頭文字です（ちなみに、"WEIRD"という英単語自体の意味は、「奇妙な」です）。実際問題としては必ずしも簡単ではありませんが、そうした批判も受けて近年は、社会人も含めた実験を行うなど、実験の対象者をさらに広げた方向での検証に動いているように思います。

第3章まとめ

〈分ける人（Aさん）について〉

- 「ノー！」への恐れから、提案する額を一定程度増やす。
- 「目」があると他者から悪く思われない方向に、「目」がなくなると自己の利益を追求する方向に行動をかえる。
- 「見られている」という感覚がなくなるほど、自己の利益を追求する傾向は強くなる。
- 「目」は、ニセモノでもよい。
- よい評判は脳のリアルな"喜び"、孤立は"痛み"である。
- 相手から奪ってよいといわれれば奪うが、全額を奪いとることはしない。

- 「相手の状況を見ないでいい」のならば、戦略的に無知であることを選び、自己の利益を優先する方向に行動を変える。
- 自分の身勝手な行動が相手に伝わらないようにできるのならば、喜んでコストを支払う。
- 自分がやったと相手にわからないのならば、かなり不公平な提案であってもする。

こうした今までの議論をまとめると、Aさんが気にしているのは、他者からどうみられるのかという「目」や「評判」のようです。〝ニセモノの目〟に無意識に反応してしまうほど極端なまでに「目」を気にかける一方で、本当に心配しているのは、「正しいことを行う」ことというよりは「正しくみえる」こと、そして自分の中でそう思えることのようでもあります。

「理性のある動物である人間でいるとは、まことに都合のよいものである。したいと思うことならばどんなことにでも、理屈を見つけだすことも作りだすことさえもできるのだから。」

by Benjamin Franklin（1791）*Autobiography of Benjamin Franklin*, p.43

第3章 補足：ニセモノの目の効果について

3.2節において、ポスターの目のような〝ニセモノの目〟であっても、ヒトは敏感に反応してしまう可能性を議論しました。しかし、そうしたニセモノの目の効果は、当初思われていたよりは限定的かもしれません。

たとえばこうした「目」の効果は、実験現場の人数が少ないときには表れるが、人が多いときにはその効果は薄くなることが報告されています（Ernest-Jones *et al.* 2011, Powell *et al.* 2012, Ekström 2012, Oda & Ichihashi 2016, Oda 2019）。ヒトがたくさんいるところでは、すでに〝本物の観察する目〟がたくさんあるので、ニセモノの目の効果はあまりないというのです。

また社会心理学において、自分が所属しているグループを「**内集団**（in-group）」、所属していないグループを「**外集団**（out-group）」といいます。自分の仲間である内集団のメンバーに対しては「目」の効果があるが、仲間ではない外集団のメンバーに対してはその効果は薄いとする報告もあります（Mifune *et al.* 2010）。「旅の恥はかき捨て」というように、将来的に自分と関わる可能性の低い人間に対しては、「目」の効果は薄いというのです。また、閉じた目やよそを向いた目ではなく、「まっすぐにこちらを見る目」でなければ効果が薄いこと（Manesi *et al.* 2016）や、暗く音のしないところでは目の効果がみられないこと（Tane & Takezawa 2011）を示したものもあります。目の効果は評判を気にかけることから生まれるのであろうことを思えば、これらはごく自然な結果でもあります。

大きな花を2つ並べて、〝目のように〟配置した写真では、「目」の写真との効果の差はなくなったという報告もあります（Carbon & Hesslinger 2011）。これもまた、「顔にみえる3つの点」の実験を思いだせば、ごく自然な結果ともいえそうです。

そのほかにも、目の効果はごく短期的なもので、「目」をみた直後には効果はあるけれども、「目」に一定時間さらされた後にはその効果はなくなってしまうという結果も報告されています（Sparks & Barclay 2013）。また、「目」によってどのような行動が期待されているのか、つまりその場での〝社会規範〟が影響しているのではないかという議論もあります（Kawamura & Kusumi 2017）。

実際、目の効果が表れないという報告も増え（Fehr & Schneider 2009, Matsugasaki *et al.* 2015など）、目の効果がみられないとしたメタ分析の結果もあります（Northover *et al.* 2017a, Northover *et al.* 2017b）。いつどのようなときに、どのようにその効果が表れ、あるいは表れないのかなど、「目」の効果にはまだまだ慎重な検討が必要です。

第4章

不公平への怒り

——なぜ損をしてまでノー！というのか？

4.1 アンフェアは許せない!!

Bさんの問題

さてここまでで、Aさんは「目」や「評判」を気にかけているらしいことがわかってきました。では次に、最後通牒ゲームの「受ける人（Bさん）」について考えてみましょう。「Bさんは、なぜ損をしてまで『ノー』というのか」という、第2の問題です。

感覚的には、何が問題なのかわからないほど当たり前すぎる行動です。もういちど、最後通牒ゲームをおさらいしてみましょう。図4-1を見てください。Aさんが1000円の分け方を決め、Bさんがそれに賛成（イエス）か反対（ノー）かを決めます。「イエス」ならばそのとおりに分け、「ノー」ならば1000円は没収となり2人とも利得はゼロです。

さて、Bさんがエコンだったならどうするのかを覚えていますか？　お金はお金です。1円でも多い方がよいのですから、自分の取り分が1円以上ならば、全部「イエス」でした。しかしながらこの行動は、感覚的にはどう考えても納得しがたい！というのが、ここでの問題でした。

この問題は、よ～～く考えてみると非常に不思議です。Bさんは、状況がわからないのでも、得な

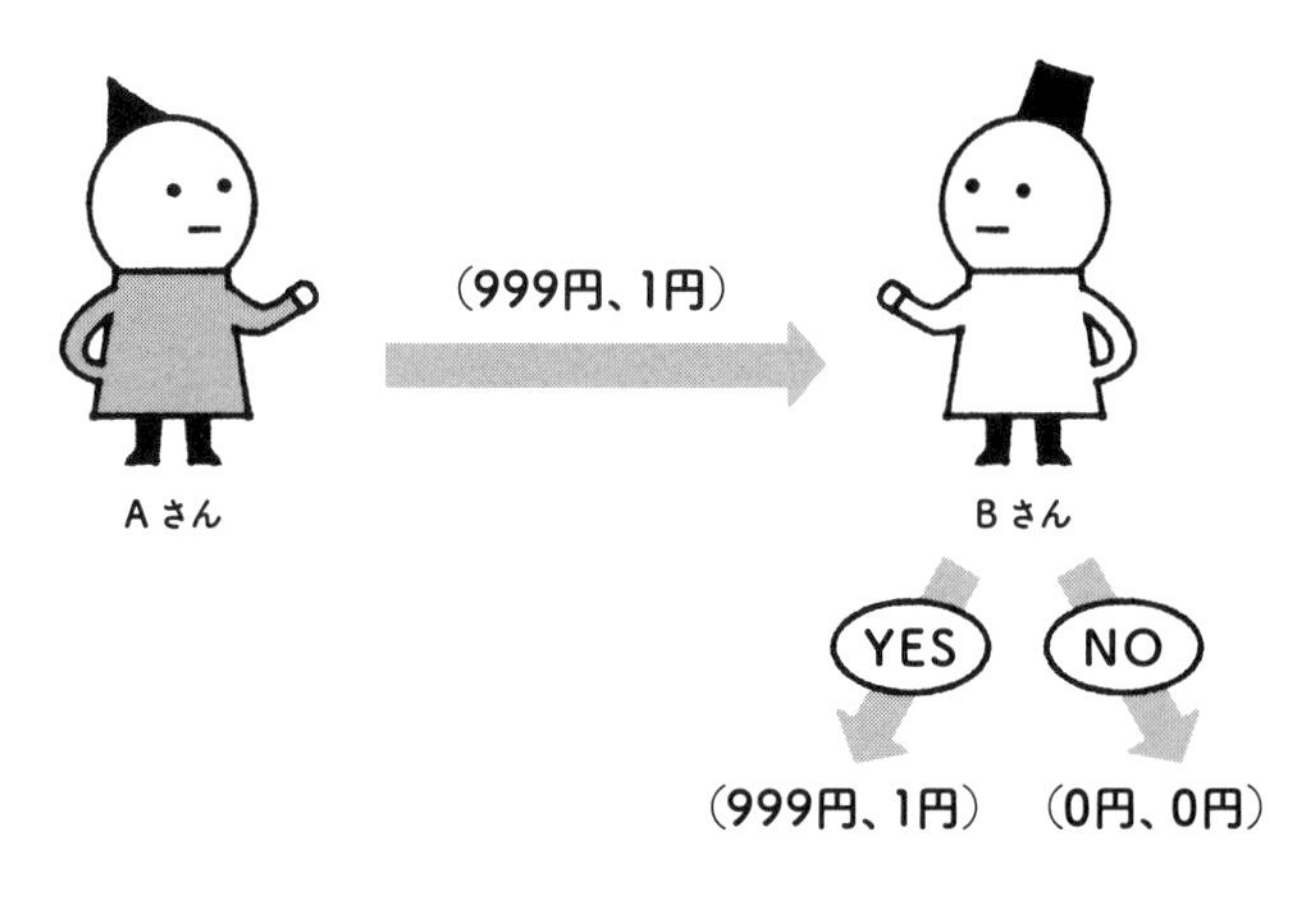

図4-1　最後通牒ゲーム：基本形

行動がわからないのでもありません。その仕組みも最適解も十分にわかっていて、あえて損な「ノー！」を選ぶのです。この問題は、Aさんの問題より難しいともいえます。

しかし学生さんに聞くと、いとも簡単に答えをいってくれます。「ズルイから!!」。感覚的にはものすごくしっくりくる答えですが、もう少し詳しく考えてみましょう。

不公平は嫌い！

不公平な結果を人々は嫌うとする、ある意味でシンプルな考え方、「**不平等回避理論**（inequality aversion）」というものがあります（Fehr & Schmidt 1999）。相手と自分との利益の差という、「不平等な状態」そのものを嫌うために、ヒトはコストをかけてでもこのマイナスを打ち消す行動をとりうるということです。自分の取り分をダメにしてでも「ノー！」という、まさにBさんの行動にあたります。

これをサポートする脳科学の研究を紹介しましょう。不公平を嫌う傾向を、私たちの脳は示すというのです（Tricomi *et al.* 2010）。

自分がお金などの報酬をもらうと、先に説明した、喜びや快楽に反応する脳の報酬系とよばれる部位が活動しました。「お金がもらえて、うれしい！」と感じる、自然な反応といってもいいでしょう。しかし、脳の報酬系が反応するのは、必ずしも自分が〝得〟をしたときだけではありませんでした。自分と相手との格差が減り、より公平な状態になったときにも、報酬系（線条体）が活動していたのです。しかも驚いたことに、それは自分のほうが有利だったとき、つまり自分よりもお金の少ない相手がお金を獲得し、自分との格差が減ったときにも、喜びを感じているときと同じ反応が脳の中でみられたのです。自分より恵まれない相手の状況が改善し、格差が減ることそれ自体が、〝脳の喜び〟だというのです[1]。

「古い脳」とのかかわり：不公平は、敵!?

さらに自分と相手との格差が大きい不公平な状態では、実験参加者のなかで他者を重視するタイプの人では、〝恐怖〟や〝不安〟などを感じたときに反応するとされる、「**扁桃体**（amygdala）」という部位が反応することも示されました（Haruno & Frith 2010）。

扁桃体とは脳の奥の方にあるアーモンド状の部位で、多くの動物とも共通する、進化的に「古い脳」とされます。「脳の非常ベル」などともいわれるこの部位は、〝危険〟を察知すると驚くほど素早く反応し、戦ったり逃げたりするための体の準備を整えるよう指令をだすなど、もともとは天敵へのコントロールをつかさどる部位とされています。一方、ヒトをヒトたらしめる、思考や創造性を担う脳の最高中枢ともいえる「新しい脳」は、額の裏側あたりにある前頭前野などの領域とされます（渡邊 2013）。

公平感などというこれ以上ないくらい人間らしい高度な意思決定は、脳の最高中枢である「新しい

[1] 自分より恵まれない相手の状況が改善し、格差が減ることそれ自体が〝脳の喜び〟とは、なんとヒトの心は美しいのでしょうか。しかしほっとするのもつかの間です。格差を嫌うヒトの心の裏をかえせば、自分より優れた相手の不幸は喜び、つまり「他人の不幸は蜜の味！」となるはずです。

実際に、優れた相手の不幸を見ると報酬系（線条体）が反応する、つまり「自分より恵まれた他人の不幸を喜んでいる」という結果が示されています（Takahashi *et al.* 2009）。こうした他人の不幸を喜ぶ感情は、ドイツ語からきた言葉で、「**シャーデンフロイデ**」とよばれます（シャーデンは「害」、フロイデは「喜び」を意味し、もともとは、「誰かを害することで得られる喜び」、といった意味のようです）。また、自分に不利な格差がある場合、相手が何もしていなくとも、相手に「罰」を与えるという結果も報告されています（Deutchman *et al.* 2021）。

格差や不公平を嫌う〝美しい〟ヒトの心は、負けてたまるかという競争心や、さらには自分より恵まれた他者への嫉妬といったものとも切り離せないのかもしれません。

脳」がかかわっていると考えるのが自然でした。「もっとほしい〜〜」と感じる動物的な古い脳を、「ほかの人のことも考えないと！」といさめる人間的な新しい脳がコントロールしていると考えられていたのです。

ところが、結果は違いました。不公平な状態そのものに、〝敵〟に対応する脳の部位であった扁桃体が反応していたのです。公平感のような、ヒトに固有の理知的な働きと考えられてきた意思決定に「古い脳」が関わっていることを示したこの結果は、大きな驚きをもって迎えられました。「公平感が、扁桃体なの⁉」と、私自身もとても驚いたことを覚えています。その後も、この研究を支持する結果が相次いでいます。不公平を嫌う傾向は、脳にとって〝根深い〟可能性を感じさせられます[2]。

幼児や赤ちゃんも、不公平は嫌い⁉

さらにこうした不公平を嫌う傾向は、ごく幼いときからみられることも知られるようになってきました。

不公平を嫌う傾向は、大きく2つに分けられます。相手よりも自分が少ないときにそれを嫌う「自分に不利な不公正を嫌う不公正回避（disadvantageous inequity aversion）」と、相手よりも自分が多いときにそれを嫌う「自分に有利な不公正を嫌う不公正回避（advantageous inequity aversion）」です。

幼稚園や保育園に通うような年齢の幼いこどもであっても、平等に分けようとする傾向があると報告され（Sigelman & Waitzman 1991）、その後自分に不利な分け方を嫌う傾向はおおむね4歳頃までに、自分が相手よりも多すぎるときには自分の取り分を減らすなど、自分に有利な分け方をも避ける傾向は7・8歳頃までにはみられることが報告されました（Blake & MacAuliffe 2011, Fehr *et al.* 2008, Shaw & Olson 2012, Sutter *et al.* 2019, Engelmann & Tomasello 2019）。同じ7・8歳頃には、分けたいものが奇数で平等にできないときには、むしろ相手に多く渡すことを選ぶ傾向があること（Shaw *et al.* 2016）や、じゃんけんやクジなど公平な手続きがとられたのであれば、5歳ほどの幼い子どもでも自分の分け前が少なくても納得する（Shaw & Olson 2014, Grocke *et al.* 2015, Engelmann & Tomasello 2019）こと、また努力に応じた分配の傾向は、3歳（Baumard *et al.* 2012）やさらには21か月児（Sloane *et al.* 2012）などの幼いころからすでにみられることなども報告され、単なる「平等」を超えたより複雑な公平さの概念を発達させている様子もうかがえます。

さらには、生後わずか15か月の乳幼児（Sommerville *et al.* 2013）や、9か月や4か月の赤ちゃん

---

［2］なお念のためですが、公平感の意思決定に関わっているのは「古い脳」だけではありません。「新しい脳」もまた、もちろん重要な役割を担っていると考えられています（Knoch *et al.* 2006, Nihonsugi *et al.* 2015など）。公平感などの高次の意思決定には、当初考えられていたような新しい脳だけではなく、もちろん古い脳だけでもなく、両者がそれぞれの役割を担っているらしいということがわかってきたのです。

までもが、不公平な分け方にすでに違和感をもつという報告もあります（レビューとしてDawkins *et al.* 2019）。「フェアに関する概念は深く根ざし、発達の初期からみられるようだ」（Sutter *et al.* 2019）といわれるようになりました。「ズルい！」という言葉は、驚くほどにこどもがよく使う不平の表現であるということは、小さなこどもとかかわることのある人ならばだれにでも心当たりがあるのではないかと思いますが、それはこうしたことと関係しているのかもしれません。

動物の不公平回避⁉

さらに驚くことには、動物の世界でも、不公平を嫌う傾向があるのかもしれません。たとえば2頭のオマキザルに同じ仕事をさせたあと、そのご褒美に格差をつけてみたとします（Brosnan & de Waal 2003）。一方には普通のご褒美のキュウリを渡し、もう一方には大好物のブドウを渡してみるのです。ブドウの方が大好きとはいえ、キュウリが拒まれることは普段ならば決してないそうですが、それにもかかわらずキュウリを渡された方は激しく怒りだし、キュウリを投げ返す「抗議行動」まで示したそうです。高名な動物行動学者であるドゥ・ヴァールのTEDトークでこの動画が見られますが、「違うよ！　おかしいよ！　これじゃないよ‼」とでもいいたげなその必死の様子はあまりにもかわいらしく、一見の価値ありです！[3]

さまざまな動物で行われた同様の実験から、図4-2に示されたとおり、霊長類ではチンパンジー、

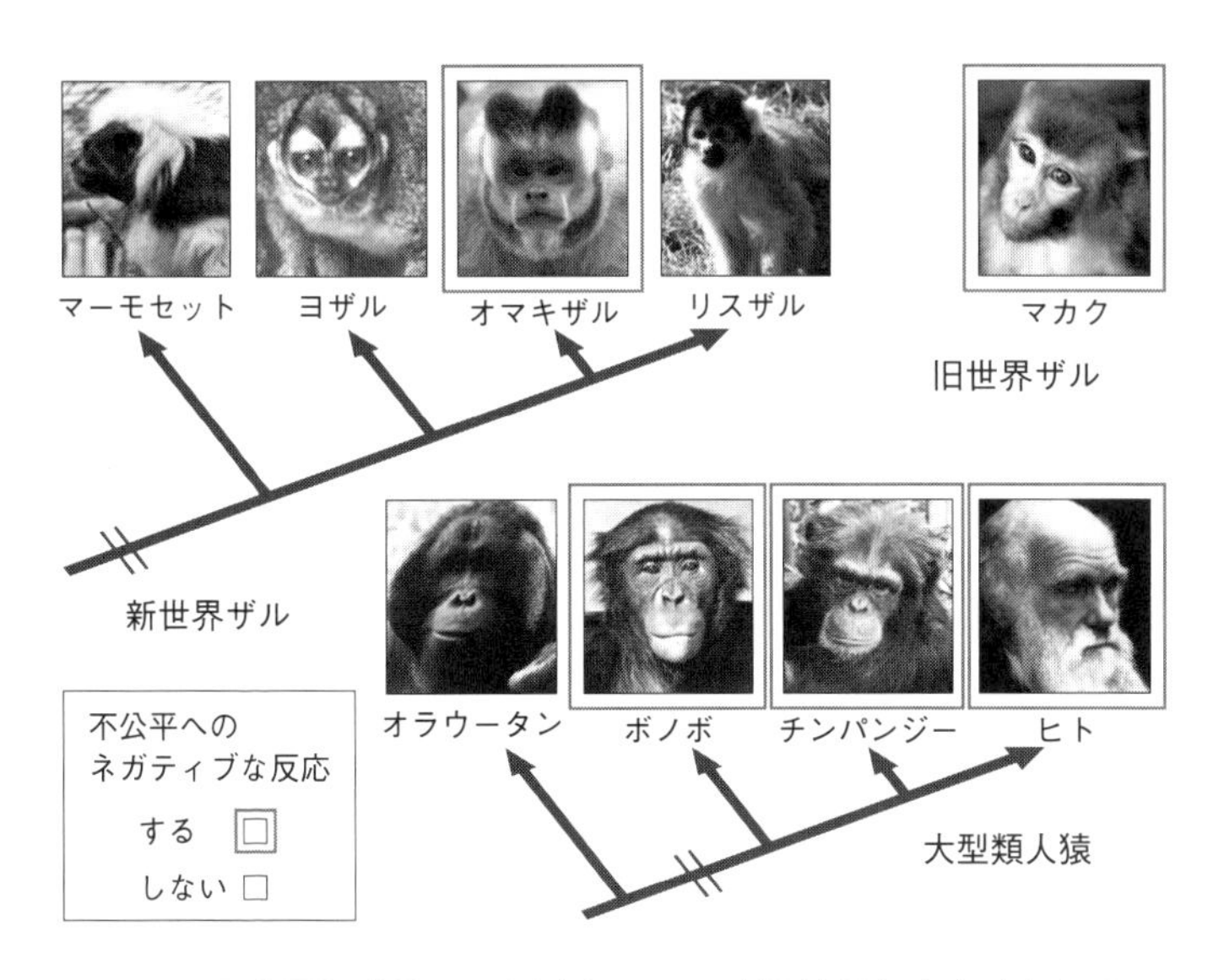

図4-2　不公平な分配への反応について実験結果をまとめたもの
出典：Brosnan 2013, fig.3.を元に作成。

ボノボ、マカク、オマキザルが不公平を拒否するとブロスナンらは主張しています（Brosnan 2013）[4]。なおその後、課題を変えることで、マーモセットも不公正を嫌う傾向があることが報告されています（Yasue *et al.* 2018）。

ほかにも、イヌ（Range *et al.* 2009）やカラスなどの一部の鳥（Wascher & Bug-

[3]　ドゥ・ヴァールのTEDトークタイトルは、「動物たちのモラル行動（"Moral behavior in animals"）です。ここで紹介したオマキザルの実験以外にも、さまざまな動物たちの実験の様子が動画で紹介され、とても楽しいプレゼンテーションです（https://www.ted.com/talks/frans_de_waal_do_animals_have_morals）。

nyar 2013）でも同じような傾向を示したという報告もありますし、チンパンジーにいたっては、自分に有利な配分をも避けたという報告もあります（Brosnan *et al.* 2010）。こうした結果を受けてドゥ・ヴァールは、「人間も動物も、公平な分配に極めて敏感」（de Waal 2014／邦訳 p.70）とまでいっています[5]。

最後通牒ゲームのときには

では「公平さに極めて敏感」なヒトの脳では、最後通牒ゲームでの提案に対してどのような反応していたのでしょうか。

まず、公平な提案の場合をみてみましょう。最後通牒ゲームでは、Aの提案額だけをみていても、それだけでは公平感は決まりません。Aさんからの提案額がたとえば５００円だったとしても、Aさんが最初に手にした金額が１０００円なのか10万円なのかで、その５００円を公平と感じるかどうかは相当程度違うでしょう。

そこで自分が公平に扱われたときの脳の活動を調べると、喜びや快感に反応する、脳の報酬系（線条体）が反応していることが示されました（Tabibnia & Lieberman 2007）。自分が公平に扱われることを、やはりヒトは好むようです。

[4] 非常に興味深いことに、図4-2からは、必ずしも系統樹でヒトに近いものが不公平を嫌う傾向をもつわけではないことがわかります。たとえばとても賢いことでも知られているオランウータンは、マカクやオマキザルよりも系統樹のうえではヒトにより近いですが、不公平を受けいれていることがわかります。

オランウータンは、野生では単独で暮らす動物だそうです。一方で不公平への拒否をみせた種は、血縁ではない個体と同盟やパートナーシップを結ぶなど、密接な協力関係を築くことが知られています。こうしたそれぞれの種の社会・生態学的な特性の違いが、この違いを生んだのではないかとブロスナンらは主張しています。〝他者との公平性〟を気にかけられなければ、他者との協力関係を形作ることは難しいのかもしれません。

また、同じ仕事に不公平なご褒美を渡すという先の実験をチンパンジーで行ったところ、もっとも強い反応を示したのは、知りあって間もないチンパンジー同士がペアを組んだときだったそうです（de Waal 2005a）。30年以上もの生活を共にしている群れのメンバー同士では、まったくといってよいほど反応を示さず、ヒトと同じで、親密な相手であれば、〝一時的な多少の不公平〟はさほど気にならないようだとしています。

[5] ただし動物の不公平回避については、その実験の手順や結果の解釈などに対しての批判もあります（Henrich 2004, Bräuer *et al.* 2006, McAuliffe *et al.* 2015b, Tomasello 2016, McGetrick & Friederike 2018）。最後通牒ゲームをチンパンジーで行った実験でも、当初はチンパンジーは「合理的」にふるまうといわれていましたが（Jensen *et al.* 2007a）、実験で使われた装置が複雑すぎるとし、実験のやり方を変えることでチンパンジーもヒトと同じように〝フェア〟にふるまうことを示した実験結果もあり（Proctor *et al.* 2013）、議論は続いています。なお、不公平回避は不公平忌避とよばれることもあります。「回避」よりも「忌避」の方が、ここでの言葉の意味としてはより正確かもしれません。

不公平な提案への反応：ムカつく‼

では、少額の提案という、不公平な提案に対してはどうだったでしょうか。そこでは、〝嫌悪感〟や〝怒り〟といった、「ネガティブな強い情動」をつかさどるとされる脳の部位（島皮質前部）が活性化していることが示されました（Sanfey *et al.* 2003）（島皮質前部は、3.3節などにもでてくるとおり、〝痛み〟の処理でもかかわります）。

しかも不公平の度合いが強くなればなるほど、ネガティブな情動をつかさどるその島皮質前部の反応が強くなっていることもわかりました。さらにこの部位がより強く反応した人ほど、少額の提案をよく拒否していたこともわかりました。不公平な提案には、嫌悪感や怒りなどの情動をつかさどる島皮質前部が反応するという報告は、その後も続いています（Gabay *et al.* 2014, Cheng *et al.* 2017）。少額の提案を受けたときには、気持ちの悪いものを見たときと同じような嫌悪の表情が表れていたことも示されました（Chapman *et al.* 2009）。不公平な提案には、文字通り、「ムカついている！」といえばいいのかもしれません。

メッセージが送れるようになると……

不公平な提案をされたときの感情をさらに知るために、Aさんの提案に対してBさんがイエスかノーかを決める前に、BさんがAさんにメッセージを送ることができるようにした実験があります。すると、少額の提案に対して送られたのは、実際にこんな怒りに満ちたメッセージでした。「悪いね！　こっちも人間なの！」「ズルい！」「自己中!!」「強欲、ってこと!?」「サイテー」[6]（Xiao & Houser 2005）。

実験のあとの調査では、少額の提案を拒否した人は、相手の強欲さへの怒りや不公平な相手に罰を与えたいという気持ちを表明することも知られています（Pillutla & Murnighan 1996）。不公平な提案をされたとき、ヒトは強いネガティブな感情を抱いているようです[7]。

不公平さと意図：わざとだったら許せない！

不公平な提案に強い嫌悪感や怒りを覚えるというのは、感覚としてもよくわかると思います。さらにそも

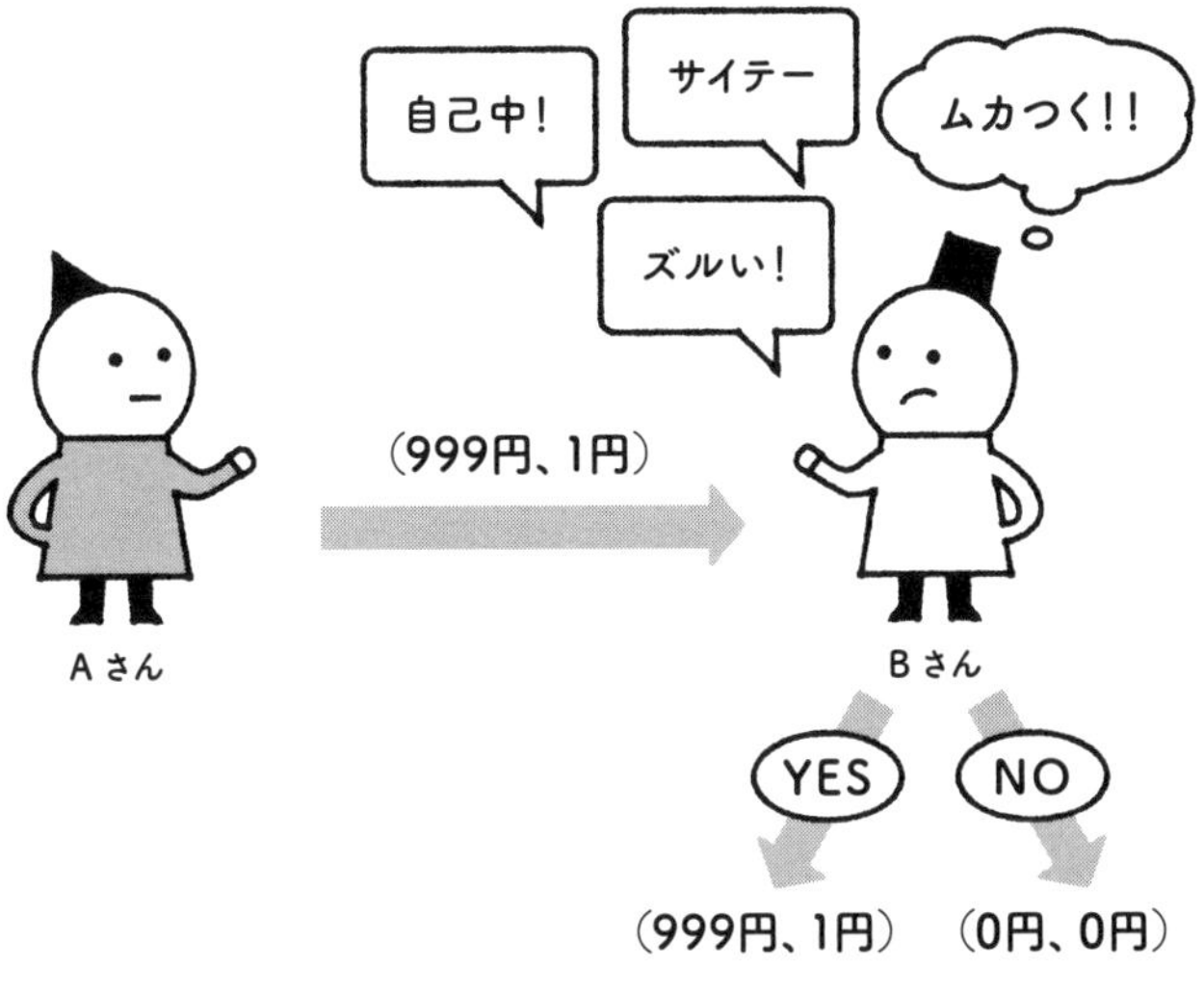

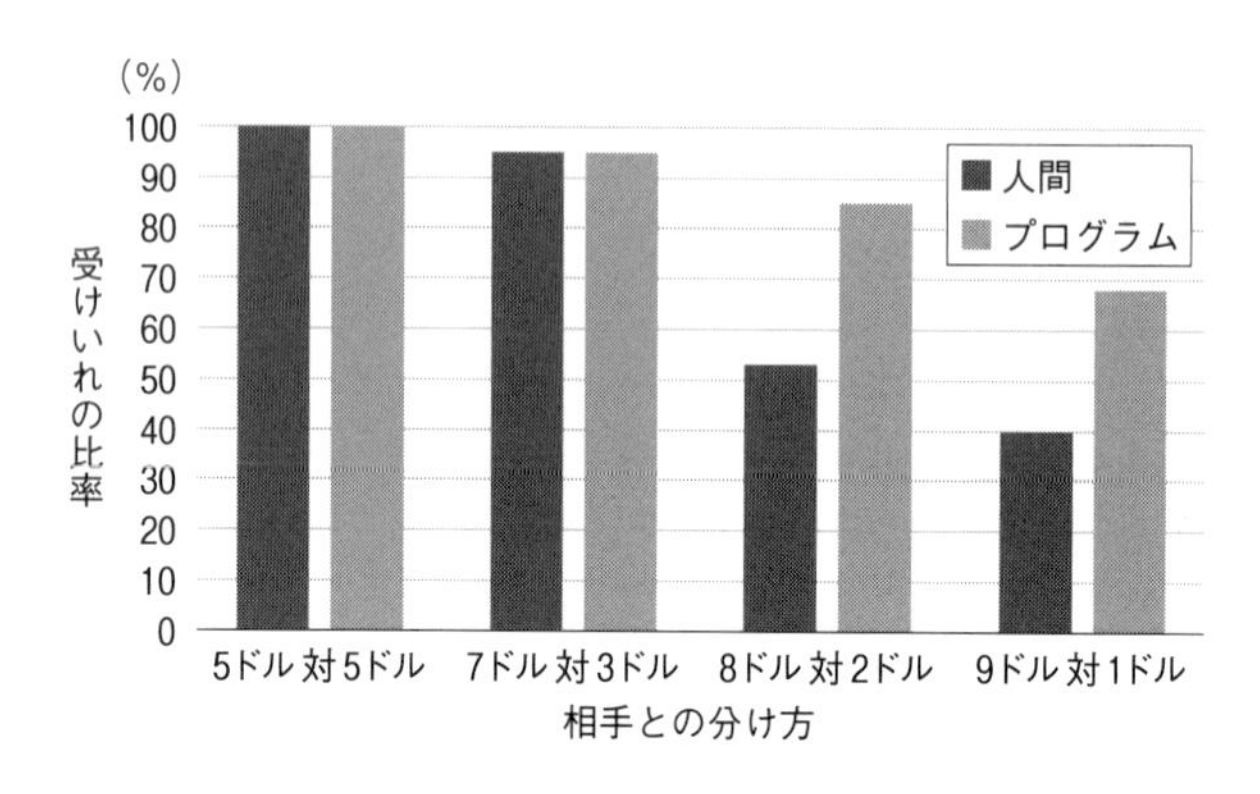

図4-3 分け方に応じた受けいれの比率の違い：対人間と対プログラム
出典：Sanfey *et al.* 2003, Fig.1より作成。

そも脳がより強く嫌うのは、「不公平そのもの」ではなく「不公平にしてやろうという意図」であるらしいということも示されました（Sanfey *et al.* 2003）。

ここでは、まず10ドルをどう分けるかを、Aさんに決めてもらいます。またここでの参加者は、実はすべてBさんの立場で、提案はすべてコンピューターによるプログラムが行っていました。ただし参加者は、提案はプログラムに従って行われているだけだということを知っているグループと、人間が行っていると思っているグループの2つがありました。

図4-3を見てください。提案を人間がしていると思っていた場合には、不公平な提案ほど、よく拒否されました。しかし、プログラムに従ったコンピューターの提案だと知っていた場合には、不公平な提案でもあまり拒否をされませんでした。問題は「分け方そのもの」ではなく、その不公平な提案を人間が行ったものなのかどうか、つまり〝意図〟があるかどうかだというのです。

実際に不公平な提案をされたときの脳の反応をみてみると、同じ不公平な分け方であっても、人間が提案していたと思っていた場合には、プログラムによる提案だと知っていた場合に比べて、嫌悪感や怒りなどの情動をつかさどる脳の部位（島皮質前部）がより強く反応していました。不公平な分け方であっても、それがランダムに決まったものであれば拒否されにくかったこと

---

[6] ただし興味深いことに、このようなネガティブなメッセージを送ることができるようになると、Bさんは少額の提案をより受けいれられるようになっていました。

不公平な提案をされると、強い嫌悪や怒りの感情とともに、「このムカつく気持ちを相手にも知らしめたい！」という欲求が起こると考えるのは自然でしょう。不公平な提案を拒否するということは、自分のネガティブな感情を相手に伝えるという側面があり、メッセージでその目的が達成されるようになると、提案自体は受けいれられるようになったのではないかと考えられています。納得のいかない分け方でも、相手に文句がいえるようになると、気持ちが少し落ち着くのかもしれません。

[7] なお、Aさんの提案をBさんが拒否したとしても、Bさん自身の利得がゼロとなるだけで、Aさんの利得自体を減らすことはできないという状況に変えても、少額の提案に対する拒否は、減りはしましたが、なくなることはなかったことが報告されています（Yamagishi *et al.* 2009, Ma *et al.* 2012）。

しかもその拒否をした事実が、Aさんにもほかの誰にも伝わらないときですら、なお拒否がみられました。この場合の「拒否」は、相手の利得を減らす〝罰〟の役割も、「これは我慢ができない！」という〝ネガティブな気持ちを伝える役割〟も、「自分はこういう侮辱には耐えられない人間なのだ！」ということを周囲に知らしめる〝評判〟の役割も果たせません。それでもなお起こる不公平な提案への拒否は、それだけ強い感情の表れだと考えられています。

（Blount 1995）や、さらには同じ不公平な分け方であっても、もっと公平な分け方ができた中での「意図的な不公平な分け方」と、もっと不公平な分け方しかない中での「仕方のない不公平な分け方」では、「仕方のない不公平な分け方」の方が拒否されないなど（Falk *et al.* 2003）、意図の重要性を示す研究は他にも多数あります。意図の有無は、幼児やチンパンジー（Call & Tomasello 1998, 2008）[8]も理解するばかりか、わずか生後8か月の赤ちゃんでも区別をしているという報告もありま

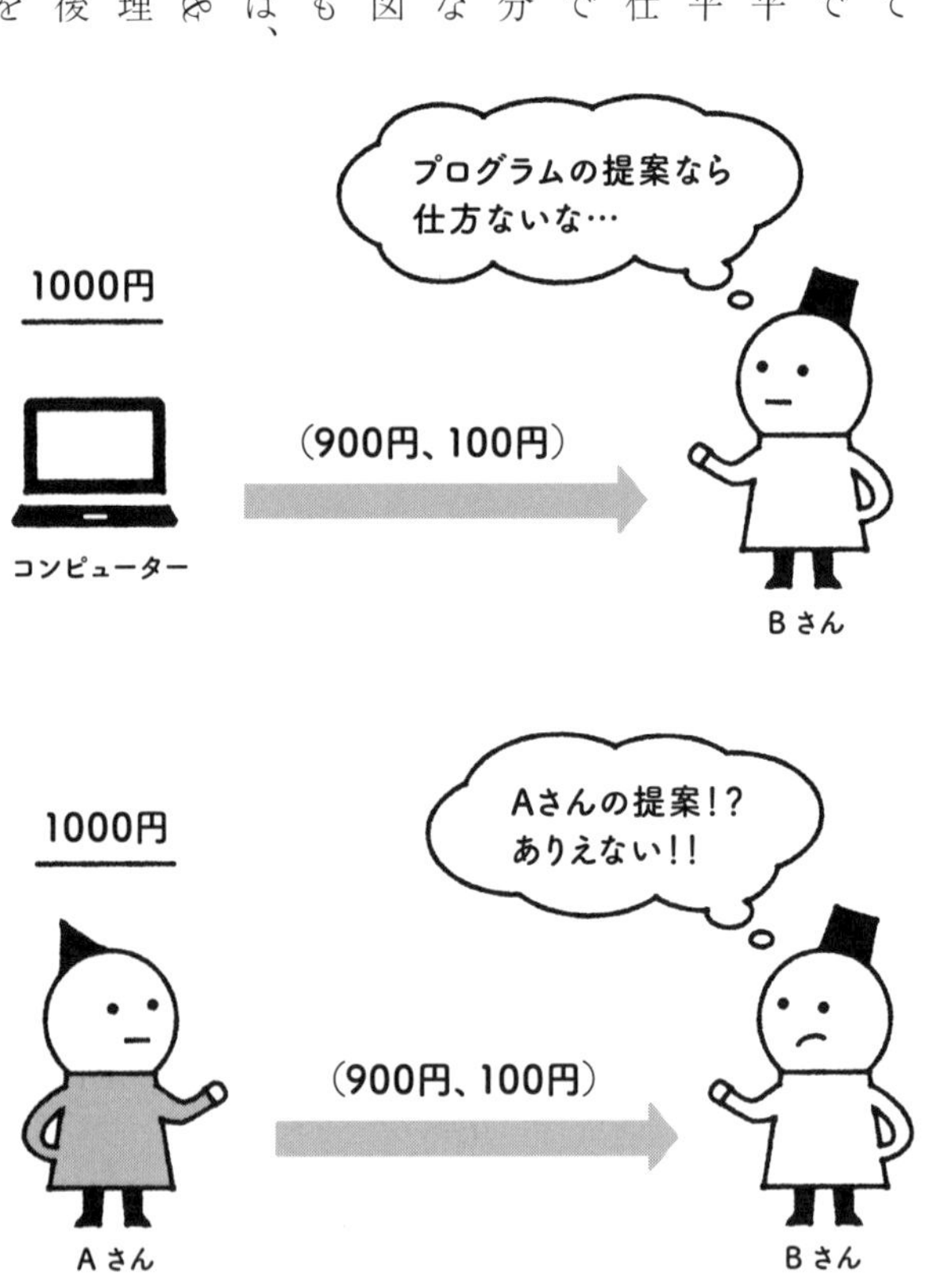

す（Hamlin 2013）。

「偶然なら仕方ないけど、ワザとなら許せない！」というのは、日常の感覚としても、残念ながらよくわかってしまいますよね。こんな話で思いだすのは、我が家の次男が3・4歳のころのことです。2歳上の兄に遊びを邪魔されでもしようものなら、すぐに怒りを爆発させるなかなか激しい子でしたが、一方でまだ幼い妹に同じようなことをされても決して怒らない、とても優しいお兄ちゃんでした。よちよち歩きの妹のやることは、〝わざと〟ではないからのようです。あんな幼いころから、「意図」の有無だけで、反射的な怒りのような強い感情があそこまで影響をうけることには、今もなおときどき驚かされています。

［8］　著名な比較認知科学者であるトマセロは、その著書の中で、「分配的正義という概念は、基本的に『モノ』にかかわるものではなく」、むしろ「公平かつ敬意をもって接せられることにかかわるもの」であるとしています（Tomasello 2016／邦訳 p.186）。本文で示した実験などからも、分け方を公平と感じるかどうかは、必ずしも「結果的な分け方そのものの問題」だけではないことがわかります。

4.2 損をしてでも罰したい!!

利他罰

さてここまでで、相手の意図的な不公平さに強い嫌悪感や怒りを覚える、つまり「ムカッとする!!」ということがわかりました。

しかし「ムカッとする」のはわかったとしても、なぜ損をしてまで「ノー」というのでしょうか。つまり相手のみならず、自分の利得までをも下げるという強い行動にでるのはなぜかという、最初に考えたかった問題を考えます。

損をしてでも悪い相手を罰する行動は、一般に「**利他罰**（altruistic punishment）」とよばれています。Bさんのこの行動は、自分が損をしてでも、欲張りな相手を罰するわけですから、まさに利他罰の一種です。

「利他」というプラスの言葉と「罰」というマイナスの言葉がくっついた、ちょっと耳慣れない表現です。この意味を理解するために、著名な行動経済学者であるフェアらによる、こんな実験をみてみましょう（Fehr & Gächter 2000, 2002）[9]。実験の参加者は、２４０名の学生です。

図4-4を見てください。まず数名でグループを組み、社会のためになる「協力的な行動」と、自分の利益だけを考える「協力的ではない行動」のどちらかを、すべての人が同時に選択をするという状況を考えます（図では2人のゲームのようにみえますが、実際には4人のグループで実験は行われています）。グループのメンバーは毎回完全にいれかえられ、過去に誰が何をしたのかはお互いにまったくわかりません。また「協力的な行動」は、自分にとっては〝損〟なので、できればあまり選びたくはない、という状況です。つまりすべての人がエコンならば、協力的な行動は誰も選ぶはずのない状況です。

さらにここに、利他罰を導入します。図4-5を見てください。他のメンバーの行動を知ったあと、もし「あいつ、自分のことばっかり考えやがって！」など、グループの誰かの行動に不満を覚えたならば、コストを支払えば、その人間からお金をとりあげるという

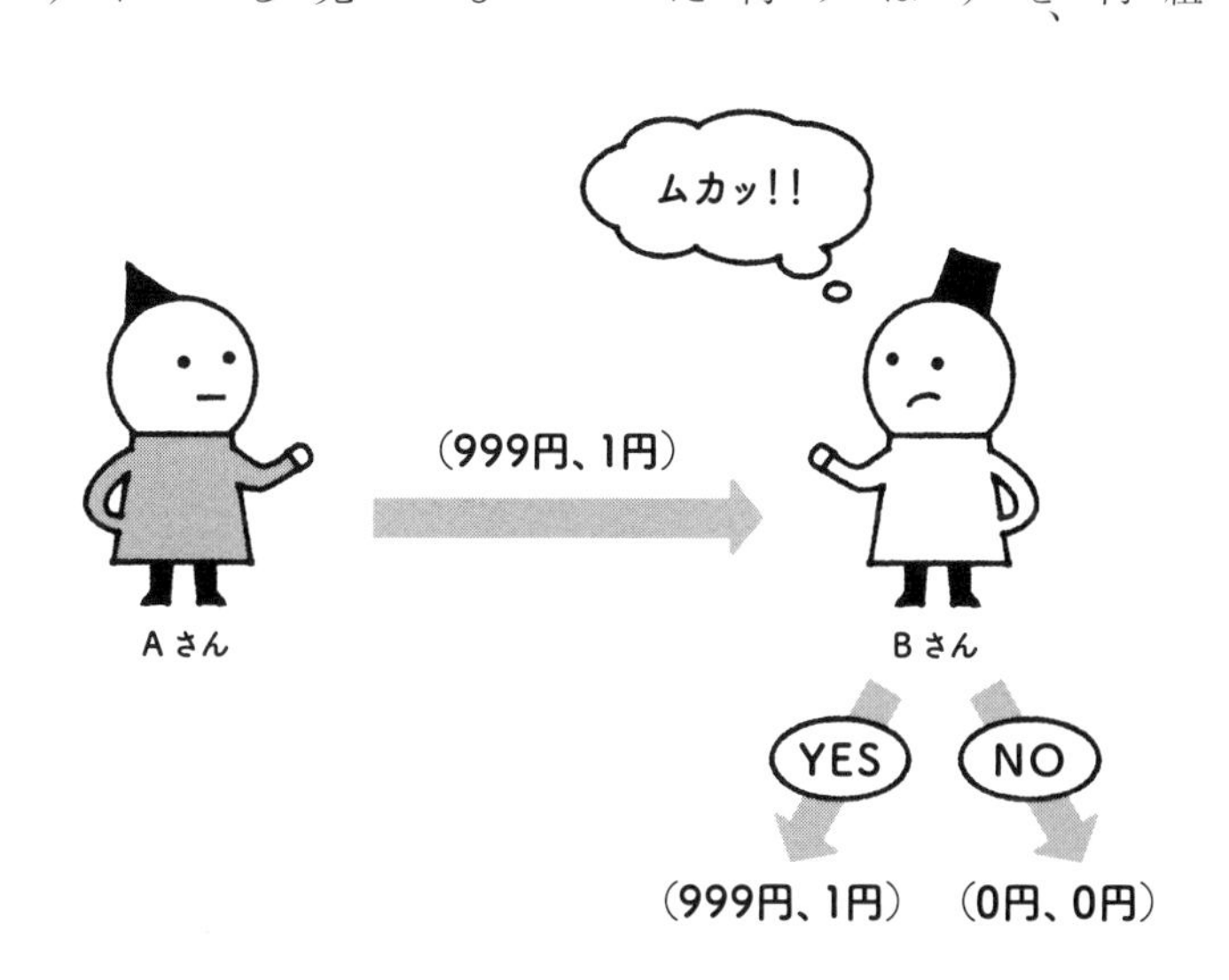

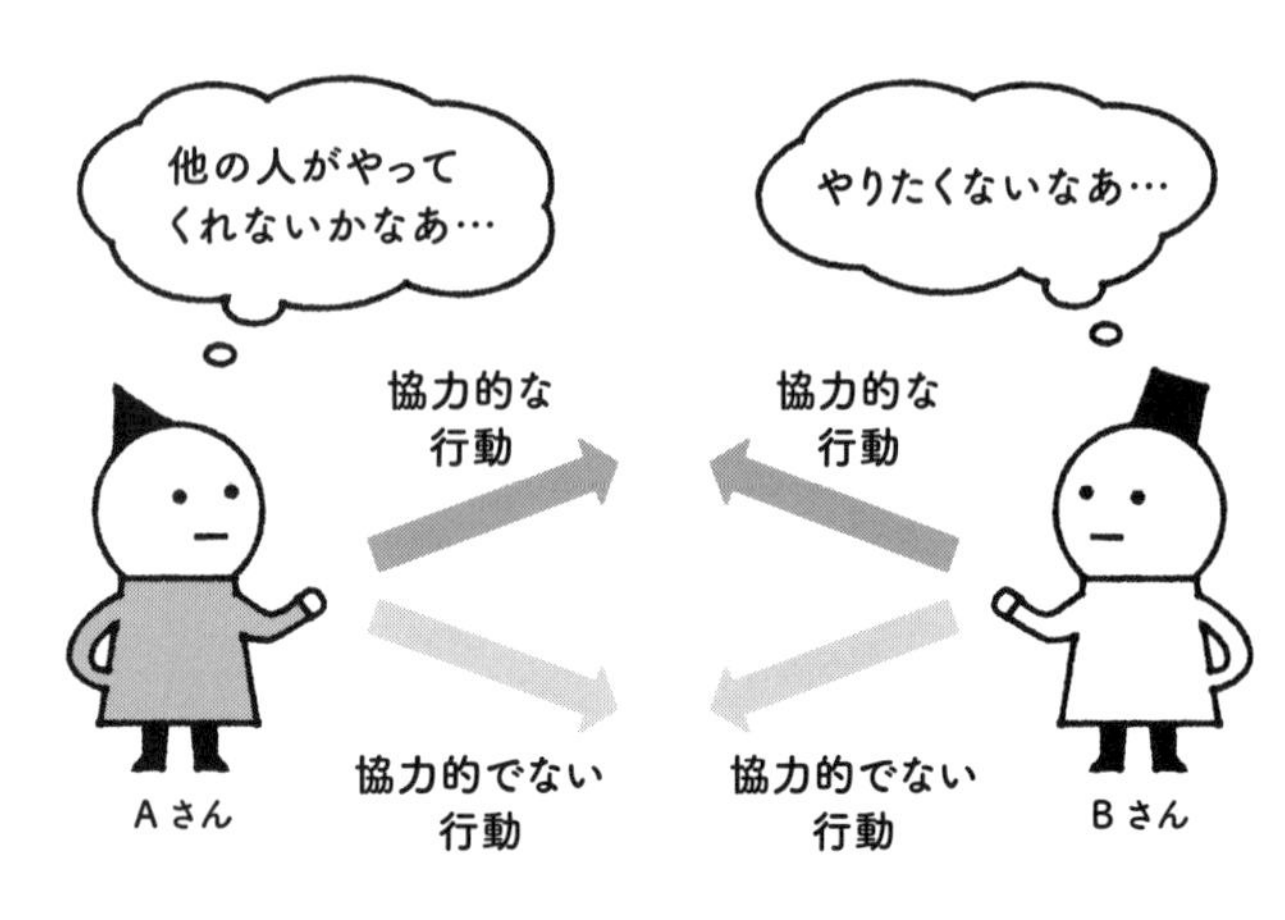

図4-4　「協力的な行動」と「協力的でない行動」の選択

〝罰〟を与えることができるようにするのです。ちなみに、ほかのヒトの努力にのっかって、〝タダで〟利益だけを得ようとする者を、**「フリーライダー」**（free rider）」とよびます。つまり「あいつは、フリーライダーだ！」と思う者がいれば、その者を罰することができるようになるのです。

ただし、罰もタダではありません！　罰を与える人間も、コストを払う必要があります。つまり、もし誰かからお金をとりあげたいと思えば、自分もお金を払う必要があるのです。なおとりあげたお金は、あくまでも実験者による〝没収〟ですので、罰を与えた人のものにはならないことには注意が必要です。

実験の結果

図4-6に示された、実験の結果を見てください。まず罰のないゲームが繰り返されています。するとそ

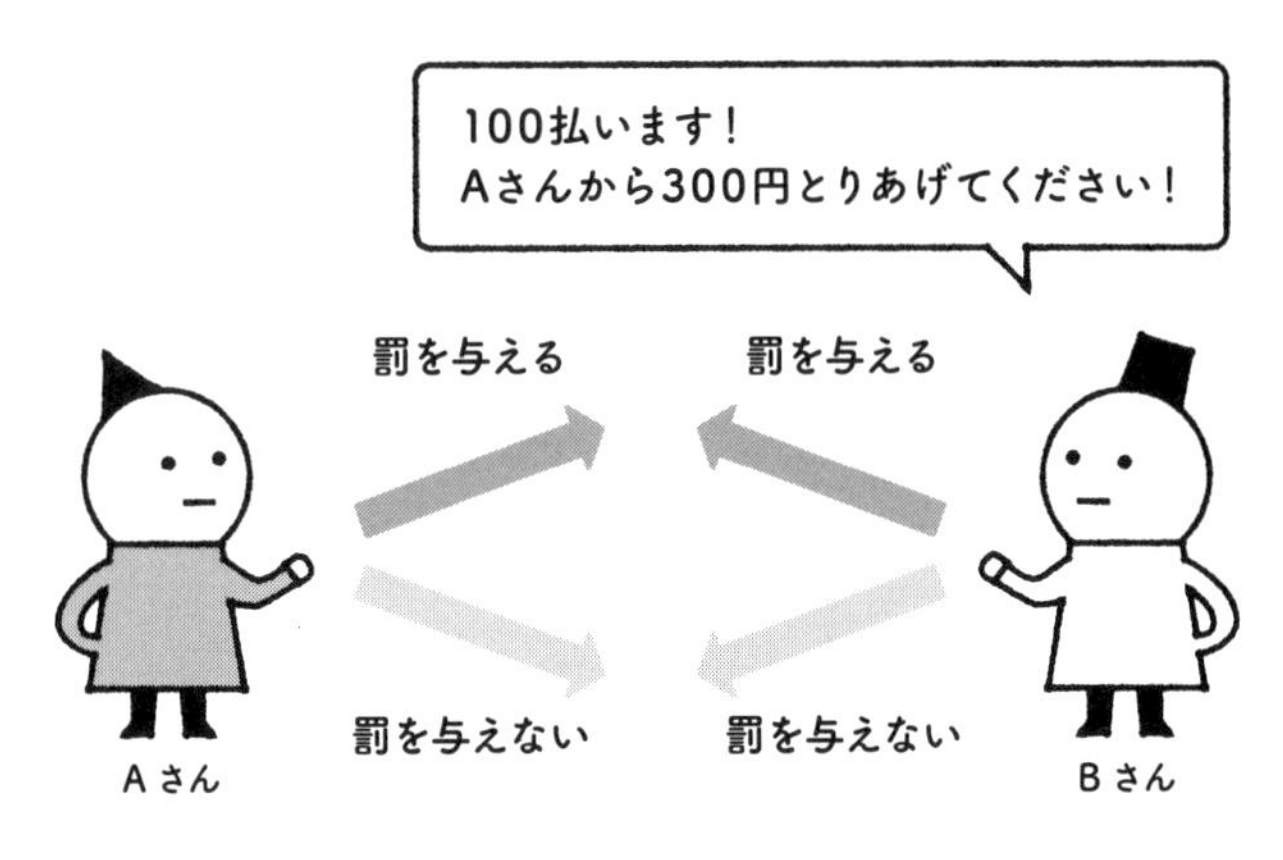

図4-5　利他罰

ここでは、回を重ねるごとに、協力的な行動がどんどん減ってしまったことがわかります。どうせ罰はないのでしょうと、身勝手な行動ばかりとなってしまったようです。[10]
ところが、6回の罰なしステージが終わり罰が導入されたとたんに、人々の行動はガラッと変わっています。協力の度合いが、一気に跳ねあがりました。さらにその後も、回を重ねるごとに協力的な行動はどんどん増えていることがわかります。ちなみにこのときの罰の多くは、「平均以

[9]　ここでのゲームは、「(罰則付き) **公共財ゲーム** (public goods game)」とよばれるものです。ゲームの詳細は、巻末の補足を見てください。

[10]　多数行われた同様の実験からは、罰がない場合には、ここでの結果と同様に、協力的なふるまいは4割～6割程度から始まりその後大幅に低下していくこと (Ledyard 1995)、また最終的には約7割程度の人がまったく協力しないようになること (Fehr & Schmidt 1999) などが示されています。

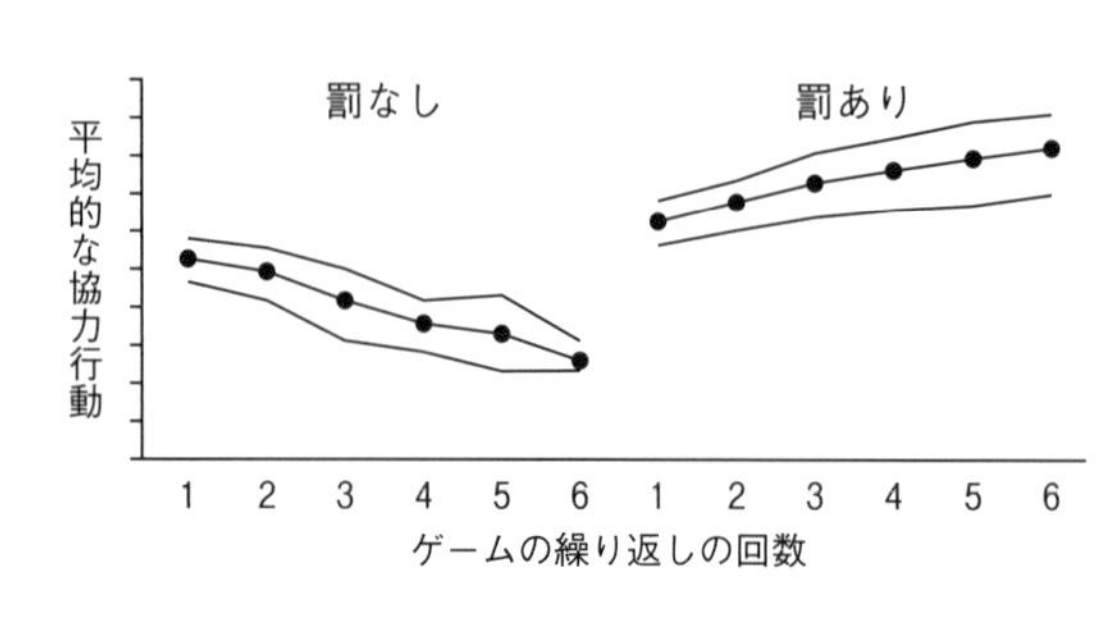

図4-6　罰があるときとないときの協力行動の平均
出典：Fehr & Gächter 2002, fig.2より作成。

上に協力的だった者」たちが、「協力的な行動をあまりとらなかった者」、つまりフリーライダーたちに対して与えていました。

この結果から、自分にとっては損となる自己犠牲的な協力行動は、罰がなければ、次第に減ってしまうことがわかります。しかし罰を導入すると、とたんに協力的な行動が増加しました。しかもそれは回を重ねるごとにさらに増加し、最後には高い協力率が達成されています。

しかしそれだけではありません。この結果をよくみてください。「罰あり」になったときには、初めから協力の程度が跳ねあがっています。ここでは、「罰」はまだ1度も行使されていません。しかし、「罰の恐れ」があるというだけで、協力的な行動が促されたのです。

このように、罰には協力的な行動を促す力があることがわかります。そこで「自分にとっては損だけれど、社会的には望ましい行動を促す」という意味で、こうした罰を「**利他罰**」とよぶのです。

ただし「利他」という言葉は、一般的には、相手を助けたいという気持ちやその動機をも含むなど、複雑なニュアンスをもちえます。そこで今後本書では、コストの有無を問わず、被害を受けた側からの罰全般のことを「**第二者罰**（second-party punishment）」とよび、利他罰としての第二者罰を「**コストのかかる第二者罰**（costly second-party punishment）」、そして利他罰のことは「**コストのかかる罰**（costly punishment）」とよびたいと思います（Rand *et al.* 2009b）（なお、「利他」という言葉と「協力」という言葉の使い方については、章末の補足1、2を見てください）。

メリットがなくても……

ところでこのゲームでは、グループのメンバーは毎回変わり、同じ相手と将来会うことは決してないうえに、お互いの過去の行動も互いにまったくわからない状況でした。目の前のメンバーが非協力的な行動をとったとしても、その人とは二度と会いません。「今、厳しい態度をとっておかないと、次にまたやられる！」などということはないのです。罰を与えられた人が、これはまずかったと反省をして行動を変えることになったとしても、自分のメリットは何もありません。

また、自分がいまコストを負って非協力的な行動をとるフリーライダーを罰したとしても、その情報が将来のパートナーに伝わるということもありません。「コストを負ってまで悪い人を罰するなんて、なんて信頼できる人かしら！」などと思ってもらえることもないのです。

つまりここでの「罰」は、自分にとって、何らかのメリットがあるとはかなり考えにくい状況です。しかし罰を与えるコストの負担だけはありますから、エコンならば、もちろんそんな無駄なことをするはずはありません。しかし8割以上の人が、少なくとも1度は誰かを罰していました。6回のゲームのうち5回以上の罰を行使した人も、3人に1人以上いました。

罰が科されたのかどうかや科された罰の大きさなどの情報が、すべてのゲームが終わるまでそもそもまったくわからない状況にすることで、罰を与える者のメリットが起こりえないと思われる状況にしても、やはり罰は選択されていました（Fudenberg & Pathak 2010）。

フェアらの実験では、罰は身勝手な行動ほどより厳しいものとなり、「より大きな悪」には「より大きな罰」を与えていることも示されました。また、罰のコストが大きくなると罰自体も減っていくなど（Anderson & Putterman 2006）、コストのかかる罰は、「悪の大きさ」や「コストの大きさ」などを反映した、合理的に決定される側面があることも示されています[11]。

フリーライダーへの怒り

さらにフェアらの実験では、身勝手な行動を選んだ者に対しての、強い怒りも報告されています。実験後のアンケートでは、フリーライダーに対してどの程度の怒りを感じるかと聞いたところ、7を最も強い怒りとして、7段階中の6ないし7のかなり強い怒りを感じると報告した人が約50%、5の怒りを報告した人が約40%でした。将来まで含めてもなんのメリットもないはずのこうした「罰」の原動力は、強い〝怒り〟ではないかと考えられています。

自らが犠牲を払ってでも罰するというこうしたコストのかかる第三者罰は、その後、多くの実験でも繰り返し報告されています（Yamagishi 1986, Gürerk *et al.* 2006, Rockenbach & Milinski 2006, Gächter *et al.* 2008, Herrmann *et al.* 2008, Balliet *et al.* 2011）。「やられたら、やり返す！」という報復は、ヒト以外の動物の世界でも幅広くみられることも知られています（Jensen *et al.* 2007b, 大槻 2014, Leimgruber *et al.* 2016）。素朴な感覚としても、「やった奴には、やり返したい！」という気持ちは、残念ながらわかってしまいますよね。

[11] なお協力的ではない者への罰ではなく、「平均以上に協力的な者への罰」がしばしばみられる場合があることが報告されています（Herrmann *et al.* 2008, Gächter *et al.* 2010, Bruhin *et al.* 2020）。「とても協力的な者を罰する」というこの少し不思議なふるまいは、「**反社会的懲罰**（antisocial punishment）」とよばれ、その起こりやすさは文化によっても大きく異なり、社会規範のゆるい地域ほど起こりやすいという報告もされています。こうした罰は「協力」を妨げる可能性があり（Hauser *et al.* 2014）、罰を実行しそうな人物を探し出しての報復ともいわれていますが、その仕組みは必ずしもまだよくわかっていません。反社会的懲罰は、〝裏切り者〟に対する罰とは脳の反応が異なる可能性も報告されています（Gerfo *et al.* 2019）。

4.3 罰の甘き喜び

共感：太古から続くシステム

ところでそもそも「罰を与える」という行動は、罰を与える側もけがをしたり恨みをかったりなど、一般的には非常にコストの高い行動です。最後通牒ゲームでは、「自分の取り分を棒にふる」ことがこのコストに対応しています。罰を与える個人にとって直接的なメリットのないコストの高い行動が、なぜこれほどまでに幅広くみられるのでしょうか。コストのかかる第二者罰を支える脳の仕組みを考えるために、まずヒトのもつ「共感」の仕組みをみてみたいと思います。

誰かの痛みはわが痛み

「**共感**（empathy）」とは、誰かがハサミで手を切ったところを見ると「うわ、痛そう!!」と感じたり、崖っぷちに立つ人を見たらドキドキしたりなど、他の人が感じていることを同じように感じることをいいます。[12]「共感」という言葉こそ使ってはいませんが、経済学の父といわれるアダム・スミスは、その著書『道徳感情論』のなかで、「我々は、あたかも他者の体の中に入ったようになり、ある程度までその人と同じ人物になる（Smith 1767, p.3）」と、これを巧みに表現しています（当時の英語に「共感（empathy）」という言葉はまだなく、のちにドイツ語の「einfühlung（なかで感じること）」から入ってきたようです。スミスが使っていた言葉は、「シンパシー（sympathy）」です）。

「その人と同じ人物になる」という意味を考えるために、こんな実験をみてみましょう。たとえばまず自分に電気ショックによる痛みが与えられ、次に同じ電気ショックが目の前で隣のパートナーに与えられます。するとなんと、自分には何の痛みも与えられておらず、他者の痛みを見ただけなのに、自分の痛みと共通する脳の部位（「島皮質前部」や「帯状皮質前部」など）が活性化することがわかったのです（Singer *et al.* 2004）。他者の「痛みの経験」を見ているだけなのに、自分自身が同じような経験をしたときに反応する脳の領域が関与するというのです。

それ以外にも、ピンで刺される、叩かれる、熱をあてられるなど痛そうな状況を直接見る場合はも

[12] 共感は、他者の感情を自分のもののように感じてしまう、「**情動的共感**（emotional empathy）」と、他者の感情状態を理解する「**認知的共感**（cognitive empathy）」の、大きく2つに分類されることが近年一般的となってきました。前者を「**ホットな共感**」、後者を「**クールな共感**」などということもあります。ここで議論しているのは、もちろん前者の「ホットな共感」です。

情動的共感は、本文でも議論しているとおりさまざまな動物にもみられますが、認知的共感は、ヒトに固有なのではないかともいわれています（長谷川 2016）。

ちろん、痛そうな写真を見たり、痛みに歪む表情を見たり、痛みの経験についての文章を読むなどさまざまなバリエーションで、〝他者〟が身体的な痛みを感じているのを見るときと、〝自分〟が痛みを感じているときとで脳の反応に重なりがあり、他者の痛みは自分の痛みをつかさどる脳の領域を活性化させることがわかってきました（Lamm *et al.* 2011, Bloom 2016, Fallon *et al.* 2020）（詳しくは、章末の補足3を見てください）。

こうした他者の痛みへの共感は、こどもでも同様の反応がありましたし（Decety & Michalska 2010）、1歳や2歳の幼児でも、さらには生まれてすぐの赤ちゃんでも（Sagi & Hoffmann 1976, Dondi *et al.* 1999, Bloom 2016）、他者の苦しみに自分が泣きだすなど動揺を示すことがわかっています。

こうした結果から、ドゥ・ヴァールは、「私たちの脳は他者とつながり、彼らの痛みや快楽を経験するようにできている」と表現しています[13]（de Waal 2013／邦訳 p.73）。

動物たちの共感

動物の世界でも、共感の反応は多数報告されています（レビューとして de Waal 2019）。たとえばネズミの仲間たちは、仲間が痛みを感じていると痛そうに体を動かすことやその脳の反応などから、その痛みに共感をしてしまっているらしいことが示されています（Langford *et al.* 2006, Carrillo *et al.* 2019）。さらに、単に〝共感〟をするだけでなく、苦しんでいる仲間に慰めの行動をとること（Burkett *et al.* 2016）や、大好きなチョコレートを後回しにしてでも仲間を助けることを優先することなどまで報告されています（Bartal *et al.* 2011）。

こうした動物による共感の初期の研究の1つでは、隣りあったオリにいる仲間に、自分が食べ物をとると電気ショックが与えられるとなると、ラット（Church 1959）もサル（Masserman *et al.* 1964）も、食事をとらなくなったことが報告されています。サルでは、なんと最高12日も食事をとらなかったのです。その後ハトにおいても同様の結果が報告され（Watanabe & Ono 1986）、また近年には、ラットもヒトと同じように他者を傷つけることを嫌がることも示されました（Hernandez-Lallement *et al.* 2020）。

［13］　3.3節で議論をした、「孤立は痛み」の研究を覚えていますか？　自分自身の社会的な痛みには、自分自身の身体的な痛みと同じような脳の領域が関与していたという研究です。これらをまとめると、「自分自身の身体的な痛み」、「自分自身の社会的な痛み」、「他者の身体的な痛み」の3者は、脳にとってはきわめてよく似ているということになります。

では、「他者の社会的な痛み」はどうなのだろうかという疑問が当然わいてきます。実はその場合は少し違っていて、主に「**メンタライジング・ネットワーク**」とよばれる、他者の視点から考えようとする、「クールな共感」が起きるときに働く脳の部位などが活発になっていることが示されています（Masten *et al.* 2010, Masten *et al.* 2011）。ただし、友人など〝自分に近い人〟の社会的な痛みには、島皮質前部や帯状皮質前部が関与し、ホットな共感が働いている可能性も議論されています（Meyer *et al.* 2013）。

進化論で知られるダーウィンは、共感は「社会的本能のなかでも最も重要な要素の一つ」であること、そして共感を含めた社会的本能は、「もともとは自然淘汰によって獲得されたものであることは間違いない」（Darwin 1871／邦訳（下）p.479, p.480）としました。それから100年以上の時をへて、生き物が他者への共感をもつようになったのは、実際にヒトがヒトになるよりも前である証拠が積みあがってきています。

こうした共感の力について知ると、こどもをもつ人ならば、これは親になった喜びの1つなのだということも実感されるのではないでしょうか。アイスクリームを食べた、海に入った、すごい積み木が積みあがった、そんな些細にも思える1つ1つのできごとに、はじけるような笑顔につられて、新鮮な気持ちで、〝もう一度〟その感動を味わえるのは、まさに共感の力です。自分にとって大切な人の喜びを思い浮かべれば、その感覚は、みなさん誰もがきっと思い当たることがあるでしょう。

進化の中の共感

著名な心理学者のブルームは、共感の力は、「他者の経験を観察可能なもの、際立ったものにし、無視することを困難にする点にある」としています（Bloom 2016／邦訳 p.95)。つまり共感は、他者が感じているであろう恐怖に一緒にドキドキしたり、その痛みに「うわ、痛そう!!」と感じてしまうことで、その誰かが「今苦しんでいる」ことを私たちに伝える力となるのだというのです。こうした共感の力は、我が子の苦悩をすぐに感じとる必要のある、哺乳類の母子関係にその起源があるのではないかといった議論もされています。

またこうした他者の苦悩を我がもののように感じとる共感は、仲間の苦痛を和らげようと努めること、いわゆる〝思いやり〟につながる力ともなりえるでしょう。その意味で共感は、ヒトのもつ道徳性や向社会行動（社会にとって望ましい行動）といわれるものを支える、重要な基盤の1つとされています。

共感の重要な力は、少なくとももう1つあります。仲間が恐怖や苦悩をみせるとき、それは、そこに〝なにか〟があるというシグナルでもあります。仲間の苦悩に自動的に「共感」し自分も心配する能力は、危険をすばやく感知し、自分を守るために役立つ力ともなりえます。「共感」の進化的な意味での始まりは、むしろこちらなのかもしれません。

このように、他者の苦しみを自分のもののように感じとる共感は、「齧歯（げっし）類から霊長類まですべての哺乳動物に見られる特徴（de Waal 2014／邦訳 p.13）」とされ、「（他者の）苦悩への感受性は太古から続くシステム（Scott 2010／邦訳 p.127）」なのではないかといわれるようにもなりました[14]。

嫌いな人には共感しない

ところが、これほどまでに他者の痛みを自分の痛みとして感じるといいながら、ヒトのもつ痛みへの共感は、ある状況ではいとも簡単に消えてしまうことがわかってきたのです（Singer *et al.* 2006）。実験の参加者は、男女各16名ずつ合計32名の成人です。

2人でペアを組んで実験をしますが、実はペアの相手は実験協力者であるいわゆるサクラで、自分にちゃんとお金を分けようとしてくれた「公平な人」と、お金を独り占めしようとした「不公平な人」の2種類のサクラがいました。その後、先ほどの電気ショックの実験を行い、他者の痛みに脳がどう反応したかを計測したのです[15]。

公平な相手の苦しみへの反応は予想通りで、先の実験と同様に、痛みへの共感の反応がみられました。「うわ、痛そう!!」と感じているのです。

ところが、「不公平な人」の苦しみへの反応は、それとはまったく異なりました。図4-7および図4-8を見てください。図4-7が女性の反応で、図4-8が男性の反応を表しています。脳の写真（aとb）で丸が付いている部分がそのときに反応する部分で、その左右それぞれの脳の部位の反応を示すグラフがcとdです。

まずは、図4-7の女性の反応のグラフを見てください[16]。不公平な人の痛みには、人の痛みに反応する部位の活動が、両方ともにわずかとはいえ減っています。しかし、図4-8の男性の脳の反応は、

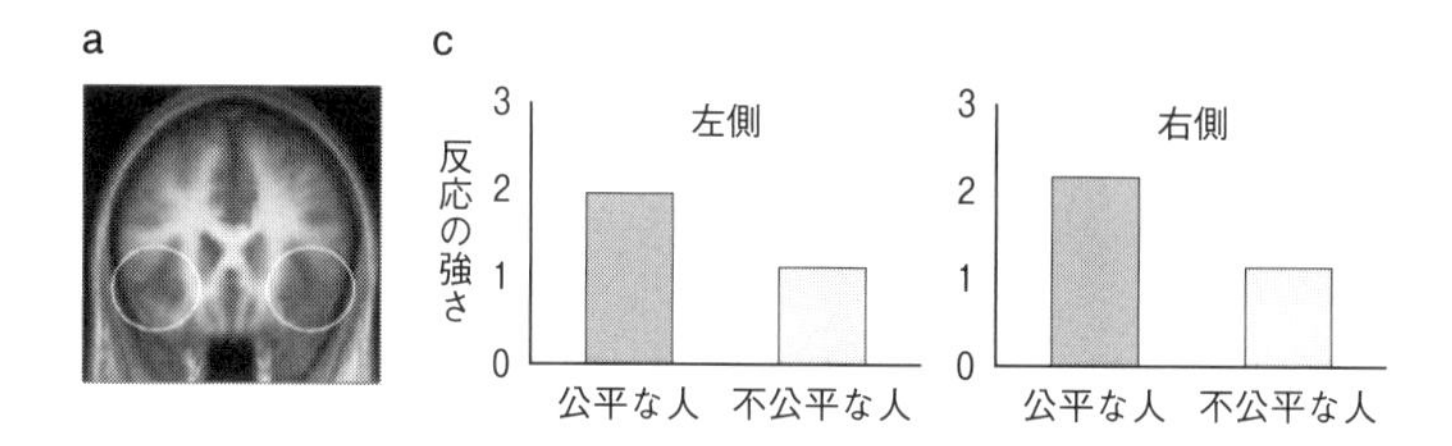

図4-7　「公平な人」と「不公平な人」の痛みへの共感の脳の反応：女性

出典：Singer *et al*. 2006, fig.2. を元に作成。

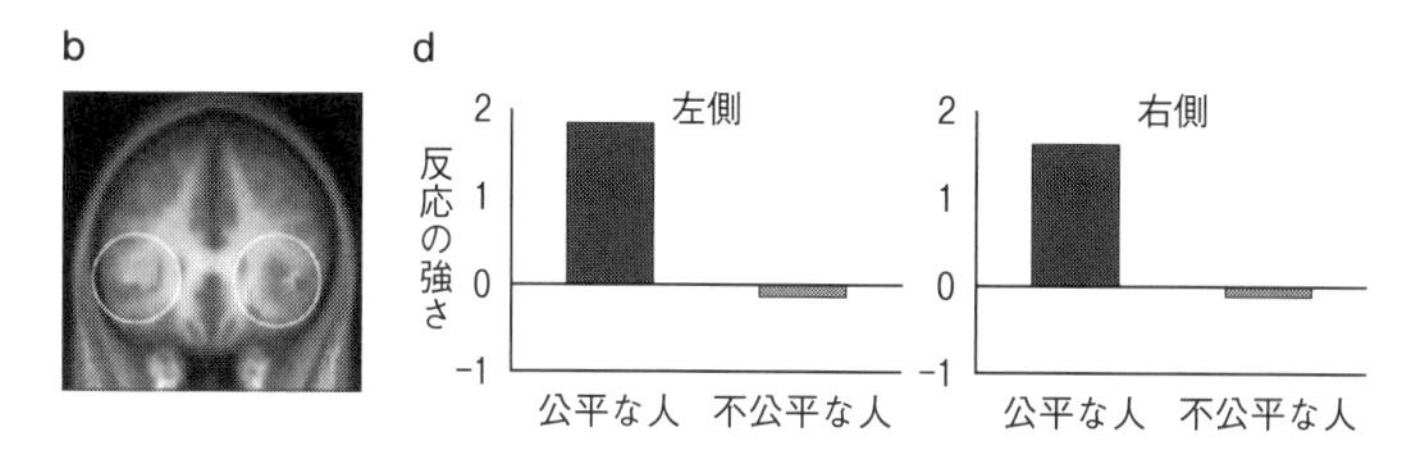

図4-8　「公平な人」と「不公平な人」の痛みへの共感の脳の反応：男性

出典：Singer *et al*. 2006, fig.2. を元に作成。

〔14〕

なお共感は、一般的には「とてもよいもの」としてとらえられることが多いですが、そうとも限りません。たとえば、他者の苦しみに共感してしまうことで自らも苦しくなり、その結果として、苦しんでいる人を助けるのではなく、むしろ避けることを選択することにつながる可能性もあります。

さらにそもそも共感は、自分に近い人（内集団メンバー）に対してのみ起こりやすく、自分とは遠い人（外集団メンバー）に対しては起こりにくいこと、そのために自分にとって身近な人のことだけを大切に考えるようになる傾向をひきおこすことなどもわかってきています。共感に関する研究は、近年ますます注目を集めていますが、そうした共感の負の側面も指摘されるようになってきています（Bloom 2016）。こうした議論に興味のある人は、『反共感論—社会はいかに判断を誤るか』（Bloom 2016／ブルーム２０１８）をみてください。

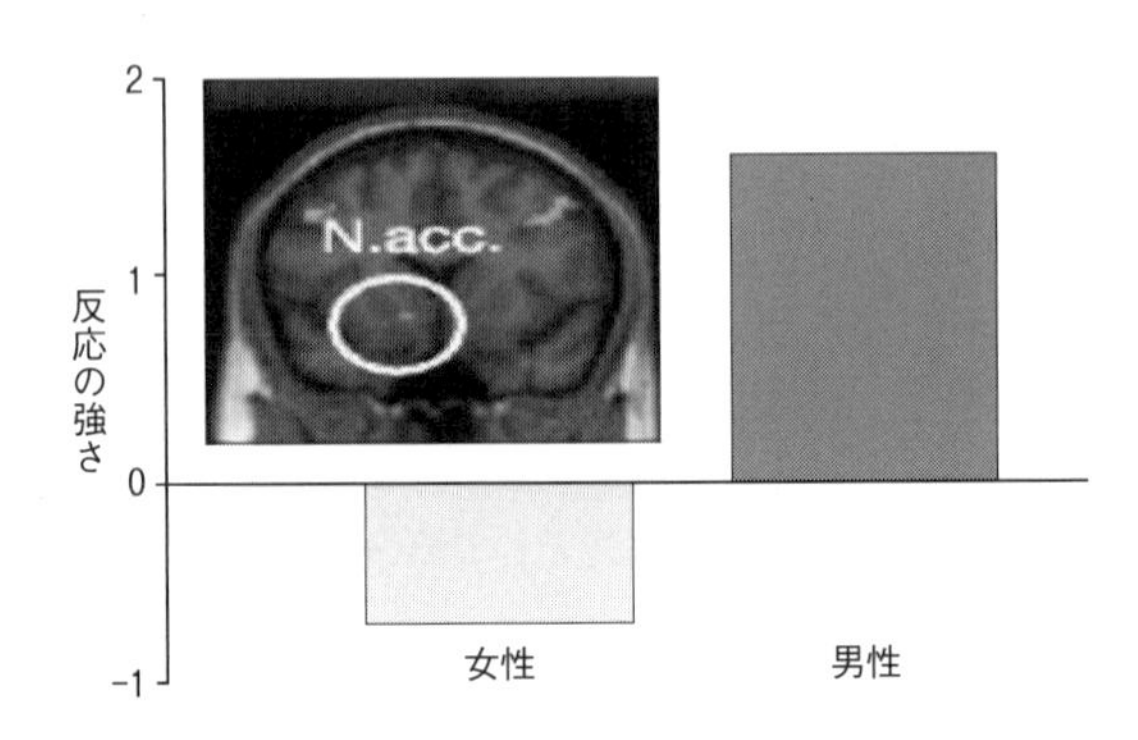

図4-9 不公平な人の痛みへの「喜び・快感」の脳の反応：女性・男性

出典：Singer *et al.* 2006, fig.2. を元に作成。

少し様子が違います。「共感」の反応は、きれいになくなったといいたいほどに大きく減少していることがわかります[17]。

罰する喜び：ザマアみろ!!

それだけではありません。なんと驚いたことに、男性においては報酬系（線条体）が反応していたのです！

「報酬系」を覚えていますか？　喜びや快感をつかさどる脳の部位です。図4-9を見てください。このグラフは、不公平な人が痛みを感じているときの、脳の報酬系の反応の強さを表しています。左側が女性の反応を、右側が男性の反応を示しています。

このグラフから、不公平な人の痛みを見たときには、男性は脳の報酬系が強く反応していることがわかります[18]。「悪い奴の苦しみ」は、〝快感〟だというのです！　また、「仕返ししてやりたい！」という気持ちが強い人ほど、この報酬系の反応が強く、嫌な奴の苦しみに、より大きな喜びや快感を得ているようだということも示されました（なお、脳の写真のN.acc.とは「**側坐核**（Nucleus accumbens）」のことで、報酬系の重要な一部である腹側線条体の一部です）。

　他者へ意図的に苦痛を与える行為には、ヒトは強い抵抗感を示すことも知られています（Cush-

---

[15] ここで行われたゲームは、「**順序付き囚人のジレンマゲーム**（sequential prisoner's dilemma game）」といわれるものです。ゲームの構造の詳細は巻末の補足を見てください。

[16] ただしこの減少は統計的には有意ではなく、偶然の可能性などを考えると、本当に減ったといえるのかどうかわからない程度の変化としかいえません。

[17] このほかにも、自分と同じスポーツチームのファンや同じ人種の人の痛みにはより強い共感を示すけれども、敵のチームのファンや異なる人種の人の痛みには、あまり共感を示さないことが報告されました（Xu *et al.* 2009, Hein *et al.* 2010）。やはり残念ながら共感は、主に自分の〝仲間〟にだけ向く傾向があるようです。

[18] このほかにも、敵のスポーツチームのファンの人の痛みに脳の報酬系（線条体）が反応していたという報告（Hein *et al.* 2010）や、4.1節の脚注でも紹介したとおり、妬ましい他者の不幸に、脳の報酬系（線条体）が反応していたという結果もあります（Takahashi *et al.* 2009）。
　また、嫌な奴が不運な目にあっているのを目にしたときには、その表情筋の分析から、「微笑んでいた」という報告もあります（Cikara & Fiske 2012）。なお笑っていた本人たちは、そうした他者の不幸を、「少し気の毒に思う」と自己申告していて、表情の分析とはかなり矛盾する報告をしていたことも指摘されています。

man *et al.* 2012)。3.3節で紹介したサイバーボール実験のその後の実験では、見知らぬ人を訳もなく仲間はずれにしていたときには、仲間はずれにしていた側も〝痛み〟を感じていたことも報告されています（Legate *et al.* 2013)。なにより、他者の痛みをわがもののように感じる共感の力は、先にご紹介したとおりです。そんな中、誰かの痛みを目にしたときに、そこに喜びや快感をみいだすというこの結果は、大きな衝撃を与えました。

脳神経科学と経済学が一緒になった学問を、「**神経経済学**（neuroeconomics）」といいます。今日ではより広く、「**社会神経科学**（social neuroscience）」あるいは「**社会脳**（social brain）」といった方がいいかもしれません。そしてこの研究こそが、神経経済学や社会神経科学の重要性を私に教えてくれたものです。「電気ショックで痛がっている人を見て、どう感じましたか？」なんて、アンケート調査もできたかもしれません。しかし実験参加者の立場にたてば、そこで「ざまあみろと思いました!!」「あんな奴が苦しんでいて、すごくすっきりしました!!」などとは、なかなか書けないでしょう。「罰への快感・喜び」という反応は、脳の反応を直接みたからこそ、わかったことです。これからの人文・社会科学は、脳神経科学との連携は欠かせない、そう思い知らされた研究です。

●コラム●男の子はヒーローがお好き？

悪者に罰が与えられているときに、男性は〝喜び〟を感じるという「脳の特徴」が、こどものテレビの好みの男女差にみられるのかもしれないといった議論が、経済学者の大竹先生と脳神経学者の田中先生の対談の中でふれられています（大竹他 2012）。一般に、男の子は女の子よりも、戦隊ものやヒーローものを好きになることが多いとされていることはよく知られているとおりです。考えてみれば我が家の娘も、あまり戦隊ものは見たがりません。

悪者がやっつけられるのをみて、「いいぞ！　それいけ！　やった!!」と喜びや快感を得られるのならば、そうした番組を楽しめるでしょう。でも「いくら怪獣だからって、地球に来たってだけでやられちゃうのは、ちょっとかわいそうじゃない!?」と悪者に共感してしまったら、この手のものはあまり楽しくないでしょう。こうした脳の性質がテレビの好みの違いに反映されているという可能性は、たしかにありそうな気がします（とはいえ、私自身は女性ですが、こどものころに戦隊ものを結構見ていた気もします）。

とはいえ、この研究だけをもって、「やはり女性は優しいのね！」といえるとは限らないとは思っています。攻撃性についての研究からは、男性の攻撃性を示すデータは多いとはいえ、女性には攻撃性そのものがないというわけではないようです。貴重な資源を争うときには女性も攻撃的になりうること(Kenrick 2011) や、男性の攻撃性は殴ったり罵ったりなどの「直接的な攻撃」としてあらわれる傾向があるけれども、女性は仲間外れや陰口といった「間接的な攻撃」を選択する傾向があること(Archer 2004, Hess & Hagen 2006, Fields 2016) など、男女で攻撃性の性質が異なる可能性が議論されています。

ここでの実験のように、電気ショックという、ある意味で単純な「身体的な痛み」ではなく、女性が嫌う傾向の強い〝悪〟に対して「メンタルなダメージを与える」といったタイプの〝罰〟だったときなどには、女性もまたここととは少し違った反応を示すのかもしれないなどとも思っています。女って、怖いですからね……。共同研究者、大募集中です！

復讐は甘美なり

　ではコストのかかる第三者罰を行っているとき、ヒトの脳ではどのような反応が起きているのでしょうか？

「悪い奴の苦しみは喜び！」という先の実験から予想できるとおり、わざと悪いことをした相手に罰をあたえると、やはり喜びや快感の脳部位である報酬系（線条体）が反応していたことが報告されています（de Quervain *et al.* 2004）[19]。

　しかもその部位が反応したのは、相手に実際の損害が与えられる罰のときだけでした。相手はわざとなのに、言葉で非難するだけのような相手に実際の害を与えられない罰では、この喜びや快感の脳部位は反応しませんでした。悪い奴には、「実際に苦しみを味あわせてやりたい!!」という強い気持ちのあらわれでしょうか。

　またこの脳部位の活動が大きい人ほど、実際に大きな罰を与えていることも示されました。英語では、"Revenge is sweet（復讐は甘美なり）"という表現があるようですが、甘いものが刺激

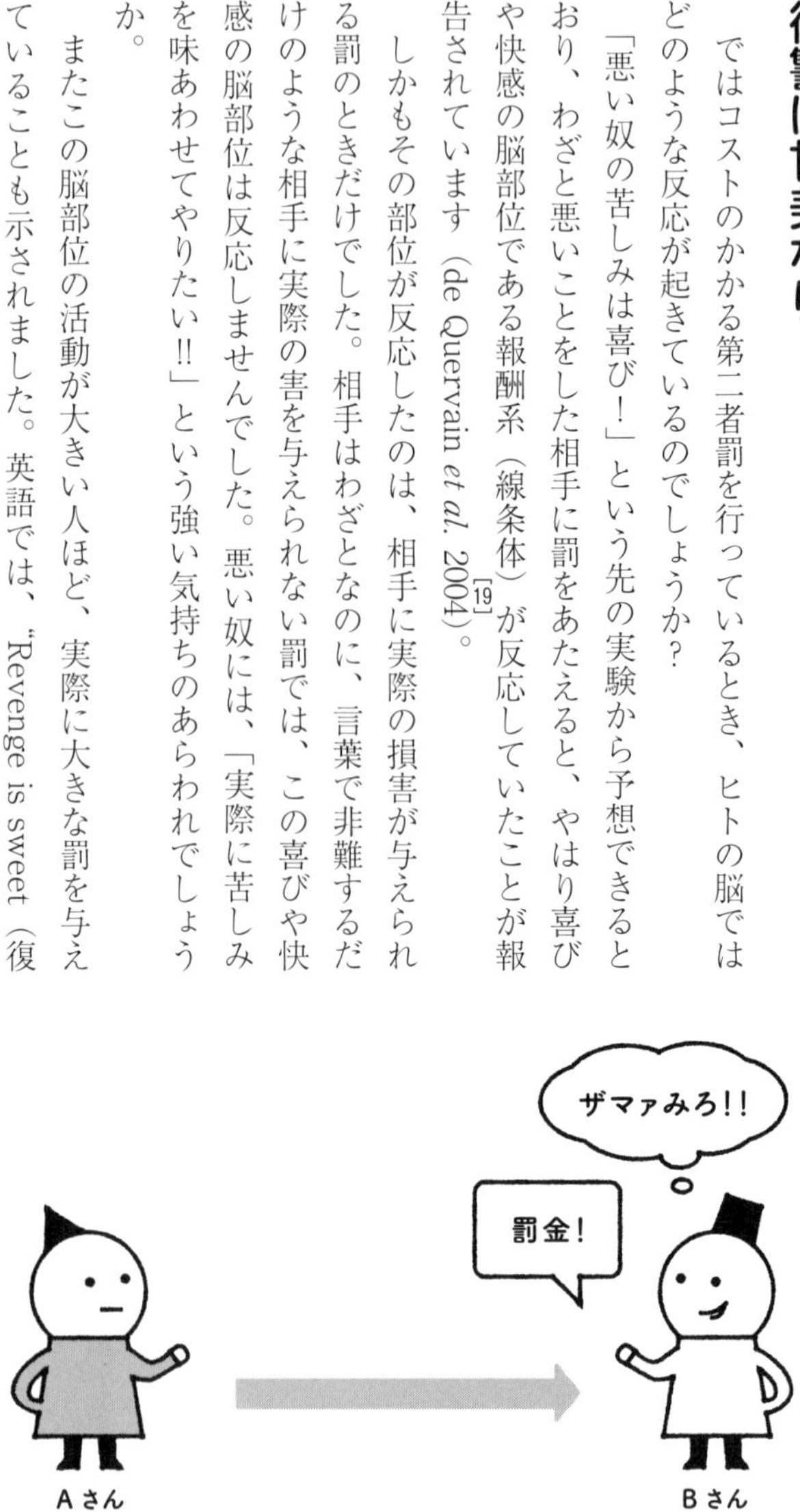

するのも脳の中の報酬系です。まさに「復讐とは、甘い！」ようです[20]（Knutson 2004）。
ただちょっとほっとしたことに、相手の〝悪い〟行動が意図的に行われたものではない場合には、罰への喜びや快感の脳部位は反応しませんでした。うっかりの失敗には、「苦しめてやれ！」とまでは思わないようです。

---

[19] ここでのゲームは、「**信頼ゲーム**（trust game）」とよばれるものです。ゲームの構造の詳細は巻末の補足を見てください。

[20] ただし、〝罰〟を与えた直後は、「ざまあみろ！」という甘き喜びを味わったとしても、その後何ともいえない後味の悪さを感じるようにも思います。実際に、罰を与えた者は、その後「ネガティブな感情」を感じていることが示されています。詳しくは、章末の補足4を見てください。

4.4 第三者罰

見ているだけでも許せない！

ここまでで、ヒトは意図的な不公平を嫌い、そんな相手を罰したいという強い欲求をもっていることがみえてきました。しかしヒトのもつそんな罰への欲求は、どうやらそれだけではないようです。〝仕返し〟という、ある意味では自然ともいえる感覚を超えて、自分に関係があるかないかにかかわりなく、「悪い奴を罰したい！」、そんな強い欲求があるようなのです。せっかくですので、この興味深いヒトの性質について、ここで少しだけみておきましょう。

図4-10を見てください。たとえば独裁者ゲームで、Aさんが（999円、1円）と分けたとしましょう。それを見ていたCさん＝「第三者」は、自分のお金を払えば、その3倍の金額をAさんから「罰金」としてとりあげられるとします。つまり、Cさんが100円払えば300円を、300円払えば900円を、Aさんからとりあげられるとするのです。

ただしとりあげるといっても、やはりここでもそれはあくまで「没収」で、Cさんのものにはなりません。Aさんに罰を与えたとしても、Cさん自身には何のメリットもないのです。またAさんがB

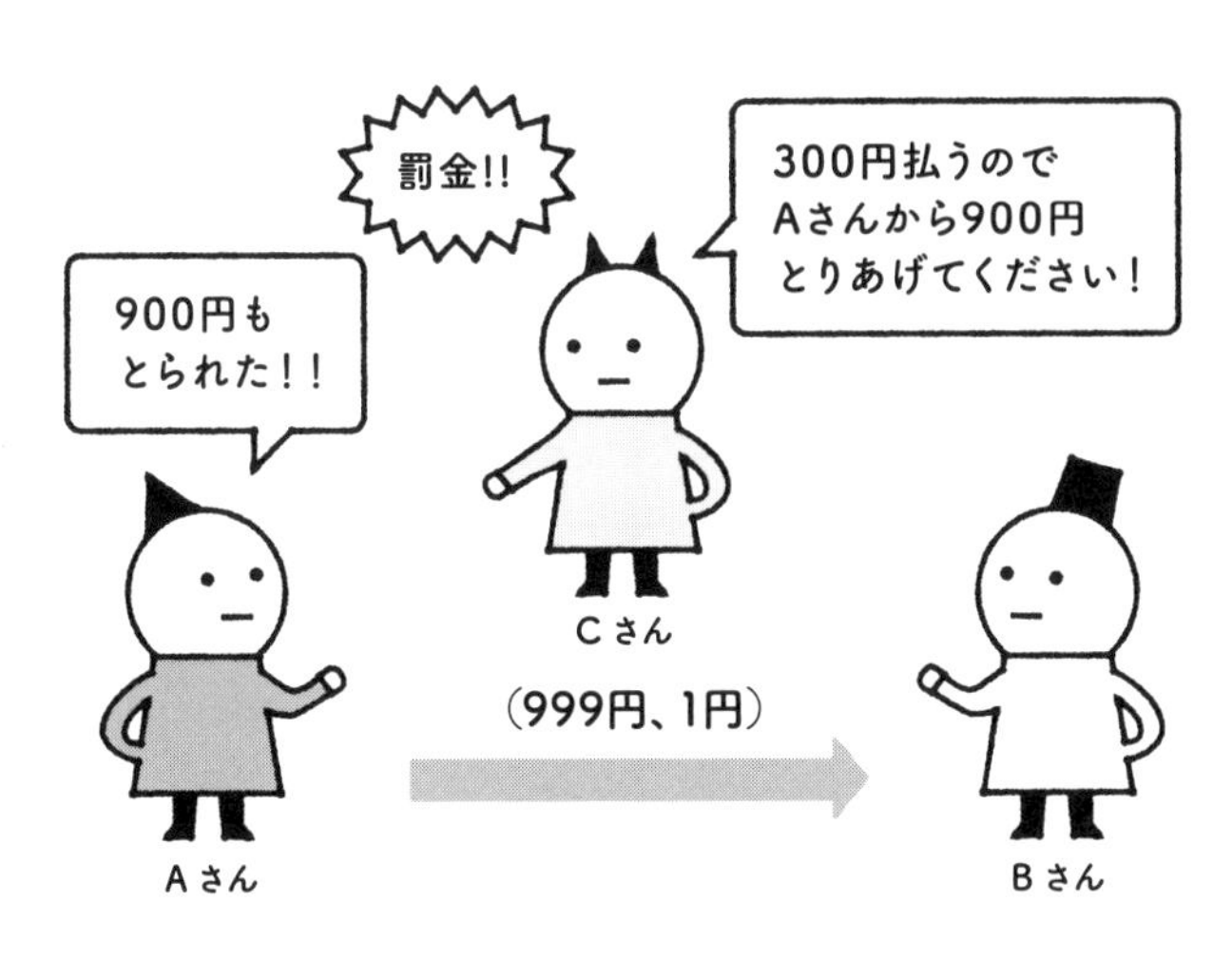

図4-10　コストのかかる第三者罰

さんにどんな分け方をしていたとしても、そもそもCさんには何の関係もありません。

しかし一方で、罰を与えるコストだけはかかるのですから、エコンならば、もちろんそんな無駄な行動をとるはずはありません。それにもかかわらず実験をしてみると、なんとCさんの立場の約6割の人が、わざわざ自分のお金を払って、自分とはまったく無関係なはずのAさんを罰していたことが示されました(Fehr & Fischbacher 2004)。

コストのかかる第三者罰

直接損をさせられたわけではない、ただ見ていただけの第三者による罰を、一般に、「**第三者罰**(third-party punishment)」といいます。またここでは、第三者の立場でありながら、犠牲を払ってでも、身勝手な者を罰する利他罰としての第三者罰を、

「コストのかかる第三者罰（costly third-party punishment）」とよぶことにします。[21] さきの実験では、自らが直接損をさせられたわけでもないCさんが、単なる第三者の立場であるにもかかわらず、自らがコストを負ってまで欲張りなAさんを罰していました。このCさんの行動こそ、まさにこのコストのかかる第三者罰です。

その後このようなコストのかかる第三者罰は、実験室におけるラボ実験（Fehr & Fischbacher 2004, Ohtsubo *et al.* 2010, Jordan *et al.* 2016a, Yamagishi *et al.* 2017, Kamei 2018, Kamei 2020）だけではなく、伝統的な生活を送る小規模な社会での実験（Henrich *et al.* 2006, Bernhard *et al.* 2006, Henrich *et al.* 2010a）やスイス陸軍の人を対象にした実験（Goette *et al.* 2006）、さらにはより現実に近い状況でのフィールド実験（Balafoutas & Nikiforakis 2012, Balafoutas *et al.* 2014b, Artavia *et al.* 2017）などにおいてもみられることが示されました。[22] 日本においても、ラボ実験における同様の傾向が報告されています（高岸他 2009）。またこうした第三者罰

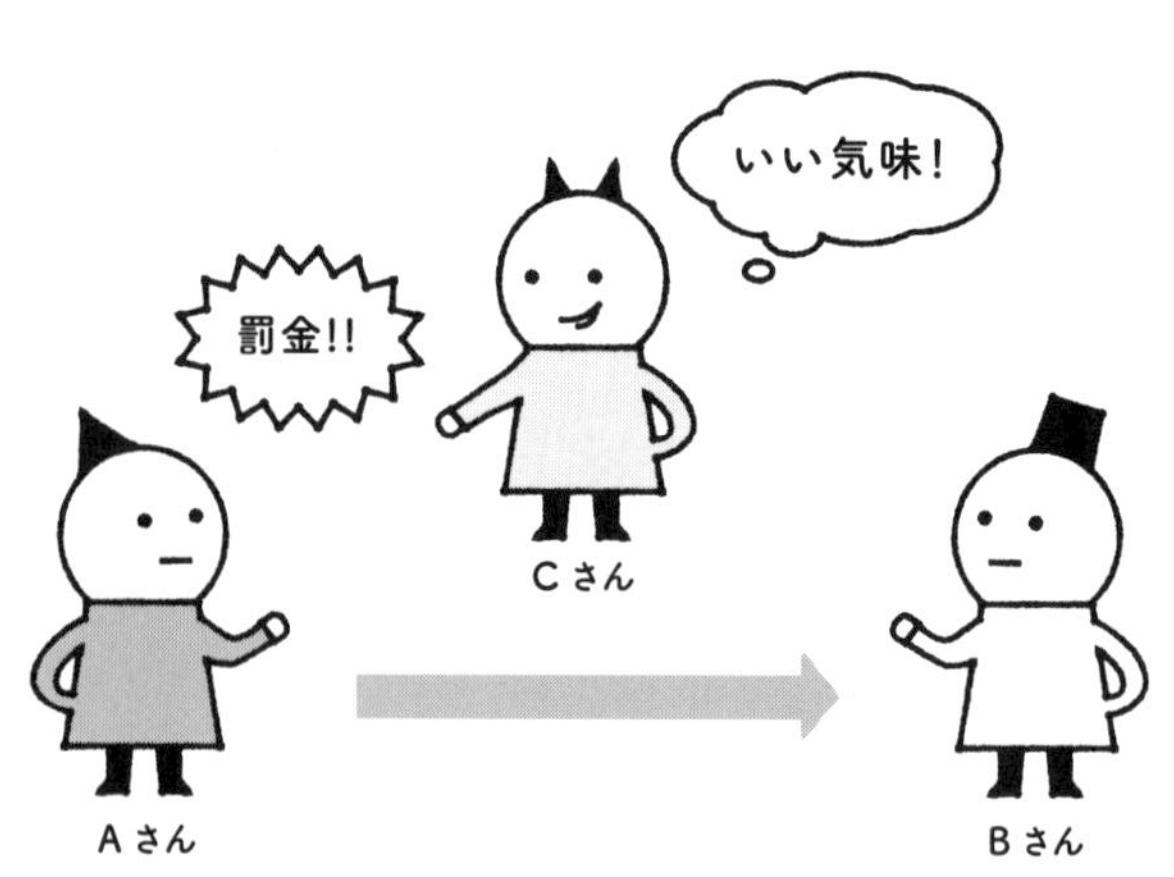

の状況においても、やはり脳の報酬系（線条体）が反応していたことが示されています（Strobel *et al.* 2011, Stallen *et al.* 2018）。

また、こどもたちにも同様の傾向があるようです。6歳のこども（McAuliffe *et al.* 2015a, Jordan *et al.* 2014, McAuliffe & Dunham 2021）やもっと幼い3〜4歳のこどもであっても（Yudkin *et al.* 2020）、〝悪い〟ことをしたお友達には、たとえ無関係の自分も使えなくなってしまうとしてもおもちゃを使えなくするなど、第三者の立場でありながらコストのかかる罰を与えることが報告されています。

自分に直接の関係があるわけでもない行為を、第三者の立場でありながらせっせと罰してやろうとするこうした傾向は、近年しばしば問題になる、いわゆるネットバッシングといったものとも無関係ではなさそうです[23]。

---

[21] なお一般的には、「第三者罰」というだけで、身勝手なふるまいをする者を、犠牲を払ってでも罰する利他罰としての罰、つまりここでの「コストのかかる第三者罰」を指すことも多いので注意をしてください。分野によってもこの言葉の使い方は少し異なるようですが、本書では、第二者罰のときと同様に、「第三者罰」は罰を与える側のコストの有無を問わない言葉として使い、罰を与える側がコストを負っていることをはっきりと区別するときには、「コストのかかる第三者罰」とよぶことにします。

[22] ただしこれらのフィールド実験では、コストのかかる第三者罰の起こる程度が、ラボ実験と比べて大幅に低くなることには注意が必要です。詳しくは章末の補足5を見てください。

第三者として評価する：関係ないけど、ズルいよね!?

第三者罰を行うためには、自分とは直接的には何の関係もない他者の行為を評価する能力が必要です。この能力は、3歳ほどの幼いこども（Vanish *et al.* 2010）ばかりか、さらには、ごく幼い赤ちゃんにまでさかのぼることができるようだということも、近年わかってきました（Hamlin *et al.* 2007）。

ここでは赤ちゃんたちに、「人に意地悪をしているようにみえる」場面と「人に親切にしているようにみえる」場面を見せたあとに、「人に親切だったキャラクター」と「人に意地悪だったキャラクター」の、どちらかの人形を選んでもらいました。すると、なんと生後10か月の赤ちゃんでも6か月の赤ちゃんでも、こぞって「人に親切だったキャラクター」の人形を選んだのです。友達に意地悪をする者は、遊び相手として選ばれることはなかったのです。その後、わずか生後3か月という非常に幼い赤ちゃんであっても、同様の傾向を示すことも示されました（Hamlin *et al.* 2010）。

この赤ちゃんたちは、きっととてもシンプルに「人に親切にする行動」を好んだのだろうと思いきや、必ずしもそうですらないらしいことも示されています。「親切な人には親切だが、悪い人には意地悪をする人」を好むという非常に複雑な判断を、わずか生後8か月の赤ちゃんがしていることが示されたのです（Hamlin *et al.* 2011）。近年には、生後6か月というさらに幼い赤ちゃんまでもが、同様の傾向を示すことも報告されました（Kanakogi *et al.* 2017）。この研究を行った鹿子木先生たちは、「我々の心には、『強きを挫き、弱きを助ける』という正義の感覚が刻み込まれているのかもしれない」としています（京都大学HP：プレスリリースより）。赤ちゃんたちがもつ、〝よい人〟を好むというこうした傾向は、近年のメタ研究からも確認されています（Margoni & Surian 2018）（そこでは、月齢があがってもこうした傾向が特に強くなるわけではないと報告され、それはそうした傾向が成長の中で身につけたものではない可能性を意味しています）。

さらに1歳9か月ともなると、友達に意地悪をしたお人形からおやつをとりあげるという「罰」を与えることも示され、罰への欲求の芽生えではないかともいわれています[24]（Hamlin *et al.* 2011）。なお自分と直接の関係のない第三者を評価するこうした能力は、フサオマキザル（Anderson *et al.* 2013a, Anderson *et al.* 2013b）やマーモセット（Kawai *et al.* 2014）、さらにはイヌ（Chijiiwa *et al.* 2015）といった動物にまで備わっているという報告もされています[25]（Anderson *et al.* 2017）。

---

[23] 第三者罰の原動力もまた、「怒り（anger）」ではないかともいわれています（Jordan *et al.* 2016b）が、当事者であるBさんの「怒り」ともまた、少しその性質は違うようにも思います。第二者罰と第三者罰に共通する感情としては「嫌悪（disgust）」と「悲しみ（sadness）」があり、さらに、第二者罰は「怒り」の感情とより強くかかわり、第三者罰は「義憤（moral outrage）」の感情とより強くかかわっていたという報告もあります（Hartsough *et al.* 2020）。また第二者罰と第三者罰では、脳の反応としては共通している点もあるとはいえ、第三者罰では「社会的認知（social cognition）」にかかわる部位がより活発に反応していたなど、異なる点があることも報告されています（Bellucci *et al.* 2020）。「罰」を与えるという行動のその背景にある感情や仕組みが、さらに詳しく研究されています。

4.5 見えざる手がもつ諸刃の剣

見えざる手による農業以前の暮らし

ヒトは、見知らぬ他者に対してでも共感できます。誰かの痛みをわが痛みとすることができるのです。しかし「あいつは悪い奴だ！」と思ってしまうと、そんな共感がなくなってしまうどころか、その苦しみが自らの喜びや快感となってしまうというのです。恐ろしさすら感じられる脳に組み込まれたこの仕組みを、科学史や科学哲学を専門とするモッテルリーニは、「**見えざる手**（invisible hand）」と指摘しています（モッテルリーニ ２００８）。

チンパンジーとの共通祖先から別れ、〝人類〟がアフリカで誕生してから約７００万年ほど、さらに私たちと同種のホモ・サピエンスの登場からは20万年から30万年ほどとされています[26]。農業が始まってからまだ1万年ほどなので、人類の年表を1年にすると、ホモ・サピエンスの登場は12月も半ばから後半、農業の始まりは12月31日です。人類は、そのほとんどを農業以前の暮らしで過ごしてきました。

農業以前のホモ・サピエンスの暮らしは、１５０名程度の比較的少数の集団の中で、狩猟や採集によって食料を得ていたと考えられています（なおこの150という数字は、脳の研究から導かれた数値で、「**ダンバー数**（Dunbar's number）」とよばれています。とても面白い研究ですので、興味のあ

---

[24] またこどもたちは、しばしば思われているような「規範を受け身に従う者」とは限らず、むしろ「積極的な規範行使者（active norm enforcers）」である可能性も議論されています。たとえ第三者の立場であったとしても、「規範逸脱者」に対して、自ら積極的に〝叱責〟などの行動をとることが繰り返し報告されているのです（Rakoczy *et al.* 2008, Rakoczy *et al.* 2009, Schmidt *et al.* 2012, Schmidt & Tomasello 2012, Henrich 2017）。

そこでは、3歳ほどの幼いこども達が、他者を観察することでその場の規範を直ちに理解すること、その規範は誰もが従わなければならないものだと考えること、そして逸脱行為や逸脱者に対する〝怒り〟を直ちに表明し、「ちがうよ！　そんな風にやるんじゃないよ！」といった〝抗議〟をするとともに、正しい規範を示したがることが繰り返し示されたのです。

さらに興味深いことに、こうしたふるまいには、直接のモデルや大人の指示といったものは必要がないようです。大人などによる「叱る」や「注意する」といった行動がなくても、また「間違ったやり方をしている子には注意をしないといけません」などという指示がなくても、第三者の立場でありながら、初めて見るなじみのないルールの違反者に対して、こども達は自発的にその規範逸脱者をとがめたのです。

[25] ただしその第三者としての評価をもとに、よい個体には報酬を悪い個体には罰を与えるといった行動は、ヒト以外ではまだ報告されていません。チンパンジーによる実験でも第三者罰はみられなかったことが報告され（Riedl *et al.* 2012）、第三者罰もまたヒト以外の動物では報告されていないとされています（Jensen & Tomasello 2019）。また、一般に攻撃性が高く寛容性が低いとされるニホンザルには、第三者の立場による評価はみられなかったことが報告されています（Kawai *et al.* 2019）。

る人は、(ダンバー2011)をぜひ見てください)。ホモ・サピエンスは、走るのも遅ければ強い牙もありません。現代であってもアフリカのサバンナにたったひとり取り残されれば、あっという間に死んでしまうでしょう。人類学者のブラウンは、ヒトはその生活の大部分を集団ですごす生き物であるとして、「単独では生活しないこと」を、ヒトという生き物によくみられる特性の1つとしてあげています(Brown 1991)。集団をつくることは、生き延びるための重要な戦略でした。

そんな集団をつくり維持するために必要な能力の1つが、他者への「共感」です。他者の感じていることを感じとる共感の力なくしては、集団を作り維持していくことは難しかったでしょう。

一方、他者の痛みに共感ばかりでも問題です。集団のルールを破り自分だけズルをしようとする者を、フリーライダーとよびました。「罰」とは、誰かに〝痛み〟を与える行為です。ひとたびそんなフリーライダーが現れてしまったとき、他者の痛みをわがものとしてしまう共感しかもたなければ、その者たちを罰することは難しくなります。しかし罰がなければ、フリーライダーたちはやりたい放題です。遠からず、集団そのものが滅んでしまうでしょう。集団でやっていくためには他者への共感が必要であるにもかかわらず、一方で、共感ばかりではフリーライダーを罰せられないという大きなジレンマに直面するのです。

ここで、この「見えざる手」の登場です。共感により集団生活を維持しながらも、身勝手なフリーライダーへの共感などは論外とし、それどころかそうした「裏切り者」たちの苦しみを喜びや快感として、〝喜んで〟罰を与えられるようになりました。しかも直接の利害関係のない第三者の立場の者までもが、同じように罰に喜びや快感を得るのです。他者の苦しみをわが痛みとしているはずのヒトが、「見えざる手」により、フリーライダーたちに罰を与えられるようになったのです。

アダム・スミスの「見えざる手」とは、各個人は自らの利益だけを考えて行動しているにもかかわらず、あたかも「見えざる手」に導かれたかのように、社会全体にとってよいことが達成されているといったときに使われる言葉です。ばらばらな個々人のふるまいを、うまくまとめあげるその力を指しています。必ずしも〝集団のために〟フリーライダーを罰するわけではなくとも、裏切り者の苦しみを自らの〝喜び〟として罰する行動が、結局は集団のためになっているという意味において、見えざる手の働きと共通するものがあることをモッテルリーニは指摘しました。すべてが、いわば進化の中で培った脳の生き残りの戦略だというのです。[27]

---

[26] 「最古の人類」とは、アウストラロピテクスであると習った方も多いかもしれませんが、現在のところでは、2001年にアフリカ中央部のチャドで発見された、サヘラントロプス・チャデンシスであるとされています。チンパンジーとの共通祖先と別れた直後の化石とされていますが、異説も多々あるようです。なお、発見されたサヘラントロプス・チャデンシスの化石には、「トゥーマイ（Toumai）」という愛称がつけられたそうですが、これは現地の言葉で「生命の希望」という意味だそうです（Roberts 2011）。

[27] ただし、罰が集団の秩序を守るために役立つとしても、個々人にとってはメリットのない罰という行動をヒトはなぜとるのか、その個体にとってのメリットは何かなど、考えないといけないことはまだまだたくさんあります。こうした罰行動の問題については、章末の補足6を見てください。

「規範」からの逸脱

多くの社会に共通してみられる特性を、先に紹介した人類学者のブラウンは、「普遍特性」とよんでいます[28]（Brown 1991）。悪いことをした者への「罰」は、こうした普遍特性の1つにあげられるほどに、実験室を超えてさまざまな現実の世界でみられることも知られています。たとえば世界中の伝統的な狩猟採集民族を調査した人類学者のボームは、集団の重大な規範から逸脱した者には、「きっぱりと、ときに絶対的な線がひかれ」、この線を超える者は、「自分の遺伝子の未来を犠牲にする」かもしれないほどの厳しい罰を覚悟する必要があることを指摘しています（Boehm 2012／邦訳 p.61）。ノーベル経済賞受賞者の政治学者オストロム（女性初のノーベル経済学賞受賞者です）は、世界各地の共有資源の多くが、その共同体のメンバーによる自発的な罰によって維持されてきたことを指摘しています（Ostrom 1990）。

しかしすぐにおわかりとは思いますが、この「見えざる手」は諸刃の剣をもっています。「悪い奴！」とみなされた者に対しては共感の仕組みが働かず、その苦しみが〝快感〟となる世界で、一体何が起こるでしょうか……。とある学生さんは、「世界中で戦争が終わらないわけが、よくわかりました……」、そんなコメントを残しています。

第4章まとめ

〈受ける人（Bさん）について〉

- ヒトも動物も、「不公平」がとても嫌い。
- ヒトは、特に意図的な不公平が嫌い。
- 不公平な提案には、「ムカッとする」。
- 不公平な相手は、犠牲を払ってでも罰したい。
- 他者の痛みや苦しみには共感する。しかし、悪い奴の苦しみは「喜び・快感」である。

〈第三者（Cさん）について〉

- 自分に利害関係がなくとも、悪い奴は、犠牲を払ってでも罰したい。
- 悪い奴の苦しみは、「喜び・快感」である。

[28] ブラウンの普遍特性のリストは膨大ですが、著名な心理学者であるピンカーが、それらを簡潔にまとめています（Pinker 2002）。

ここまでの議論をまとめると、受ける人であるBさんは、極端に低い取り分しか渡さないという意図的な不公平に強い嫌悪感や怒りを覚え、「悪い奴の苦しみは喜び」として、罰への強い欲求を感じているようです。それが、最後通牒ゲームでの〝拒否〟という行動の原動力のようです。そしてそんな強い「罰への欲求」自体は、自らが損をしたかどうかという直接の利害関係とは、必ずしも関係がなさそうです。

第4章 補足1：「利他」という言葉の使い方について

「利他罰（altruistic punishment）**」**とは、4.2節で説明したとおり、自らがコストを負ってまで、〝悪いこと〟をした者に与えようとする罰のことです。

行動生態学では、自らが損をしながら他者に利益をもたらす行動を、「**利他行動**」と定義します。「自らが損をして他者に利益をもたらす」という意味で、利他罰も利他行動の一種とされ、さまざまな分野で幅広く使われる言葉です。なお利他罰はヒト以外の動物では確認されていないので、「ヒト特有の利他的行動」とされています（鄭・高橋 2015、Jensen & Tomasello 2019）。

一方で「利他」という言葉は、一般的には、相手を助けたいという気持ちやその動機なども含むことが多いと思われます。「相手のためになるのなら、多少のコストや負担を負ってでも、やってあげたい！」という、そんな心の状態です。利他性の研究で知られる社会心理学者のバトソンは、「**利他性**（altruism）」という言葉を、「他者の福利を増すという最終目標を伴う動機付けの状態」と定義しています（Batson 2011）。簡単にいえば、自らがコストを負っているかどうかや相手に実際の利益があったかどうかではなく、「相手のために」という目標の下で「助けてあげたいという気持ちになっている状態」だと考えていいでしょう。

前者のように「自らが損をしながら他者に利益をもたらす」といった意味での利他性を「**生物学的利他性**」、後者のように、行為者の動機・関心・目的の観点からの利他性を「**心理学的利他性**」として区別をすることもあります（森元・田中 2016）。今後本書では、「利他」という言葉は、基本的には、この行為者の気持ちや動機の入った後者の意味で使いたいと思います。

第4章 補足2：「協力」という言葉の使い方について

ヒトも含めた動物の社会的な行動は、自分と他者が〝損〟（コストを負う）をするのか〝得〟（利益を得る）をするのかに応じて、一般に4つに分類されます。

自分も他者も得をするものが「**相利行動**」あるいは「**相互扶助行動**」、自分は損だけれど他者は得をするものが「**利他行動**」、自分は得だけれど他者は損なものが「**利己行動**」、自分も他者も損をするものが「**意地悪行動**」とよばれています。本書では、このいわゆる相利行動と利他行動をあわせたもの、つまり自分が損をするかしないかにかかわらず他者に得をさせる行動を、「**協力行動**」とよぶことにしています。

ただし、「利他」という言葉は、行動の目的や気持ちを含んだ言葉としてここでは扱うことを補足1で説明したので、自分には損だが他者の得になるいわゆる「利他行動」は、本書では「自己犠牲的な協力行動」ということにします。

第4章 補足3：痛みの共感について

4.3節で議論した、痛みの共感についてですが、自らの身体的な痛みで活性化する脳の領域は、痛みを「知覚する」領域（体性感覚皮質や島皮質後部等）と、その痛みを「辛いと感じる」領域（島皮質前部や帯状皮質前部等）などです。他者の身体的な痛みが活性化させる脳の領域は、この後者の「痛みの辛さを感じる」領域にあたります。これらの領域は、痛みを「どのくらい辛いと感じるか」つまり、感情的あるいは主観的に感じた痛みの感覚と関係しているとされています。

「痛みの主観的な感覚」といわれてもわかりにくいと思いますので、こんな例をみてください。主観的な痛みをつかさどる部位の一部である「帯状皮質」の一部に損傷を受けた人は、痛み自体は以前と同じように感じ、どの部分がどのくらい痛いのかを感じているにもかかわらず、損傷を受けた後では、その痛みが「辛くない」「あまり気にならない」と答えるのだそうです。

一方で、痛みの知覚をつかさどる部位の一部である「体性感覚皮質」に障害がおきた人では、痛みの刺激を与えると、「明らかに不快な感覚」があるにもかかわらず、暑いのか冷たいのか針が刺さった感じなのかといった痛みの感覚がいいあらわせないうえに、痛みを感じる場所もわからなくなってしまったそうです。どちらも不思議にも思える感覚ですが、こうした事例により、それぞれの領域の役割がわかってきたそうです（Lieberman 2013b, Linden 2016）。

第4章 補足4：罰の後の「ネガティブな感情」について

4.3節で、悪いことをした者に罰を与えると、〝甘き喜び〟を感じていることを議論しました。その後、「罰の喜び」はもう少し複雑であることが示されています。

罰を与えている人間がより高い〝満足〟を得ていたのは、その罰が単なる「偶然によって引き起こされた悪いこと」ではなく、かつ罰を受けた人間が、「自分の悪い行いのせいで罰を受けている」ことを理解しているときでした（Gollwitzer *et al.* 2011）。そのときに、罰を与えた者はより高い〝満足〟を感じ、また「罰を受けた者は自らの行いにふさわしい扱いを受けたのだ」と感じていたのです。

さらに、罰によって、罰を受けた者の行動がよい方向に変化したことがわかったときに、罰を与えた者の満足度が高いことも示されています（Funk *et al.* 2014）。罰を与えた相手が〝改心〟をして、その行動を改めたときにより高い満足感を覚えるというこの結果は、日常の感覚としてもよくわかる気がします。

一方で、罰を与える側は、罰を与える前には「悪い人に罰を与えることで、気分がよくなるだろう」と予想していながらも、実際には、罰を与えた後は悪い気分を味わっていたことも示されています（Carlsmith *et al.* 2008）。これはこれまでの研究と矛盾するようにもみえる結果ですが、その後、人は罰を与えた後は、ポジティブな感情とネガティブな感情の両方を味わっていることが示されました（Eadeh *et al.* 2017）。

こうした「罰の後のネガティブな感情」は、罰が過剰とならないようにするための抑止の仕組み、ひいては〝赦し〟につながる仕組みとも関係しているのではないかと考えられます（こうした議論に興味のある方は、『怒りを鎮める　うまく謝る』（川合　２０１７）や『進化と感情から解き明かす　社会心理学』（北村・大坪　２０１２）などをみてください）。

実際に、相手の「裏切り行動」を即座に罰してばかりいるよりも、ある程度はその裏切りを赦し〝寛容に〟行動する戦略の方が、結局は総合的な個人の利得も高くなり、また社会における人々の協力行動を促すことにもつながりうるといった結果も知られています。これらの結果は、そうした〝寛容さ〟や〝赦し〟とも関係しているのではないかと考えられます。またこうした議論は、非合理的なものの代表にも扱われてきた「感情」にも、何らかの意味での「合理性」が潜んでいる可能性を強く感じさせます（小林 forthcoming）。

第4章　補足5：第三者罰のフィールド実験について

4.4節で、コストのかかる第三者罰は、ラボ実験だけではなく、フィールド実験においてもみられることを示しました。ただしこれらのフィールド実験では、コストのかかる第三者罰は４％～20％程度しかみられず、ラボ実験と比べて大幅に低くなることには注意が必要です。

実験後の調査では、直接的な罰を行使しない理由として、相手からの報復が怖いというものがもっとも多く、おおむね60％～70％の人がそう答えていました（Balafoutas & Nikiforakis 2012, Balafoutas *et al.* 2014b）。さらにそうした報復の恐れは、罰される行為が悪い行為であるほど強く感じていることも示されました（Balafoutas *et al.* 2016）。ラボ実験においても、報復の恐れがあるときには、コストのかかる第三者罰は、50％から10％へと大きく減ることが示されています（Balafoutas *et al.* 2014a）。

ただし、膨大なフィールド調査から、ヒトの社会の罰は「段階的（graduated）」であることが指摘されています（Ostrom 1990）。実際に、初期に使われる罰はかなり些細なものであり、相手の取り分を積極的に減らしにいくような「ムチをふるう」タイプのものというよりは、相手に親切にはしないというような、「アメをあげない」タイプのものではないでしょうか。そうであるならば、悪いことをした人に注意をしに行くかどうかといったことを調べるような実験では、「罰」を必ずしも正しく測りきれていない可能性もあるのではないかとも考えています。

第4章　補足6：罰行動の問題について

第4章で議論をしてきた「罰」の問題ですが、罰が集団の秩序を守るために役立っているとしても、なぜ当該個人にとっては直接のメリットのないと思われる、「罰を与える」という行動を選択するのか、考えないといけない点はまだまだ山積みです。

たとえばフィールド調査からは、罰行動自体は一般的とはいえ、罰のコストを個人が1人で負って直接に罰を与えるという行動は、実際にはほとんどみられないという指摘があがっています（Baumard 2010, Guala 2012）。実際によくみられるのは、陰口やゴシップのような直接顔を突きあわせなくてすむものや、口頭でのからかいや注意、あるいはその人物をつきあいから外すといった、罰を行う者の負担にならないものだというのです（ただし、実際にどのような罰を行使するのかは、そのときの状況や相手との関係性などで使い分けてもいるようです（Molho *et al.* 2020））。

さらに、罰を行う人間の評価は高いとは限りません。詳細な調査で知られるウィースナーの調査によれば、頻繁に罰を与えるようなふるまいはあまり好まれず、むしろ高く評価されるのは仲裁能力だといいます（Wiessner 2005）。仲裁能力が高く評価されるというのは、実生活の実感としても深くうなずけるところでもあります。心からの尊敬を集める「**プレスティージ**（prestige：信望や名声）」の高い人は、謙虚で、攻撃性をみせないという報告もあります（Henrich 2017）。

実験においても罰を行う者への評価は高いとは限らず、信頼をされるといったプラスの結果もありますが（Jordan *et al.* 2016a）、将来のパートナーに選ばれたり高い報酬を得たりするとは限らないというマイナスの結果もあります（レビューとして Raihani & Bshary 2015a）。不公平な人に罰を与えた人（punisher）よりも、不公平な扱いを受けた側を助ける人（helper）の方が、その後より多くの分配を受けたという結果も報告されています（Raihani & Bshary 2015b）。こどもでも、悪い人を〝罰する〟人よりも、悪い人によって困っている人を助ける人の方を好むことが示されました（Lee & Warneken 2020）。フィールド実験でも、罰を与えた人が特に他者から助けてもらえるといったことはありませんでした（Balafoutas *et al.* 2014b）。

また、コストのかかる罰（利他罰）を行う人は公平にふるまう人であろうと考えられてきましたが、これもまた、必ずしもそうではないこともわかってきました（Yamagishi *et al.* 2012, Yamagishi *et al.* 2017, Hoeft & Mill 2017）。

罰は、信頼関係を損ない協力関係を阻害する恐れがあること（Fehr & Rockenbach 2003）や、モラルを損なったり（Gneezy & Rustichini 2000）、他の人は罰を恐れて協力的にふるまっているだけだと感じるようになってしまったりする可能性があること（Mulder *et al.* 2006）、さらには協力ではなくむしろ「報復」を引き起こす可能性があること（Herrmann *et al.* 2008, Li *et al.* 2018）などといった負の側面も報告されています。さらに罰は、個人としても集団としても、必ずしも将来の利得を高めるとは限らないという結果（Dreber *et al.* 2008, Rand *et al.* 2009a）や、強すぎる罰がおこす非効率性などについても議論されています（Kamei 2020）。

著名な人類学者のダンバーは、「罰は、社会を結束させるには不向きなやり方」としています（Dunbar 2011／邦訳 p.36）。私も、基本的にはその見方に賛成しています。よりよい社会を作るための「望ましい罰の仕組み」を考えるためにも、「罰」の性質を正しく知ることはとても重要です。「罰」の問題は、今まさに研究途上の分野です。

第5章

脳に刻まれた〝力〟

――裏切り者は、見つけられ、覚えられ、広められる

5.1 裏切り者を見つける力

進化の中で……

さてここまでで、分ける人であるAさんは、「目」や「評判」を気にかけ、「正しくみえる」ことに非常に敏感らしいということ、そして受ける人であるBさんは、特に意図的な不公平には強い嫌悪感や怒りを覚え、「罰したい!」という強い欲求をもつことがわかってきました。しかしなぜAさんは、「ニセモノの目」に反応してしまうほど極端なまでに、目や評判を気にかけてしまうのでしょうか。この章では、この背景を探ってみましょう。

進化心理学の先駆者であるコスミデスとトゥービーらは、私たちの脳には、進化の中で組み込まれた非常に興味深い働きがあることを主張しています。我々の脳は、裏切り者を見つける優れた力をもつというのです(Cosmides 1989, Cosmides & Tooby 1989, Cosmides & Tooby 2005)。これをみるために、まず、こんな問題を考えてみましょう。

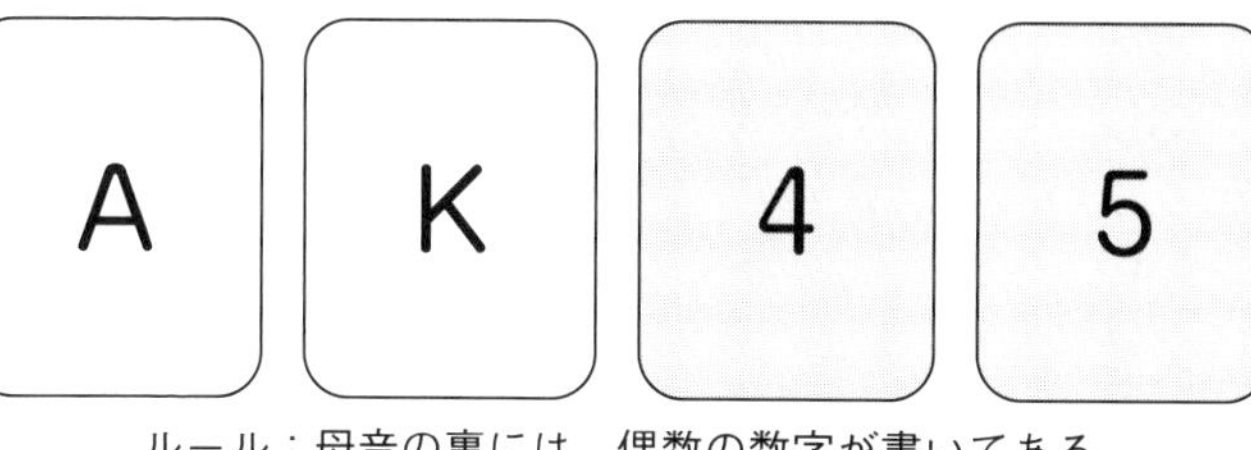

図5-1　4枚カード問題：抽象的な問題

4枚カード問題

認知心理学者ウェイソンが考案した、4枚カード問題というよく知られた問題があります。これは、「もしPならば、Qである」という形の条件付きルールに、違反している可能性のあるものを見つける問題です。

例を考えてみましょう。表にアルファベット、裏に数字が書いてある4枚のカードを、2枚を表に残りの2枚を裏にして図5-1のように並べます。

ここでのルールは、「母音の裏には、偶数の数字が書いてある」です。ルールが守られているのかどうかを確かめるために、カードをめくってその裏を確認しないといけないのはいったいどのカードか？というのが、この4枚カード問題です。もちろん余計なカードをめくることは許されず、必要最小限のカードしかその裏をみることはできません。

問題の意味はわかりましたか？　問題自体がものすごく難しいわけではありませんが、ルール自体もちょっとわかりにくいのではないでしょうか。しかしそれ以上に、答えを見つけるのは大変です。頭がごちゃごちゃとしてきて、私などは、「ええい！　たった4枚でしょう⁉　全部めくっちゃえばいいじゃない！」といいたくなります。実際にこの種の問題の正答率は10％にも満たないことも多く、過去の実験結果をみても5％からせいぜい30％程度と、あまり高いとはいえません（Cosmides *et al.* 2010）。

では答えを確認してみましょう。まず、「K」を考えます。これはもちろん子音ですが、子音の裏は偶数でも奇数でもよいので、これをめくる必要はありません。次の「4」は偶数ですから、裏が母音ならばルール通りですし、裏が子音ならばその表は偶数でも奇数でもどちらでも構いません。結局このカードの裏は、母音でも子音でもどちらでもよいことがわかるので、「4」をめくる必要もないことがわかります。

一方、「A」は母音です。母音の裏は、偶数でないとルール違反となりますから、この裏を確認する必要があることがわかります。同様に、「5」の裏が母音ならばやはりルール違反ですので、これもまた裏を確認しなければなりません。つまり答えは、「A」と「5」の2枚となることがわかります。

アルコールを飲んでいるのは……？

説明されてもなんだかごちゃごちゃで……という人はいませんか？　心配しないでください。私も

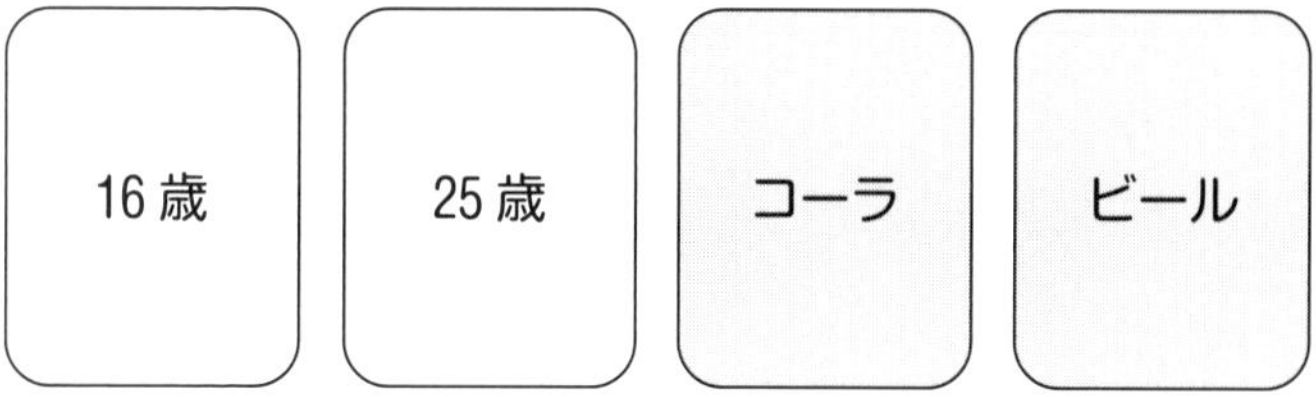

16歳	25歳	コーラ	ビール

ルール：アルコールを飲むならば、20歳以上でなければならない

図5-2　4枚カード問題：アルコールの問題

含めて、そういう人はいっぱいいます。では、もっとわかりやすくしてみましょう!!

図5-2を見てください。カードの表には年齢が、裏には飲んでいる飲み物が書いてあるとします。ここでのルールは、「アルコールを飲むならば、20歳以上でなければならない」となります。このルールが守られているのかどうかを確かめるためには、どのカードをめくればよいでしょうか?

これは、まだ20歳になっていないのにもかかわらず、アルコールを飲んでいるケシカラン人間を探せばよいのです。今度は問題が簡単に理解できるうえ、答えもすぐにわかったのではないでしょうか。「16歳」と「ビール」ですよね！　答えを確認してみましょう。

25歳は何を飲んでもいいからチェックの必要はなし！　コーラの人もチェックの必要はなし！　16歳が飲んでいるものと、ビールを飲んでいる人の年齢を確認する必要があります。そう、ですからめくるべきカードは、「16歳」と「ビール」の2枚!!　大正解です!!

裏切り者を探せ！

でも、不思議だとは思いませんか？　2つの問題は、論理的にはまったく同じです。それにもかかわらず、このバージョンでの正答率はおおむね65％～80％程度もあり、先の例とは比べ物にならないほど高くなることが広く知られています（Cosmides *et al.* 2010）。日本においても、同様の傾向が追試されています（長谷川・平石 2000）。なぜこのようなことが起こるのでしょうか？

「アルコールを飲むならば、20歳以上でなければならない」というバージョンをみてください。ここでの状況は、20歳以上の大人にしか許されていないアルコールを、ルールをごまかしてまで飲んでいるズルい奴を探すという文脈と考えられます。つまり、「社会のルールをごまかして、自分だけおいしい思いをしている奴を探せ！」という状況です。一方で、数字とアルファベットのバージョンには、そんな「ズルい奴」や「裏切り者」といったようなニュアンスは、もちろんまったくありません。

そこで4枚カード問題をさまざまなパターンで検証を行ったところ、「裏切り者を探せ！」という文脈のときに、正答率が跳ねあがるということがわかってきたのです。なおここでいう「裏切り者」とは、「利益を得ているにもかかわらず、その条件を満たしていない者」のことです。つまり、何らかの〝利益〟を得ようとするならば、そのための〝条件〟を満たしている必要があるにもかかわらず、それを満たさずに利益だけを得ている〝ズルい奴〟のことです。そうした裏切り者を探すとき、われわれはその裏切り者を見つけることが得意なのではないか、というのです。これを「**裏切り者検知**（cheater detection）」といいます。

なじみと具体性

とはいえ、すぐに納得はできません。たしかにビールとコーラの問題は、答えが簡単にわかりました。でも本当に、これはそんな「裏切り者検知」などという大袈裟な話なのでしょうか？　むしろとても単純に、文脈になじみがあるからとか、ルールが具体的だからではないのでしょうか？

では、こんな問題をみてみましょう（Cosmides 1989）。図5-3を見てください。カードの表には行き先が、裏には交通手段が書いてあります。ルールは、「東京に行くならば、電車をつかう」です（ちなみにもともとの問題は、「ボストンに行くならば、地下鉄をつかう」です）。2回行われた実験の参加者は、ハーバード大学の学部生各24名です。

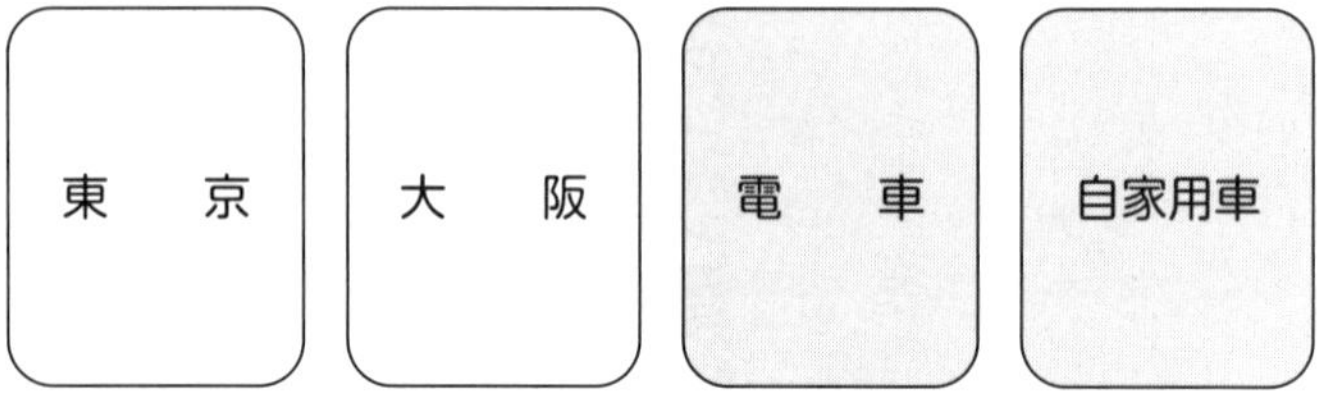

東　京　大　阪　電　車　自家用車

ルール：東京に行くならば、電車をつかう

図5-3　4枚カード問題：具体的でなじみのある問題

ここでの状況は、「東京に行くならば、電車をつかう」というルールに反したカードを探すためには、どのカードをめくればいいでしょうかという問題になります。この状況には、「裏切り者を探せ！」というニュアンスはもちろんまったくありませんが、状況もルールも、なじみのある具体的なものといっていいでしょう。

しかしこの問題では、答えを探すのは思ったほど簡単ではないと思いませんか？　ここでの問題の答えは「東京」と「自家用車」ですが、2回行われた実験の正答率はそれぞれ46％と38％にとどまり、アルコールの問題のときほどには高くなることはありませんでした。数字とアルファベットのような抽象的な問題のときよりは、たしかにその正答率はあがったとはいえ、思ったほどの大きな改善はみられなかったのです。ルールを具体的にしたり、状況をなじみのあるものにしたりするだけでは、どうやらだめらしいのです。

裏切り者検知？　具体性？

では、次の問題はどうでしょうか？

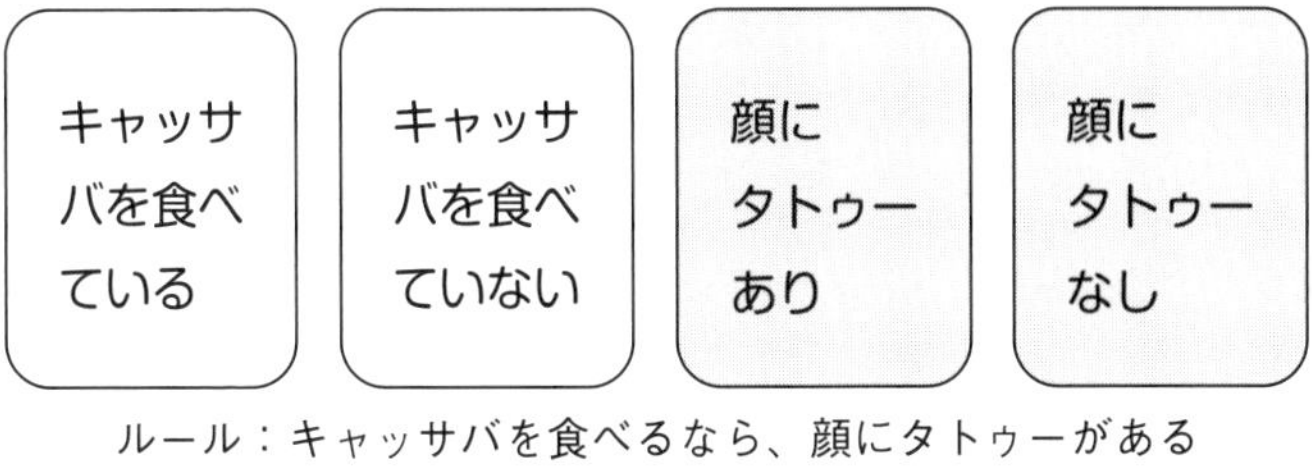

キャッサバを食べている	キャッサバを食べていない	顔にタトゥーあり	顔にタトゥーなし

ルール：キャッサバを食べるなら、顔にタトゥーがある

図5-4　４枚カード問題：具体的だがなじみのない問題

キャッサバという植物は収穫できる地域が限定され、キャッサバができる地域に住んでいる人は、顔にタトゥーをいれる習慣があると説明されます。商品の流通という仕組みがないために、キャッサバがとれる地域の人しかこれを食べることができないため、キャッサバを食べる地域の人の顔にはタトゥーがあることになります。つまりここでのルールは、「キャッサバを食べるなら、顔にタトゥーがある」となります[1]。

図5-4を見てください。４枚のカードの表にはキャッサバを食べているかどうか、裏には顔にタトゥーがあるかどうかが書かれています。このルールに反したカードを見つけるためには、どのカードをめくればよいでしょうか？

キャッサバなどどんなものかよくわからないという人も多いでしょうし、タトゥーをいれるという習慣も、決してなじみのあるものではありません。つまりこれは、具体的ではあるけれども、あまりなじみ

[1]　キャッサバとは、熱帯や亜熱帯地方で栽培される植物で、一時期ブームともなったタピオカの原料でもあるようです。

のないルールです。

この問題は、状況がわからないわけではないとはいえ、なんとなくごちゃごちゃっとしてきて、答えはすぐにはわからないと感じないでしょうか。答えは「キャッサバを食べている」と「顔にタトゥーなし」ですが、実際にこの種の問題の正答率はわずか20％程度にとどまり、あまり高くはありませんでした（Cosmides & Tooby 1989）。

裏切り者検知

しかしここで、状況の説明だけを少し変えてみましょう。キャッサバはとてもおいしくて栄養価もあり、誰もがみんなぜひとも食べたいと思っている、とてもとても魅力的な食べ物だと説明されます。しかしそれほどまでに魅力的な食べ物なのに、残念ながらめったに見つけられない非常に貴重なものなので、部族への忠誠の証しである顔にタトゥーをいれた人しか決して食べることが許されていない、それほど大切なものなのだといわれるのです。

カードもルールも変わっていませんし、キャッサバという食べ物自体や忠誠の証しに顔にタトゥーをいれるという習慣を、どちらもよく知らないという点も変わりません。なじみのある状況やルールでないことは、以前と同じです。

しかしそれにもかかわらず、状況の説明を少し変えただけのこのバージョンでは、その正答率は一気に跳ねあがり、なんと70%を超えていました。実際に、なぜか今度は答えがあっという間にわかったという方も多いのではないでしょうか。誰もが食べたいおいしくて貴重なキャッサバを、許されてもいないのに勝手に食べているズルい奴、つまり「裏切り者」を探せばよいのです。答えはもちろん先と同じで、「キャッサバを食べている」と「顔にタトゥーなし」です。

最初の問題では、ある地域にだけできる作物をその地域の人が食べているという状況の記述でしかないので、特に「裏切り者を探せ！」というニュアンスはありませんでした。ところがその同じ問題を、カードもルールも同じままで、「裏切り者を探せ！」という状況にその説明を変えてやるだけで、その正答率が一気に3倍以上に跳ねあがったのです！

さあこれまでに、いくつかのバージョンでの4枚カード問題をみてきました。たとえその状況やルールになじみがなかったとしても、「裏切り者を探せ！」という文脈になったとたんに、突然その状況がすっきりとみえてきて、〝ズルい奴〟をぴたりと探し当てられるようになる、その感覚に驚きを感じないでしょうか。

うっかりの失敗

さてここまでで、ヒトは「裏切り者」を探すことが得意であるらしいことがみえてきました。さらにこうしたごまかしは、うっかりミスのものよりも、意図的なものの方をより見つけやすいようです

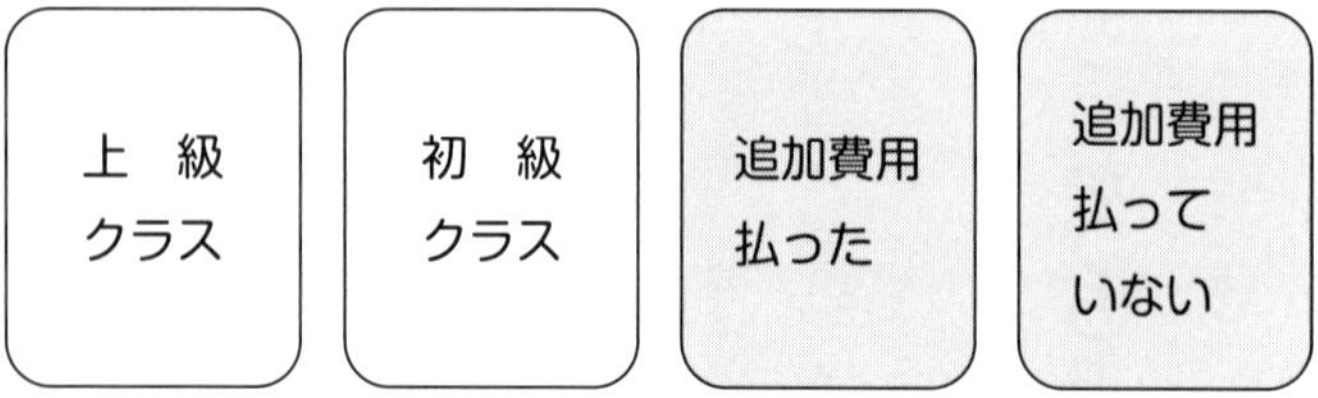

上 級
クラス

初 級
クラス

追加費用
払った

追加費用
払って
いない

ルール：上級クラスに登録するならば、追加費用を払う

図5-5　4枚カード問題：スイミングと追加費用の問題

（Fiddick 2004）。ここでの実験参加者は、ハーバード大学人類学専攻の学部生89名です。

今度の問題は、こどものスイミングのクラスの登録についてです。もしこどもを上級クラスに登録するのであれば、そのクラスは時間が長いので、50ドルの追加費用を払わなければならない状況であるとします。つまりここでのルールは、「上級クラスに登録するならば、追加費用を払う」です。図5-5を見てください。カードの表にはこどもが登録されたクラスが、裏には追加費用を払ったかどうかが書かれています。

ここでは、こどものおばあさんがクラスの登録をするといわれます。しかしおばあさんはアルツハイマーという病気を患っているので、お金をごまかそうという意図はまったくないのですが、うっかりとお金を払わないまま、こどもを間違ったクラスにいれてしまうことがあると説明されます。

答えはわかりましたか？　なんとなく状況がもやもやっとして、みえにくい感じがしないでしょうか。実際にこのときの正答率もあまり高くはなく、45％ほどでした。正解は、「上級クラス」と「追加費用を払っていない」です。

ここでのおばあさんは、病気のせいでうっかりと間違えて、お金を払わないままこどもを間違ったクラスに登録してしまうことがあるケースです。つまり、意図のない「うっかりミス」のケースです。ところがこの同じ問題の状況設定を少し変えてみると、結果はガラッと変わったのです。

意図的な裏切りは、見逃さない！

今度は、こどものお父さんがその登録の手続きをするといわれます。ただしこのお父さんは、お金をごまかしてでも節約したいと思っていると説明されます。つまりこのお父さんは、追加の50ドルをできるだけ払いたくないので、払わなければいけないことはわかっていながら、「わざと」ごまかしてこどもを上級クラスにいれようとしている状況だと説明されるのです。これはまさに、意図的に社会のルールを破って、自分だけおいしい思いをしようとする行為です。

すると、「なんだこいつ！　ズルしようとしやがって!!」という少し腹立たしい気持ちとともに、答えはおどろくほど簡単にわかったのではないでしょうか。答えはもちろん先と同じ、「上級クラス」と「追加費用を払っていない」です。実際にこの問題の正答率は非常に高く、80％を超えていました。すぐにおわかりのとおり、この問題は、「意図的な裏切り者を探せ！」という状況です。もちろん先のうっかりミスのケースと、カードもルールもまったく同じです。それにもかかわらず、その正答率は、なんと倍近くへと一気に跳ねあがったのです。たしかにこちらのバージョンでは、ズルをしようとしているお父さんの状況がくっきりと浮かびあがり、答えがたちどころにみえてきたのではないでしょうか。またこうした結果からも、単なる「具体性」や「なじみ」だけの問題ではないことがわかります。どうやらヒトは、「意図的な裏切り」に非常に敏感なようです。

予防措置問題

さてここまでで、ヒトは「意図的な裏切り」に非常に敏感らしいということがわかってきました。4.1節でも、ヒトは「単なる不公平」ではなく、「意図的な不公平」により敏感であることが示されていました。「なるほど！　たしかにヒトは意図的なごまかしには敏感なのだ！」と結論付けたくなるところですが、面白いことに、必ずしもそうでもないようなのです。

正答率が高くなるほかのパターンとして、「予防措置問題」というものが知られています。これは

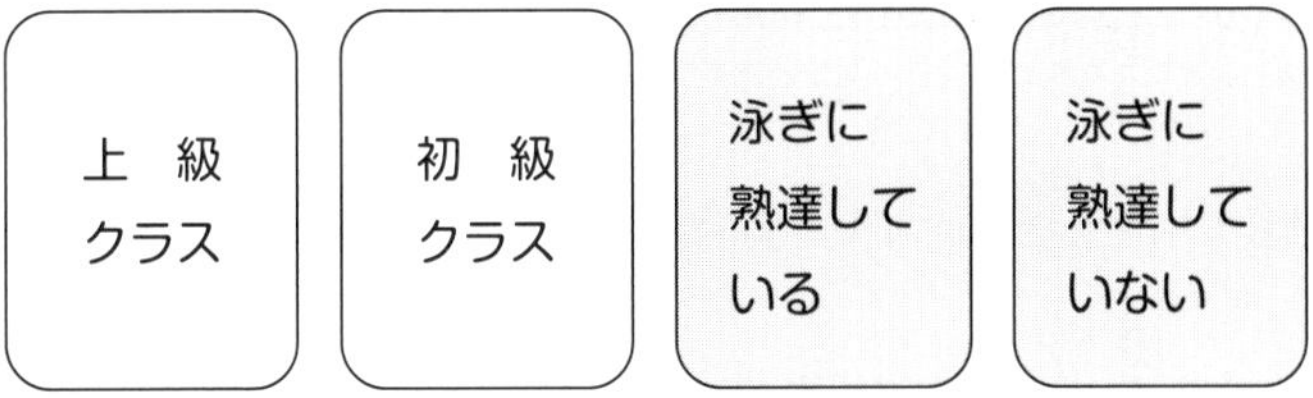

上　級
クラス

初　級
クラス

泳ぎに
熟達して
いる

泳ぎに
熟達して
いない

ルール：上級クラスに登録するならば、泳ぎに熟達していなければならない

図5-6　４枚カード問題：クラス分けと泳ぎの熟達さの問題

たとえば、「高いところに行くならば、ヘルメットをしなければならない」、あるいは「毒物に触るならば、手袋をしないといけない」などの、「危険な活動を行うならば、身を守るための予防的な措置をとらなければいけない」といったルールのことです。ところがこの予防措置問題では、意図的なものもうっかりのものも、どちらも同程度に高い率でそのごまかしを見つけていたのです。

具体的な例をみてみましょう。やはりこどものスイミングのクラスの登録の問題です（Fiddick 2004）。図５‐６を見てください。今回のケースでは、泳ぎに慣れていない初心者が上級クラスにはいってしまうと、疲れすぎてしまうなどの理由で危険なので、泳ぎに熟達したこどもしかそのクラスには登録できないと説明されます。つまりここでのルールは、「上級クラスに登録するならば、泳ぎに熟達していなければならない」となります。

これは、「上級クラスにいく」という危険な活動に従事するならば、危険なことが起きないようにあらかじめ泳ぎに熟達していなければならないというルールですから、まさに「予防措置問題」の形をとっています。

うっかりの失敗と意図的なズル

この予防措置の状況で、意図のあるバージョンとないバージョンを考えてみましょう。意図のないうっかりミスのバージョンでは、やはりおばあさんはアルツハイマーを患っているので、うっかりと間違って登録をする可能性があると説明されます。意図のあるバージョンでは、今度のお父さんは多分少し張り切りタイプで、こどもがまだ初心者であっても、無理をしてでも上級クラスにいれたいと考えていると説明をされます。

両者ともに、先の「意図的な裏切り者を探せ!」のバージョンと、形式もルールも非常によく似ています。しかし驚いたことにこのバージョンでは、結果は先のものとはまったく異なるものとなりました。

今回の予防措置問題の状況でも、お父さんによる意図的なズルの場合の正答率は80%強もあり、先と同様に非常に高くなりました。しかし、おばあさんによるうっかりミスのケースでの正答率も79%あまりもあり、両者ともに80%前後という、そろってとても高い数値となったのです。たしかにこの状況では、どちらの状況であっても、「まあ大変! 大丈夫かしら⁉」という少し心配な気持ちとともに、すぐに答えが見つけられたのではないでしょうか。答えはもちろん、「上級クラス」と「泳ぎに熟達していない」です。

集団のルールを破り自分だけズルをしようとする者を、フリーライダーとよびました。しかし意図のないうっかりミスは、必ずしもフリーライダーとはいえません。仮にこれを見逃してしまったとしても、意図的な裏切り者を見逃すことに比べれば、大きな問題につながる可能性はずっと低いといえそうです。うっかりのミスをいちいち互いに指摘しあって、お互いにギスギスする可能性を考えれば、むしろいちいち気がつかないほうがよいとすらいえるかもしれません。

それに対して「意図的な裏切り者」は、典型的なフリーライダーです。これこそまさに、決して見逃してはならない「裏切り者」です。また一方で、「上級クラスにいるのに初心者である」といった危険な状況は、それがうっかりであろうと意図的であろうと、関係はありません。どちらであろうと、見逃すこと自体がとても危険です。論理的にはまったく同じ問題であるはずのこの両者を、なんと脳は、まったく〝無意識に〟区別しているらしいというのです。脳のもつ力の不思議さを感じます[2]。

[2] 厳密には、区別というよりは、脳にとっては〝まったく別のもの〟として扱われているようです。たとえば「裏切り者検知」と「予防措置問題」では、それぞれの問題を解いているときに反応する脳の部位が異なることがわかっています（Fiddick *et al.* 2005）。実際に脳の一部に損傷のある人にこれらの問題を解いてもらったところ、一方はできてももう一方はできないという結果が得られています（Stone *et al.* 2002）。さらに裏切り者検知の文脈は〝怒り〟の感情と関連しているのに対し、予防措置問題は〝恐怖〟の感情と関連していることも示されています（Fiddick 2004）。こうした結果から、脳にとって、両者はまったく別のものとして扱われていると考えられています。

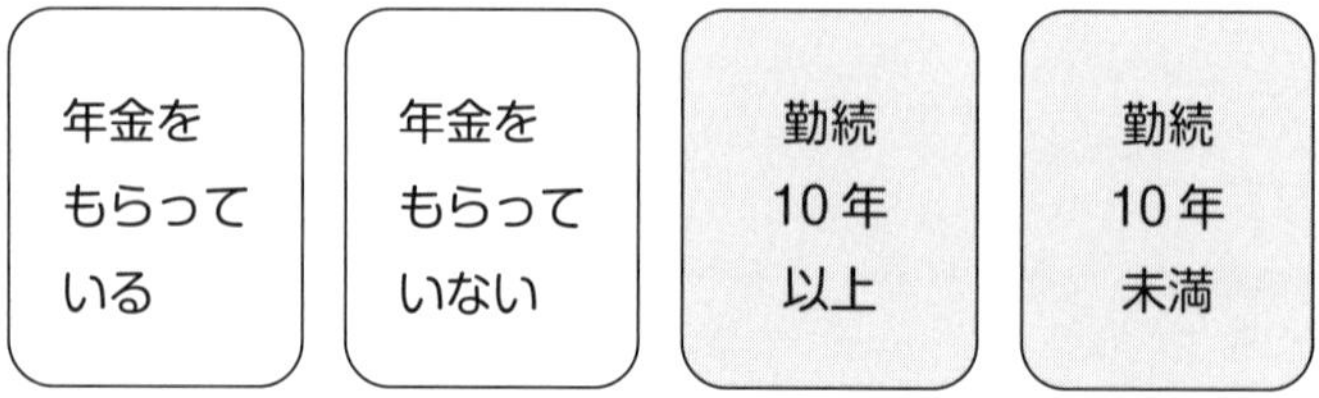

年金を
もらって
いる

年金を
もらって
いない

勤続
10年
以上

勤続
10年
未満

ルール：企業からの年金をもらう資格を得るには、その企業で10年以上働かなければならない

図5-7　4枚カード問題：年金受給資格の問題

自分にとってズルい裏切り

裏切り者検知の力の意味をさらに深く考えるために、最後にこんな実験をみてみましょう（Gigerenzer & Hug 1995）。実験参加者は、ドイツのコンスタンツ大学の、19歳から35歳の93名の学生です。

あなたは小さな企業のオーナーで、4人の従業員を雇っていました。企業からの年金をもらう資格を得るには、その企業で10年以上働かないといけないというルールがあるとします。つまりここでのルールは「企業からの年金をもらう資格を得るには、その企業で10年以上働かなければならない」です。

図5-7を見てください。目の前に、それぞれの従業員が働いた年数と、年金をもらっているかどうかが記録されたカードがあります。年金は、企業にとってはもちろんコストです。さあルールに反したズルい人を探すには、どのカードをめくればいいでしょうか？

さて、みなさんはどのカードを選んだでしょうか？　企業からの年金をもらう資格は、「その企業で10年以上働くこと」です。この条件を満たしていないにもかかわらず年金をもらっている、そんなズルい人がいないかどうかを確認するために、「10年未満」のカードと「年金をもらっている」を選んだ人が多かったのではないでしょうか。

ではこの同じ問題を、今度のあなたは、「労働組合の代表」という立場で考えてくださいといわれたとします。つまりあなたは、この企業で働く労働者の権利を守るという、重要な仕事を任されている責任者です。あなたが責任をもって守るべきかつての仲間の働き方と、年金をもらっているかどうかが書かれたカードが目の前に置いてあります。さあ今度は、どのカードをめくりたくなったでしょうか？

驚いたことに今回は、「10年以上」と「年金をもらっていない」を選ぶ人が多くなりました。ところがすぐにおわかりのとおりこの2枚は、先のバージョンでよく選ばれたカードとはまったく逆です。同じカードに同じルールであるにもかかわらず、立場をちょっと変えただけで、調べたくなるカードがまったく逆になってしまったというのです！　これは、どういうことでしょうか？

最初の問題のように「企業のオーナー」の立場に立つと、「10年間働いていないのに、年金をもらっていること」が裏切り行為です。本来の資格がないのに年金をもらっているという〝ズルい人〟がいないかどうかを探すために、「10年未満」と「年金をもらっている」を確認したくなった人が多くなったのだろうと思われます。

一方で働く者の立場にたてば、「10年以上働いているのに、年金がもらえていないこと」が裏切り行為です。定められた期間をきちんと働き、年金の受給資格があるにもかかわらず、その年金がもらえないなどという困ったことになっている人がいないかどうかを確認するために、「10年以上」と「年金をもらっていない」を選びたくなったのではないかと考えられます。

ここでは、立場によって〝ズルい！〟とみなせる行動が違います。それぞれの立場からの相手の裏切り行為、つまり「自分にとってのズルい行為」を探そうとした結果、調べるカードがまったく逆になってしまったのではないかと考えられています。

社会的立場と裏切り

さらに、自分よりも社会的な地位の低い者、つまり「目下」の人間による裏切りは、自分より社会的地位の高い者、つまり「目上」の人間による裏切りよりも見つけることが得意であるらしいことも示されています（Cummins 1999）。実験の参加者は、カルフォルニア州立大学サクラメント校とカルフォルニア大学デイヴィス校の、１６０人の学生です。

ここでは、学生寮の決まりを破ったかどうかを確認する状況を考えます。学生寮の学生リーダーという「目上」の立場の人間として、入寮者である「目下」の立場にある学生がその決まりを守ったかどうかを確認する問題としてみる場合と、その逆に、「目下」の立場の入寮者である学生が、「目上」の立場である学生リーダーが決まりを守ったかどうかを確認する場合という、社会的な立場を変えた場合での実験が行われました。

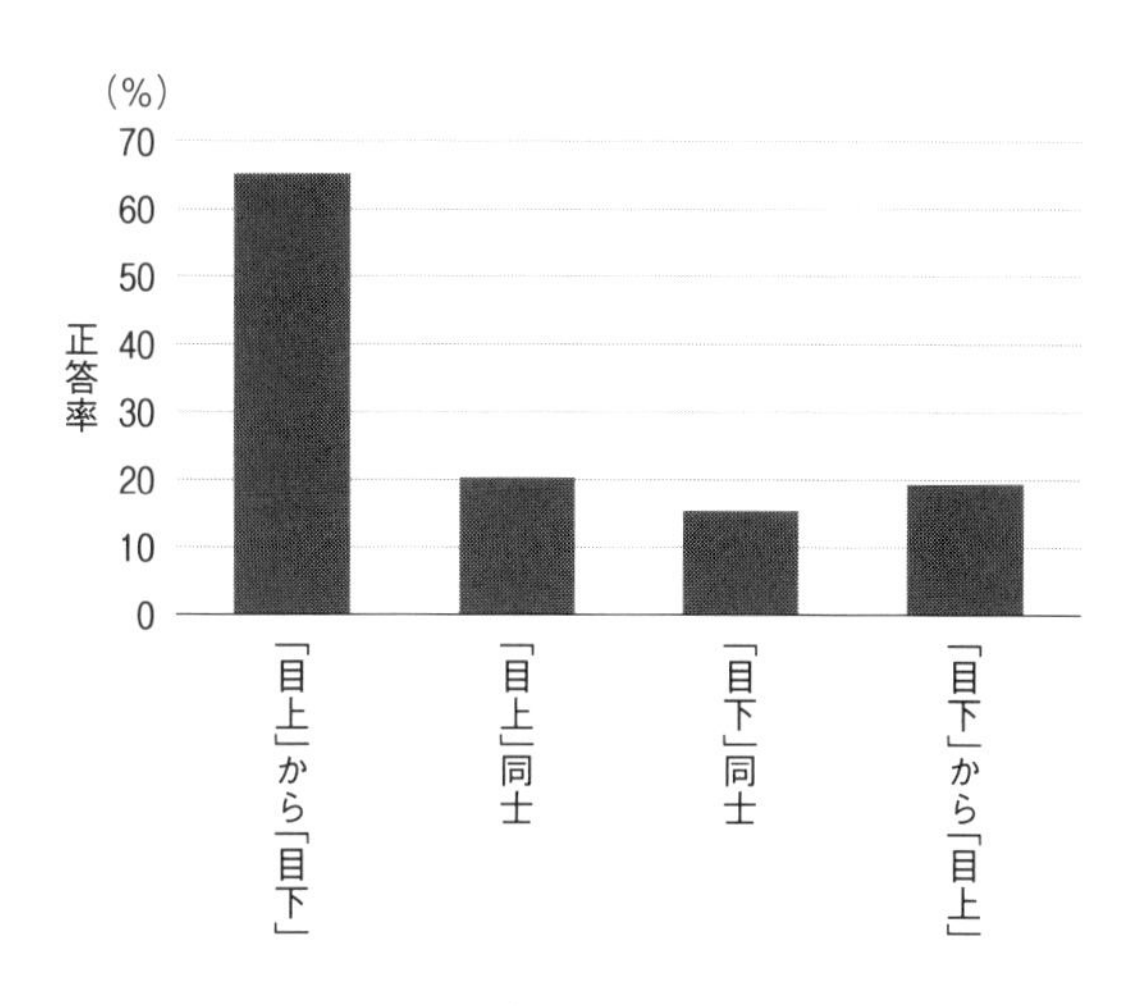

図5-8　立場ごとの正答率
出典：Cummins 1999, fig.1を元に作成。

図5-8を見てください。目上の者同士や目下の者同士など同じ立場の者同士、あるいは目下の者が目上の者の裏切りを見つけるときには、その正答率は15%〜20%程度と、あまり高くはありませんでした。しかし「目上」の者が「目下」の者の裏切りを見つけるときには、その結果は一気に引きあがり、65%となりました。グラフからもわかるとおり、それはそうでないときとくらべて、なんと3倍以上もの高い値でした。

地位の高い者の裏切りを見つけてしまっても、指摘をすることすら簡単ではないでしょうし、むしろこちらが目を付けられるだけかもしれません。しかし、目下の者の裏切りを見逃すことは、自分の地位を揺るがしかねない大問題ということでしょうか。

相対的な社会的地位の違いが裏切り者の見つ

けやすさに違いを生むというこの結果は、非常に興味深いものがあります。仮説でしかありませんが、先の年金の問題での結果とあわせると、「自分にとって都合の悪い裏切りにヒトは敏感だ！」ということなのかもしれないと私自身は考えています。

裏切り者を探せ！：進化の中で組み込まれた力

さあここまでで、さまざまなバージョンの4枚カード問題をみてきました。ほんの少し状況が変わっただけで、その状況の見通しのつけやすさがこれほどまでに変わるその感覚に、素直に驚きを感じないでしょうか。

こうした傾向は、多くの文化でみられることもわかっています。たとえばアマゾンの奥地に住むシウィアル族は、西洋式の教育を受けたこともなく読み書きもできないそうですが、その正答率は80%を超えていました。これは、同様の問題を与えられたときの、ハーバード大学の学生の正答率よりも1%ほど高かったそうです（Sugiyama *et al.* 2002）。また同様の傾向は3～4歳になるころにはすでにみられ、経験や慣れともあまり関係しないらしいことも示されています（Cummins 1999, Harris *et al.* 2001）。

こうしたさまざまな結果から、ずるを見つけごまかしを見破る能力は、「裏切り者」から身を守るために、進化の中でヒトの脳に組み込まれた能力なのではないかとコスミデスらは主張するようになったのです（Cosmides & Tooby 2005）。

さらにその後コスミデスらは、偶然であったり、裏切り者に利益がなかったり、状況がそもそも裏切りを難しくするときには、裏切り者を見つけることはあまり得意ではないことを示しました（Cosmides *et al.* 2010）。いいかえれば、単に裏切り者を見つけるというだけではなく、そもそも「裏切りが可能」な状況で、その裏切りが「意図的」で、かつ「裏切り者にとって利益のある裏切り」ほど、その裏切りを見つけやすいことが示されています[3]。自らの利益の確保を目的とした「意図的な裏切り」に対する敏感な感覚をもつ一方で、裏切りが「絶対に不可能」だと感じていると、その感覚は薄れるようです。

ちなみに、アルファベットと数字だけのような抽象的な問題では、その正答率が今までで一番高か

---

[3] なお独裁者ゲームにおいて、Aさんに対して、「Bさんにこれだけ分配してほしい」という〝要求の声〟があるときの実験が行われています（Yamamori *et al.* 2008, Yamamori *et al.* 2010）。
　ここでは、Bさん自身から「私にこれだけ分配してほしい」と要求されるときと、何の利害関係もない第三者であるCさんから、「Bさんにこれだけ分配してほしい」と要求されるときでは、Aさんのふるまいが異なることが示されました。たとえその要求された金額自体は同じであっても、当事者であるBさんからの要求には、第三者であるCさんからの要求よりも、より〝厳しい態度〟がとられたのです。〝要求〟という行動を「裏切り」とよぶのは強すぎるにせよ、「自らに利益のある裏切りにヒトはより敏感だ」ということでの結果と関係があるのかもしれません。

ったのは、受験が終わったばかりの東京大学の1年生だったそうです（佐倉 1997）。一般的な正答率の5％〜30％と比べて、40％という数値はかなり優秀かと思いますが、その東大生でも、「裏切り者を探せ！」の形式の方がやはり正答率はずっと高かったようです（なお、4枚カード問題についての補足が章末にあります（補足1））。

5.2 裏切り者を覚え伝える力

裏切り者は忘れない

さてここまでで、ヒトには「裏切り者を見つける力」が組み込まれているらしいということがみえてきました。さらにヒトは、「裏切り者は忘れない」、そんな力ももちあわせているようです。

裏切り者の記憶についての研究は、ミーリーらによるものが最初です（Mealey *et al.* 1996）。裏切り者であると説明された人の顔を、時間がたった後でもよく覚えていたとされました。同様の結果は、日本人を対象とした実験でも報告されています（Oda 1997）。しかし、ミーリーらのこの研究は再現ができないことや、またそもそも単に「顔を見たことがあるかどうか」を覚えているだけだとすれば、その人が裏切り者なのか信頼できる人なのかどちらなのかわからないので、意味がないなどの批判がされました（Barclay & Lalumière 2006, Mehl & Buchner 2008）。

そんな中で、単に「顔を見たことがある」と覚えているのではなく、協力的な人のことを覚えているよりも裏切り者のことを覚えている方がより重要と考え、そうした裏切り者の顔を協力的な人の顔より長く見ていること、そして実際に裏切り者とその裏切りに関する情報をよりよく覚えていることなどを示す研究が出されました（Chiappe *et al.* 2004）。

その後も単なる顔の記憶ではなく、どのような人物であるかというソース記憶といわれるものが、裏切り者の場合よく記憶されやすいことが報告されました（Buchner *et al.* 2009, Bell & Buchner 2009）。ある人の悪い噂に関する情報は、その人の中立的な情報や社会的背景のない話よりも、より よく記憶されていたという報告もあります（Alicart *et al.* 2020）。自分の利益のみを考えて行動した人のことを覚えていて、その人には信頼を示さないという結果もあります（Oda & Nakajima 2010）。協力をしなかった人の顔を協力した人の顔と比べて無意識のうちによく見るという「注意バイアス（attention bias）」があること（Vanneste *et al.* 2007）や、強制的に両方の目に違う写真を見せると、悪い噂のある人の顔写真をより長く見るという結果も報告されています（Anderson *et al.* 2011）。

また、自分にとって損な裏切りほどその人物の顔をよく覚えていること（Bell *et al.* 2014）や、こどもでも、いじわるな子の顔を親切な子の顔よりもよく覚えていることなども示されています（Kinzler & Shutts 2008）。考えてみれば、映画でもドラマでも、〝悪役〟という存在はときに主人公を超えるインパクトがあります。それはこうした傾向とも関係しているのかもしれません。

このように、誰が裏切ったのか、どのような裏切りだったのかをよりよく覚えておく力もまた、裏切り者から身を守るために脳に組み込まれた力なのではないかと考えられています。

ちなみに、裏切り者だけでなく、社会的地位の高い人のこともよく覚えていることを示す結果もあります（Ratcliff *et al.* 2011）。裏切り者と社会的地位の高い人、つまり関わってしまったら困る人物と目をつけられては困る人物とをよく覚えているというのです。用心しながらつきあわなければならない人間こそを無意識のうちによく覚えておくというこの結果には、生きていくことは大変だなあと、ふとそんなことを思わされたりもします。

ゴシップ：誰かの悪しき行いの噂話

裏切り者はすぐに見つけられるうえに、いつまでも忘れてもらえないようです。さらにそんな裏切り行為は、すぐに「ゴシップ」の格好のネタになるようです……。

著名な人類学者であるダンバーの調査によれば、ヒトの会話の3分の2ほどが社会的な話題、つまり「ゴシップ」だそうです[4]（Dunbar 2004）。ゴシップの研究をした心理学者のエムラーも、同様の結果を報告しています（Emler 1994）。

ゴシップをするのはヒトだけといわれますが、ヒトの社会の普遍特性の1つにあげられるほどに、多くの社会で一般的にみられることも知られています（Brown 1991）。また人間関係に関する「社会的な話題」は、そうでない話題に比べて、より正確にかつ大量に記憶されやすいことも示されています（Mesoudi *et al.* 2006, Redhead & Dunbar 2013）。ヒトは、社会的な情報を、そうでない情報よりも優先しているようです（Dunbar 2014）。

またゴシップの中身ですが、30年以上にわたりボツワナ北西部のジュホアンシ族の調査を行ってきたウィースナーの調査によると、会話の約60％と、その大半が仲間の誰かに対する批判を含んだネガティブなものでした。ほめる会話は、わずか7％だったそうです（Wiessner 2005）。先にも紹介した著名な人類学者のボームも、ゴシップは「逸脱行動の疑われるものにネガティブな意味で集中している」ことを指摘しています[5]（Boehm 2012／邦訳 p.300）。

[4] 学問におけるゴシップは、「よいことも悪いことも含んだ、その場にいない第三者に関する話題」と定義されることがもっとも一般的です（Foster 2004）。つまりその場にいない人についての、あれやこれやのお話です。

著名な社会心理学者のハイトの調査でも、ゴシップは「圧倒的に批判的であり、他者の道徳的、社会的な違反に関するものが主である」と報告されました。他者のよい行いについて語られたのは、道徳的違反に関する話の10分の1程度だったそうです（Haidt 2006／邦訳 p.84）。さらにこどもでも、同級生の行動についての報告は、圧倒的にその悪い行動についての報告、つまり〝告げ口〟でした（Ingram & Bering 2010）（なおこのときの〝告げ口〟の内容は、おおむね正確だったようです）。ヒトは膨大な時間を、ゴシップ、いわば「誰かの悪しき行いの噂話」に興じているのでしょうか[6]。

認知神経科学の父といわれるガザニガは、誰もが大好きなとっておきの噂話とは、浮気の話など「道徳に背いた者の話」と指摘しています（Gazzaniga 2008）。興味深いことに、知られている範囲でもっとも古いゴシップとは、メソポタミアの力ある男性が、既婚女性と浮気をしたというもののようです（Wilkes 2002）。この記録はなんと紀元前１５００年頃のもので、楔形文字で書かれたタブレット（tablet：粘土板）に残されていたそうです。

また有名人のネガティブなゴシップを聞くと、脳の報酬系（線条体）が反応したという報告もあります（Peng *et al.* 2015）。近年、同様の結果も報告されています（Alicart *et al.* 2020）。おいしいものを食べたときに反応する部位が、報酬系でした。英語では、面白いゴシップを〝juicy〟（ジューシー：滴るほどおいしい！）と表現するのは、これと関係しているのかもしれません。

[5] なお、〝嫌悪〟をもよおす話ほど誰かにその話を伝えたいと思うようになること（Heath *et al.* 2001）や、フェイクニュースほど早く広がる（Vosoughi *et al.* 2018）といった報告もされています。

さらに、〝脅威〟に関係する話題は、仮にそれがかなり起こりそうにないことであってすら、そうでないネガティブな情報よりも早く伝えられること、またヒトはそれに関係した情報を知りたがることが示されています（Blaine & Boyer 2018）。それは噂の多くが、〝潜在的な危険〟であることと関係しているのではないかとしています。

[6] ただし、ネガティブな話題は少なかったという報告もあります（Dunbar 1996）。また、1つの集団内でのゴシップの変遷を調べた研究では、その集団に〝問題〟が生じたときには、その問題の原因となる人物に関する「批判的なゴシップ」が圧倒的に多くなったことが報告されました（Kniffin & Wilson 2005）。ただし同時に、その人物以外の人物をほめる「肯定的なゴシップ」も聞かれるようになり、さらにその問題が解決したときには、両者が急激に減ったことも報告されました。ゴシップは、悪い者を攻撃する機能だけではなく、「私たち、頑張っているよね！」といった、〝よき者を励ます〟という機能もあるのではないかとしています。

また、昼間の会話と夜の会話では、会話の中身が違うことを示したデータもあります（Wiessner 2014）。ウィースナーの調査によれば、昼間の会話はより機能的で、夜の会話は物語が多くより社会的でした。「ゴシップ」や「批判的なゴシップ」をどう定義するのか、データをどこでどのように集めてくるのかなど次第で、こういった数字は大きく変わりうるのは難しいところです。

ゴシップ：お巡りさんと学校の先生

人類学者のボームは、「（ゴシップを通じて）情報を集めることで社会的な逸脱者が特定され、人々は団結してその逸脱者に対処できるようになる」ことを指摘しました（Boehm 2012／邦訳 p.297）。ゴシップのおかげで、「誰が悪い人なのか」ということを、〝みんな〟で共有することができるようになること、またそのおかげで、〝悪い人〟に対して個人で立ち向かわずに集団で立ち向かうことができるようになるというのです。実際にウィースナーの調査でも、噂話は、〝問題〟が起きて集団で行動をとる必要がありそうなときに、集中的に起こることが報告されています。

また先にも紹介したハイトは、ほとんど誰もがゴシップをするにもかかわらず、ゴシップ自体にもゴシップをするに人も、大半の人が悪いイメージをもっていることも示しました（Haidt 2006）。こどもでも、ネガティブなゴシップをする人はあまり好まれないようだということが示されています（Shinohara *et al.* 2020）。

そのうえでハイトは、ゴシップの大半が「パートナーとしての他者の価値に関するもの」であることを指摘しました。つまり「誰かの悪しき行いの噂話」とは、「誰がパートナーとして信頼できない人間なのか」を伝える役割を果たしているというのです。先に紹介したエムラーも、ゴシップは、自分や他人の評判を知っておくなどの「評判の管理」が目的であると指摘しています（Emler 1994）。そしてゴシップの中で作りあげられる評判は、そのネタとなりうる好ましくない行動を思いとどまらせるための、社会の重要な仕組みとして機能していることをハイトは指摘したのです。

ハイトはこれを、「ゴシップは警官であり教師」と表現しています。つまりゴシップは、評判を通じて、〝悪い人〟を取り締まる「警官」であり、〝悪しき行いとは何か〟を人々に教えてくれる「教師」の役割を果たしているというのです。

実際に、「評判」は協力的な行動を促すことが示されています（Milinski *et al.* 2002）。ヒトは「他者の目」を極端なまでに気にかけることは3.2節で、「自らのよい評判」には、脳の報酬系が反応して〝喜び〟を感じ、また集団からの孤立には〝痛み〟を感じることは、3.3節で示したとおりです。実験においても、ゴシップは、今後誰とつきあうのかという意思決定に影響し、悪いゴシップのある人とはつきあいを控えることも示されました（Feinberg *et al.* 2014）。ゴシップをされる可能性があると、AさんがBさんに渡す金額を増やしたり（Samahita 2017）、協力的な行動を促したりする（Fehr & Sutter 2019）ことも示されています。

ゴシップの力

さらにハイトは、「高品質な『おいしい』ゴシップ（＝誰かの悪しき行いの噂話）」を伝えたとき、「人は自分がより力があるように感じ、何が正しく何が間違っているのかについてより高い共有感をもち、ゴシップを伝えあった相手とより親密につながっているように感じる」としています[7]（Haidt 2006／邦訳 p.84）。またゴシップは必ずしも正確でなくともよいこと（Fonseca & Peters 2018）や、ゴシップのもととなる正確な情報がわかるときですら多くの人がゴシップの影響を受けること、そしてゴシップの発信者の評判は特に影響力はなく、情報の信憑性についてはどうやらあまり気にされないことなども実験によって示されています（Sommerfeld *et al.* 2007）。どれも心当たりがあるだけに、ちょっと恐ろしさすら感じられる結果です。

結局のところ、「やらかしてしまった人」の情報は、あっという間にその集団でのネタとなり、〝みんな〟が知ることになるというのです。その力をもつものが、「ゴシップ」です[8]。

[7] ゴシップをすると、「**オキシトシン**（oxytocin）」というホルモンが増える可能性も示されました（Brondino *et al.* 2017）。オキシトシンとは、「**信頼ホルモン**」などともよばれ、他者に対する〝信頼〟〝愛情〟〝つながり〟といったものと関係しているといわれています（Zak 2012）。中立的な会話や、感情をよびおこすけれどもゴシップではない会話ではオキシトシンの増加という効果はみられず、オキシトシンが増加したのはゴシップのときのみでした。

一方でストレスと関係しているといわれている「**コルチゾール**（cortisol）」というホルモンは、上記の3種類の会話のすべてで、同じように減っていました。つまり、〝ストレスの発散〟のためには、「会話」それ自体が役に立つようだけれども、〝他者とのつながり〟を感じられるのは、この3種類の会話のなかではゴシップのみであるという可能性が示されたのです。ゴシップには、「人とのつながりを強化する」という機能もあるのかもしれません。

[8] 著名な人類学者のダンバーは、「言語が社会的な集団の結束を促進するために進化し、主として社交的な内容の交換を可能にすることでこの目的を達成している」こと、つまりごく簡単にいえば、「言語は、我々にうわさ話（ゴシップ）をさせるために進化した」（Dunbar 1996／邦訳 p.174, p.113）とし、「手短にいえば、我々が今知っているような社会を可能にしたのは、ゴシップである（In short, gossip is what makes human society as we know it possible）」と主張しています（Dunbar 2004）。こうした話題に興味のある方は、ダンバー自身の著作である『ことばの起源―猿の毛づくろい、人のゴシップ』（Dunbar 1996／ダンバー 2016）をお勧めします。

5.3 エラー管理理論

私たちの社会：裏切り者は、見つけられ、覚えられ、広められる

さあこれまでの議論をまとめると、浮かんでくるのはこんな状況です。

ヒトは基本的には他者への「共感」をもち、生き残りに必要な集団というものを作って生活をしていました。しかしながら他者の痛みに共感するばかりでは、フリーライダーが生まれてしまったときに彼らを罰することができず、そのままではいずれみんな滅んでしまいます。

そこで不公平さに敏感となり、特に意図的な不公平には強い嫌悪感や怒りを覚えるようになりました。身勝手な裏切り者であるフリーライダーには共感をしないどころか、裏切り者の苦しみを自らの喜びや快感として、〝喜んで〟罰を与えられるようになりました。フリーライダーの苦しみに喜びや快感を得るというのは、直接の利害関係がないはずの、グループのほかのメンバーたちも同じでした。

そのうえヒトは裏切り行為には非常に敏感で、意図的な裏切り行為は特にすぐに見つけられるうえ、その情報はゴシップとしてあっという間に集団内に広まりかねません。そして一度裏切り者とされたヒトの顔とその情報は、長いこと記憶にとどめられるというのです。裏切り者は、見つけられ、覚え

られ、広められるのです。

こんな社会だとしたら、周囲から「裏切り者」とみられかねない行動がどれほどにリスクが高いのか、考えるまでもありません。そうだとすれば、目先の損得を追って利益を独り占めにするのではなく、周囲にも一定の配慮をすることこそが、長期的に考えてより自らの利益に資する行動です。進化の中で、「周囲の他者への配慮」というメカニズムが、自らの生き残りのために組み込まれていったのです。

目への恐れ再び：どちらの間違いが重要か

3.2節でふれた「目」の議論を思い出してください。本物の監視の目に敏感なのは当然だとしても、単なるポスターのような〝ニセモノの目〟にまで、ヒトは非常に敏感でした。ヒトが進化をとげてきた古代の環境には、写真などは当然ありません。「目」があれば、見ている人間がいると脳が反応するようになるのは、とても自然なことでしょう。
とはいえ、このように説明されることの多い「目」への敏感さですが、それだけではないでしょう。むしろどういった間違いがより致命的なのかという点こそが、より重要なのではないかと考えています。

見ている者の有無を判断するとき、起こりうる間違いは、次の2種類です。「いるのに、いない」

と判断する間違い（偽陰性）と、「いないのに、いる」と判断する間違い（偽陽性）です。[9]
「いないのに、いる」とする判断の間違いによる〝損〟は、簡単にいえば、「おいしい思いができたはずなのに、取り損ねた〜〜」という損です。たしかに、ちょっと悔しいですね。
一方で「いるのに、いない」とする判断の間違いによる〝損〟は、致命的かもしれません。見ている者がいるにもかかわらず、「誰もいないから大丈夫！」と思い込み、うっかり身勝手なことでもしてしまえば、あっという間に「裏切り者」と認定されてしまうかもしれないからです。ここまでの議論を思い返せば、どちらの間違いがより重要なのかは、一目瞭然です！

重要な間違いにこそ敏感

これは、どちらのエラー（間違い）がより重要なのかという観点から考える、**「エラー管理理論（error management theory）」**の考え方です（Haselton & Buss 2000）。**「けむり感知器の理論」**（smoke detector principle）」というユニークな名前がついたものの考え方ととらえた方が、ここではわかりやすいかもしれません（Nesse 2005）。

火事を感知するためのけむり感知器は、感度がよすぎるとすぐにアラームがなり、誤報にびっくりさせられます。感度がよいことで起こる間違いのコスト、つまり〝エラーのコスト〟とは、この誤報のわずらわしさです。一方で感度を下げることの〝エラーのコスト〟は、本当の火事を見逃すことです。誤報のわずらわしさと本当の火事では、どちらのエラーの方がより重大なのかはいうまでもないでしょう。誤報もたしかに少々わずらわしくて困りますが、本当の火事を見逃すことの方がずっと大問題であるならば、感度は一定以上にあげておくべきです。

もちろん感度をあげればあげるほど、誤報による小さな誤りは増えるでしょう。しかしそれによって、〝本当の火事〟という致命的な誤りを防ぐことができるのです。私たちの脳には、「小さい誤りを犯すよう仕向けることで、（…中略…）はるかに高くつく失敗を避けさせる」ための仕組みが組み込まれていると考えられるのです（Kenrick & Griskevicius 2013／邦訳 p.124）。

「目」への極端な敏感さは、古代の環境にはなかったニセモノの目を、本物の目であるかのように、脳が〝勘違い〟をしているのではないかといわれてきました。しかしそれだけではなく、「目」に対して極端に敏感でいることの方が、エラーのコストが少ないという意味でメリットが大きかったがために、進化の中で組み込まれていった力なのではないかと私自身は考え

[9] 統計学を勉強した人は、第1種の過誤と第2種の過誤を思い出してください。統計学を知らない人は、この説明は、無視無視!!

ています。

より重大な誤りを防ぐことにつながるとき、小さな過ちをたくさん犯すことになったとしても、それはより〝長期の利益〟にかなう可能性があるのです。私たちの脳は、「正しい情報」を得ることを重視しているのではなく、「正しい判断」ができることを目指しているのです。

最後通牒ゲームの中のエラー管理理論

このエラー管理理論の考え方は、この最後通牒ゲームや独裁者ゲーム全体にも使えます。それらのゲームを思い出してみましょう。あなたはAさんです。実験者から1000円をもらい、隣の部屋の見知らぬBさんとかいう人に、いったいどれだけのお金を渡すのかを尋ねられます。Bさんにお金を渡すのか渡さないのか、つまり、「見知らぬ人に親切にしているようにみえる行動」をとるのか、それとも「自分のことだけを考えているようにみえる行動」をとるのか、その選択を迫られます。

「人に親切にみえる行動」をとることのエラーのコストとは、「本当はそのお金も自分のものにできていたのに、とり損ねた〜〜」という損です。ちょっと損ですね。しかし、「自分のことだけを考えているようにみえる行動」をとることのエラーのコストとは、「こいつ、こんな身勝手な奴なの！」と誰かに思われてしまうかもしれない、その危険性です。ここまでの議論を考えれば、どちらのコストがより重大なのかはいうまでもありません。集団のメンバーから、「こんな身勝手な奴だったのか！」

と思われてしまうかもしれないそのリスクは、はるかに重大です。そうであるならば、そのリスクを下げる行動、つまり人に親切にみえる行動を選び、相手にも一定程度の金額を分けることこそが、自らの長期的な利益にかなう行動となります。最後通牒ゲーム全体に、「巨大なけむり探知機」が機能していたのです。エラー管理理論は、ヒトの認知のもつ歪み（バイアス）を考える際には、重要な視点を提供する基本的な考え方の1つなのではないかと私自身は考えています。[10]

●コラム●エラー管理理論の応用1：行為者への敏感さ

本文で、ヒトのもつ「目」や「顔」への特別な敏感さを議論しましたが、さらにそれだけではなく、「行為者」への敏感さなどもあるのではないかといわれています。

「草の葉が動いた」、「木の実が落ちた」といったようなことが起こったとき、それが単に自然の風などの作用によるものなのか、あるいはそこに隠れた捕食者がいるのかどうか、すぐに判断しなければなりません。やはりここでもエラーの種類は2種類で、「いないのに、いる」とするエラー（偽陽性）と、「いるのに、いない」とするエラー（偽陰性）です。隠れた捕食者を見逃すことの危険性を思えば、このエラーのコストのどちらが大きいのかもすぐにわかります。もちろん、「いるのに、いない」とする偽陰性のエラーのコストです。

[10] なお、エラー管理理論の考え方を囚人のジレンマの問題に当てはめたものが、Kiyonari *et al.*（2000）および Yamagishi *et al.*（2007）です。

そうであるならば、私たちの脳は、「いるのに、いない」とするその偽陰性のエラーを避けるために、「行為者感知器」の感度をあげることになるでしょう。その結果、「いないのに、いる」という、柳の中に幽霊を見るようなエラーをしばしば犯すようになるでしょう。たとえそこに何もいなくとも、そこに何らかの「意思ある行為者」の存在を見るという私たちの脳がもつ認知の傾向が、宗教の起源と関係するのではないかといった議論もされるようになってきています（Guthrie 1993, Dennett 2006, Haidt 2012）。

●コラム●エラー管理理論の応用2：初対面の人への〝無難な〟ふるまい

エラー管理理論の応用の2つ目として、初対面の人を相手にしたときや1回限りのゲームなどでしばしばみられる、ヒトの〝無難な〟ふるまいが考えられるかもしれません。

ここで紹介した最後通牒ゲームや独裁者ゲームは、基本的には1回限りの実験です。これまでに紹介してきたように、そこでは、目先の利得を最大限追求する行動ではなく、より〝フェア〟なふるまいが選ばれていました。1回限りのゲームや初対面の人を相手にしたときなどには、ヒトはそうした〝無難な〟行動を選ぶ傾向があるようです（協力について研究しているランドらは、これを「**社会的ヒューリスティックス**（social heuristics）」とよんでいます* (Rand *et al.* 2014)）。

1回限りの状況と、繰り返しゲームなど似たような状況が何度も繰り返される状況との大きな違いの1つは、その「手掛かりの多さ」にあると考えられます。繰り返しゲームなど、似たような状況が何度も繰り返される状況では、この行動をとったときにはこのようなことが起きた、あの行動をとったときにはあのようなことが起きたといった具合に、それぞれの選択肢を選んだ場合に何が起きてそれがどのような意味をもったのか、そうした情報は回を重ねるごとに増えていきます。しかし、初対面の人を相手にしたときや1回限りのゲームなどでは、当然のことですが、そうした「手掛かり」はずっと少なくなります。

エラー管理理論に従うと、各選択肢のそれぞれのエラーのコストを考える必要があります。独裁者ゲームでいえば、見知らぬ他者にお金を分け与えるという「ヒトに親切にみえる行動」という選択肢と、お金を独り占めにするという「自分のことだけを考えるようにみえる行動」という選択肢をとるときの、それぞれのコストです。それぞれの行動のエラーのコストを判断するためには、その行動をとったことで、どのようなことが起こり、それはどのような意味をもつことになるのかといったことを判断する必要があります。それには、その個人のそれまでの経験や文化、社会規範などが重要な要素として関係してくるでしょう。そうした文化的背景や社会規範なども含めたうえで、「よりエラーのコストが少ないもの」が選ばれると考えられます。

そうした中で、1回限りのゲームなど、「手掛かり」の少ない中でエラーのコストの小さいものを選ぼうとすれば、自分が所属している社会の規範から大きく外れていないもの、つまりその文化の中で、比較的〝無難〟と判断されやすいものになる傾向があるのではないかと考えられます。たとえば第2章の2.2節で議論した世界中で行われた最後通牒ゲームの結果でも、1回限りでのゲームのふるまいは、それぞれの文化での日常のふるまいと関係していたことが示されていました。

＊ **「ヒューリスティックス**（heuristics）」とは、「近道による意思決定」という意味で、簡単にいえば直観的な意思決定といった意味になります（大竹 2019）。多数のヒューリスティックスが知られていますが、社会的ヒューリスティックスとは、ヒトは、日々の社会的な交流において成功する可能性の高い戦略をとる傾向を取りこんでいるという考え方です（Rand *et al.* 2014）。

また、短い時間で直観的に判断をしなければいけなくなると、寄付の金額が増えたり（Rand *et al.* 2012）、最後通牒ゲームで「より公平な」提案をしたりする（Cappelletti *et al.* 2011）など、より協力的な行動を選ぶことが示されています[**]。判断のために与えられた時間が短ければ短いほど、「手がかり」を見つけることが難しい中での意思決定となるために、より〝無難な〟行動が選ばれるようになったと考えることができます。

「手がかり」が少ないとは、どんな結果が起こるのか予測が難しいという意味で、不確実性が高い状況ともいえます。不確実性が高まり、何が起こるのか予測が難しくなると、たとえ協力的な行動が得というわけではなくとも、ヒトは協力的にふるまうという結果も報告されています（van den Berg *et al.* 2021）。

初対面の状況や1回限りのゲームなど、どう行動するべきかその手がかりが少ないときの無難な行動は、たとえそれが目先の利得としては一見〝損〟をするだけの行動であったとしても、エラーのコストが小さいという意味において、「理にかなっている」という可能性があると考えています（小林 mimeo）。

** なおランドらの研究（Rand *et al.* 2012）は、これを支持するメタ研究もありますが（Rand 2016）、実験結果が再現できないという報告もあります（Bouwmeester *et al.* 2017）

5.4 ゲームからわかってきたこと

市場はヒトをフェアにする!?

この章の最後に、最後通牒ゲームや独裁者ゲームの実験からみえてきた、非常に興味深い結果を1つご紹介します。市場でモノを売ったり買ったりすることが多い社会ほど、ヒトは見知らぬ他者にフェアにふるまうというのです（Henrich *et al.* 2004, Henrich *et al.* 2010a）。

私たちは、毎日の食べ物や生活に必要なものを、スーパーやお店などの「市場」から買ってくることが多いでしょう。そのように「市場」とは、「カネでモノやサービスを売ったり買ったりする場所」であり、市場社会とは、いわば「カネさえあればなんとでもなる」という側面のある社会だともいえます。そんな社会はヒトをより利己的にするのではないかという漠然とした直観は、誰にでもあるのではないでしょうか。

ところが、結果はある意味で逆でした。図5-9を見てください。縦軸は独裁者ゲームでの相手への提案割合で、横軸は、市場に頼る割合の低い順に並んでいます。ここからわかるとおり、市場でモノを売ったり買ったりすることが多い社会ほど、相手への提案割合が大きいという結果が得られたの

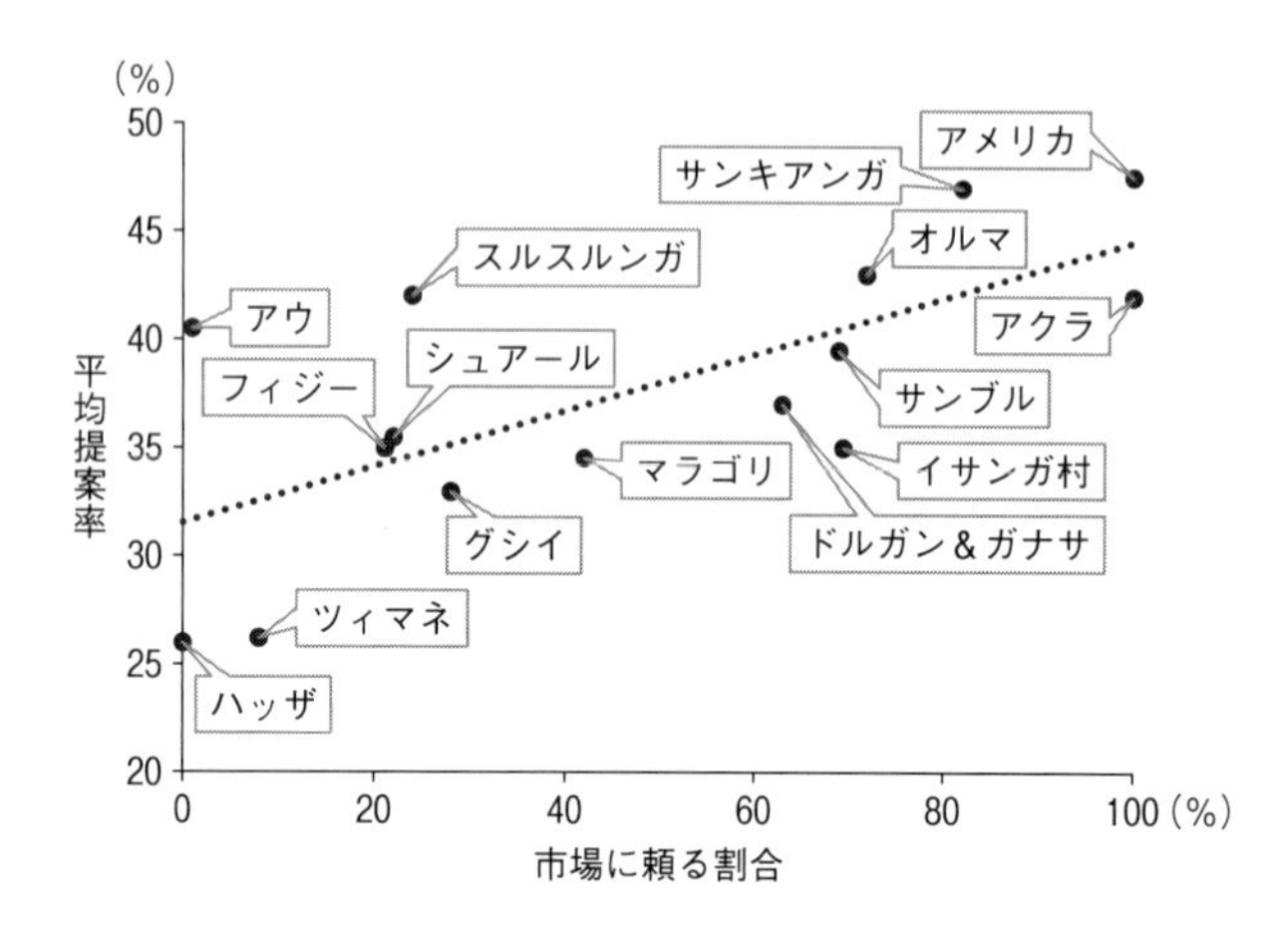

図5-9　市場に頼る割合と独裁者ゲームでの平均的な提案割合
出典：Henrich *et al*. 2010a, fig.1を元に作成。
注：表記の仕方を少し変えてある。

です。つまり市場に頼る社会であることと、見知らぬ相手にフェアにふるまうことに、何らかの関係があるかもしれないというのです。

市場に頼る割合と見知らぬ他者へのフェアなふるまいとの間に、何か関係があるのかもしれないというこの結果は、大きな驚きをもって迎えられました。たとえばウォール・ストリート・ジャーナルでは、「市場経済の市民化効果（"The civilizing effect of market economics"）」という見出しで記事になりました（*Wall Street Journal* 2002.1.24）。実験の前にはまったく予測のできなかった、とても興味深い結果です。

次なる問題の1つは、〝なぜ〟このような結果になったのかです。見知らぬ人へもフェアにふるまうような社会であったからこそ、「市場」というものがよく発達したのでしょうか。それとも逆に、「市場」がよく発達し、大事な商品やお金を見知らぬ人と喜んでやりとりをするような社会であったからこそ、見知らぬ他者へもフェアにふるまうようになったのでしょうか。どちらでもない、まったく別のメカニズムでしょうか。どうやったら、これらの問題の答えに近づいていけるのでしょうか。まだよくわかっていないことばかりです。解かれるべき、新しい謎がまた現れました[11]。

人間行動のX線

サイエンスライターのパウンドストーンによれば、著名な行動経済学者のキャメラーは、「最後通牒ゲームは『文化用のX線』」と表現したそうです（Poundstone 2010／邦訳 p.175）。インタビューの詳細はわかりませんが、普通の医療用のX線が、そのままでは決して見ることのできない人の体のある種の性質を見せてくれるように、最後通牒ゲームは、そのままでは見ることの難しい文化のある種の性質を見せてくれる道具としてつかえる、という意味ではないかと思います。これまでの研究を振り返ると、最後通牒ゲームやそのバリエーションともいえる独裁者ゲームは、さらに広く、「人間行動のX線」といえるのかもしれません。こんな簡単な「ゲーム」が、思いもかけないほどたくさんの

［11］なおその後、同様の傾向を示す結果（Baldassarri 2020）と、必ずしもここでの結果とは整合的にみえない結果（Cochard *et al.* 2021）の、両方の結果が報告されています。

ことを私たちに見せてくれることがわかります。

●コラム●自粛警察

2020年の初頭に日本でも話題にのぼりはじめた見知らぬウィルスの問題は、あっという間に世界を巻き込む大問題となりました。正式名称は「COVID-19」と名付けられた、新型コロナウィルス（通称コロナ）の問題です。

未知の感染症ということで、ウィルスの拡散を防ぐため、外出をはじめさまざまな活動を〝自粛〟して、「stay at home!（おうちにいよう）」と叫ばれるようになりました。そんな中で、どんな理由であっても外出をしたり帰省をしたりする人や、あるいは公園で遊ぶこどもたちなどまでもが、強い非難の対象となってしまったのです。そうした人たちを見つけては糾弾をする「自粛警察」や、さらには感染してしまった人への激しい差別などが、大きな社会問題となりました。この問題を、本書の枠組みの中で少し考えてみたいと思います。

〝裏切り者〟を見つける敏感さについては、5.1節で議論をしました。そこでは、「裏切りは可能な状況」で、「裏切りが意図的」で、かつ「裏切り者にとって利益のある裏切り」であるときに、ヒトはそうした裏切り者たちをいち早く見つけることを議論しました。さらに、「自分にとって都合の悪い裏切りほど、ヒトは敏感だ」という可能性についても議論しました。

未知のウィルスが広がっている中、そんなものを意に介さずに出歩くような人たちは、これらの状況すべてに当てはまるようにみえそうです。外出は可能ですから「裏切り自体は可能」な状況ですし、また外出は自らの意思でしょうから、「裏切りは意図的」と思えます。なにより、自らの都合や楽しみのために出かけているのなら、それは「裏切り者にとって利益のある裏切り」です。また「外出によってウィルスを広げる恐れ」がある以上、それは、糾弾する者たちにとって「とても都合の悪い裏切り」でもあります。つまり、ヒトはそうした〝裏切り者たち〟にとても敏感だということです。またこのときの感情は、「怒り」であることも示されていました。

「道徳的・社会的な違反」は、あっという間に〝みんな〟に知れわたるゴシップの機能も、議論をしてきたとおりです。「あの人があんなひどいことをしたのよ!」という話題は、報酬系を刺激して、〝喜び〟を与える可能性も示されました。集団内で問題が起こったときには、ゴシップは集中的に巻き起こることも示されていました。それは「お巡りさんと学校の先生」として、まさに「自粛警察」と同じく悪しき者を取り締まる「お巡りさん」の役割であり、「外出なんてしてはいけないのよ!」と、悪しき行いを人々に教える「学校の先生」の役割でもあります。

また、「裏切り者は忘れてもらえない」ことも議論しました。「あの家の人は、コロナのときにあんな勝手なことをしたのよ!」と、いつまでもどこかでいわれ続ける可能性があるということです。

〝裏切り者〟への強い怒りと、そうした者たちを「罰したい!」と感じる強い欲求は、第4章で議論したとおりです。そうした裏切りが「意図的」であるときには、その欲求はさらに強いようでした。〝裏切り者〟へ非難の気持ちを向け、さらには何らかのコストを自らが負ってでも、「罰」、それも「相手にとって実害のある罰」を与えたいという強い欲求があること、つまりそうした裏切り者たちの苦しみが〝喜び・快感〟となっているようだということが、ここまでの議論から透けてみえてきたことです(第6章の補足1で触れますが、そんな裏切り者たちは、自分たちとは違う「彼らの集団(=外集団)」の存在として、その「社会的理解を遮断」する、つまりヒトをヒトとして扱わない「脱人間化」がおきているのかもしれません)。

またその強い欲求は、直接的な利害関係とは、必ずしも関係があるわけではないようでした。たとえば、仮にその裏切り者が遠く離れた地域の見知らぬ人で、自分たちへの直接的な影響はまずないと思っていても、それ自体はあまり関係なく、強い憤りの気持ちと同時に罰への強い欲求を感じているようでした。

一方で、〝悪い人〟を目の前にしたときに直接の「罰」を与える人は少なく、それは仕返しを恐れてのようでした。実際に現実社会では、罰を与える者の負担の少ない方法—ゴシップなど—で罰の多くは与えられていることも指摘されました。またゴシップとは、だれが悪い人なのかを特定し、〝みんな〟でその裏切り者に対処するための仕組みとしての機能をもつ可能性にもふれました。つまり、「罰」を与える者を報復から守るため、特定の個人が積極的に表にでることなく（つまり簡単にいえば匿名の陰に隠れたまま）、〝みんな〟でその悪者をつるしあげることを可能にすることが、まさにゴシップの1つの機能だというのです。

高品質な〝おいしい〟ゴシップを伝えたときには、自分がより力があるように感じることや、ゴシップを伝えあった相手とより親密につながっているように感じることも報告されていました。実際にゴシップは、ストレスホルモンを減少させるだけでなく、他者との〝つながり〟も感じさせるとされるオキシトシンの分泌もさせるようです。「自粛」や「ソーシャル・ディスタンス」という言葉が盛んにいわれ、他者との物理的な距離を開けざるを得なくなった中で、「孤独」を感じる人も多かったはずです。そんな中、ストレスの発散とともに、誰かとのつながりを感じられるゴシップというものは、貴重だったのかもしれません。

また、問題が起きたときに集中的に起こるゴシップは、〝悪い者〟だけでなく〝よい者〟たちの話題も増えることが報告され、それは「よき者を励ます機能」ではないかと議論されました。ゴシップには、悪い者をあげつらうと同時に、「でも、私たちはそんなことをしないで頑張っているよね！」と、〝よき自分たち〟を励ます機能もあったのかもしれません。

「コロナも怖いけど、コロナにかかったってばれるのはもっと怖い！」などという言葉も聞きました。上記の状況を鑑みれば、当然の心理かもしれません。

もちろん、ヒトのもつこうした心の働きによって、ウィルスの拡散を抑えるなど、「裏切り者から社会を守る」という積極的な側面があったことは、疑いようのない事実ではあるのでしょう。これは私たちの社会を守るための機能の1つとして、長い進化の時間の中で、とても大事な役割を果たしてきたものでもあるでしょう。しかし、「罰は、社会を結束させるには不向きなやり方」です。行き過ぎた糾弾や差別は、やはり問題です。

両者のバランスがうまくとれたら、きっとそれが一番理想的です。しかしこうした一連の研究からも、これらは私たちヒトという生き物の、その〝根っこ〟にかかわる問題であるらしいことがみえてきました。それは、その解決への道のりはそう簡単ではないことを、私たちに突きつけているように思います。しかし、こうした傾向が私たちの脳に組み込まれていることを知ることは、思いやりあふれた社会へむかうための、その小さな第一歩になれるのではないか……、そう願っています。

第5章まとめ

〈脳に刻まれた力〉

- 裏切り者をすぐに見つける能力がある。
- 特に、裏切りが可能な状況で、裏切り者に利益のある意図的な裏切りほど、すぐに見つける。

- 目下の人間の裏切りは、目上の人間の裏切りよりも見つけやすい。
- 自分に都合の悪い裏切りほど、すぐに見つける。
- 危険な行動は、意図の有無にかかわらずすぐに見つける。
- 裏切り者の顔と情報は、忘れない。偉い人の顔も、忘れない。
- 裏切り者の情報は、ゴシップとしてすぐに広まる。
- より「重大な間違い」に、ヒトは敏感である。

〈最後通牒ゲームや独裁者ゲームを通じてわかってきたこと〉

- 市場によく頼る社会ほど、見知らぬ他者にフェアにふるまう。

私たちの脳には、裏切り者を見つけるすぐれた力と、裏切り者の顔とその情報を覚えておく力が組み込まれているようです。そんな裏切り者の情報は、ゴシップを通じてすぐに広まるようです。そのような社会では、「目」や「評判」を極端なまでに気にかけてでも、「正しくみえること」に敏感でいることの方が、仮に目先の利益を失うことになったとしても、自らの長期的な利益にかなう可能性があると考えられます。

第5章 補足1：4枚カード問題について

5.1節では、4枚カード問題を使って、裏切り者検知と予防措置問題について考えてきました。この2つ以外では、「利他主義者」を見つける利他主義者検知なども議論されています（Brown & Moore 2000, Oda *et al.* 2006）。

また、ここであげた「裏切り者検知」と「予防措置問題」は、ヒトがもつそれぞれの個別の力というよりは、むしろ両者を含んだ、「義務や許可（何をしなくてはならないか、あるいは何をしてもよいか）に関する一般的な推論」についての能力であると考えるべきだという主張もされています。この考え方に立つと、「裏切り者検知」と「予防措置問題」は、別々の課題というよりは、「『義務』や『許可』の文脈における違反を探す」という、1つの統一的な課題として考えることができるようになります。

しかしこうした考え方に対して、コスミデスやその学生であったフィディックらは、さまざまな反論をしています。

たとえば「許可」ではあるが「裏切り者検知」ではない文脈では、その正答率は30%～45%程度と、あまり高くはないことが示されています。日本においても同様の傾向が報告されています（長谷川・平石2000）。

さらに本章の注2でも示したとおり、「裏切り者検知」と「予防措置問題」では、それぞれで喚起されている感情が異なること（Fiddick 2004）や、さらにはそれぞれで関係している脳の部位が違うこと（Stone *et al.* 2002, Fiddick *et al.* 2005）なども示されています。つまりこれらは、脳にとっては、両者はまったく〝異なる問題〟として受けとめられている可能性を示しています（Fiddick 2011）。

こうした結果などからコスミデスらは、ヒトは、両者を含んだ統一的な力をもつというよりは、進化の中の重要な問題―「裏切り者にだまされないこと」と「危険な活動から身を守ること」―のそれぞれに適応した〝個別の力〟をもっているのだと主張しています。

第5章 補足2:脳の報酬系について

脳の研究のまとめもかねて、「報酬系」に関係する部分だけ、最後にここで簡単にまとめておきたいと思います。

生きるために必要な水や食べ物など、生存のための基本的なものを得たときに反応する脳の領域が、「喜びや快楽」と関係しているとされる報酬系であり、特にその報酬系の中核をなす部位の1つである「**線条体**(striatum)」です。「食料や水を手にいれるために努力する」ように人を動かすための、基本的な生きる仕組みだと思われます。

ところがこうした生存のために必要な「基本的な報酬」に反応する脳の領域が、お金という二次的な報酬である〝金銭報酬〟や、他者からの評価という〝社会的報酬〟、さらには〝格差が減ること〟、〝公平に扱われること〟、〝ライバルチームのファンの痛み〟、〝妬ましい人間の不幸〟、〝悪い人間の苦しみ〟、〝有名人のネガティブなゴシップ〟など、それぞれ本質的にはかなり異なると考えられるものに対しても反応するようだということは、これまでに紹介してきたとおりです。

さらにそれ以外にも、誰かのために(特に自発的な)寄付をするときや(Harbaugh *et al.* 2007)、他者と協力をするとき(Rilling *et al.* 2002)、さらには母親が自分の赤ちゃんの笑顔を見たとき(Strathearn *et al.* 2008)などなど、線条体が反応すると報告されたものには、さまざまなものがあります。どれ1つとっても、ヒトとして心当たりのあるものばかりでしょう。

このように自分の資源や収入といった利己的な報酬と、平等や協力、利他行動といった社会的あるいは利他的ともいえる報酬などがみな、「線条体」という脳部位における活動での重なりがみられるというのです。何に対して報酬系が動いているのかをみていると、脳はいったい私たちに何を手にいれろと指令をだしているのか、よかれあしかれ、それが透けて見えてくるのかもしれません（もちろん、その指令に素直に従わなければならないかどうかは、理性あるヒトとして、また別の問題です）。

とはいえ、すべての反応がまったく同じという単純なものではなく、細かくみれば、線条体の中の反応している部位や、そのほかの部位の反応など、さまざまな違いももちろんあります。また脳に関する研究は、近年急速に発展を遂げているものの1つでもあり、これまでの研究も、今後、その解釈が変わったり再現性が否定されたりするなどの可能性も十分にあります（これはもちろん脳の研究に限らず、ここでとりあげた研究も含めて、すべての分野に共通する問題でもあります）。実験の再現性の問題とは、同じ実験を再現したときに、同じ結果が得られるかどうかという問題ですが、特にこれは、「実験」にかかわるサイエンスに共通した重要な課題の1つでもあります。こうした点には、もちろん十分な注意が必要です。

社会神経科学の面白さは、脳神経科学者の藤井先生がいうように、「脳のしくみの理解だけではなく、そのまま人と社会の理解へとつながる可能性と面白さ」だと思います（藤井 2010、p.8）。私にとっても、ワクワクしながら今後の研究の動向をしっかりと見守っていきたい、重要な分野の1つです。

第6章 進化の光

6.1 適応合理性

20%の希望の中身とは

今までの議論を、もう一度簡単におさらいしてみましょう。

最後通牒ゲームという、お金を分けあうゲームを考えてきました。分ける人（Aさん）が、与えられた1000円を見知らぬ人とどう分けるのかを決め、受ける人（Bさん）が、その提案にイエスかノーかを決めます。イエスならばAさんの提案どおりに分け、ノーならば1000円は没収となり、2人とも何ももらえません。

AさんBさんの2人ともエコンならば、Aさんの提案は（999円、1円）となり、またBさんはこれにイエスというはずです。しかしながらこの結果には、感覚的にはまったく納得できないというのがもともとの問題で、実際に多くの実験でも、相手に40%~50%を渡すことが示されました。

相手のノーが怖いのかと、Bさんの選択権をなくしてみた独裁者ゲームでも、実験をしてみると、20%~30%ほどを相手に渡すことが示されます。もっとも不可思議な結果ともいわれるこの〝20%の希望〟の中身とは何か？　それが本書の主題でもありました。

ヒトは社会集団の一員として生きるように進化した

結局、ヒトはひとりでは生きていけないというのが、その答え（の一部）です。集団でしか生き延びることができなかったヒトは、集団の中での協力関係を維持するために共感の能力を発達させました。しかし他者への共感だけではフリーライダーに対応できず、不公平さへの怒りと罰する喜び、さらには裏切り者を見つけ覚えておく力が脳に組み込まれました。

ひとたび「裏切り者」と認定されてしまえば、自身の罰の苦しみは、周囲の人にとっての〝快感〟です。直接の利害関係がなくとも、彼らは〝喜んで〟罰を与えてくるでしょう。おまけに、そもそも裏切り行為自体はすぐに見つけられてしまううえに、その情報はゴシップとしてあっという間に集団内に広がり、そのうえそこでつけられた「裏切り者」のレッテルは、長いこと忘れられることがないというのです。

そのような社会では、「裏切り者」とみられかねない行動がどれほどにリスクが高いのか、いうまでもありません。そこで、監視を意味する「目」のシグナルに、ヒトは極端に敏感になりました。他者との好意的なつながりを〝喜び〟とし、孤立を〝痛み〟として恐れるヒトは、「社会集団の一員として生きるように進化した」（DeSteno 2014／邦訳 p.13）のです。[1]

ひとりでは生きていけない

集団の形成　：　他者への共感

●意図的な不公平への怒りや嫌悪
●罰する喜び
●裏切り者を見つける力・覚えておく力
●ゴシップ

生き残りの戦略

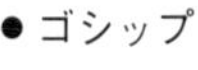

●「目」と「評判」への恐れ

図6-1　生き残りの戦略

適応合理性

これらを一言でまとめるならば、すべては進化の舞台となる古代の環境を前提とした、生き残り子孫を残すための「生き残りの戦略」です（図6-1）。

さて、覚えていらっしゃるでしょうか。この本の冒頭で、ヒトは経済学が想定するような「合理性」はもたないが、一方で近年しばしばいわれるような「不合理」でもなく、実は「とってもとっても合理的」といえるのではないかと書きました。合理的ではないのに「とってもとっても合理的!?」と思われたと思いますが、ここまで読み進めてくださった読者のみなさまには、その意味がおわかりになってきたでしょうか……？

ヒトはたしかに、一見「合理的」ではないようにみえる行動をとるときがあります。ここで考えてきた最後通牒ゲームや独裁者ゲームは、まさにその一例です。そこでは、目先の利得だけを考えるならば、もっと得な選択肢があることがすぐにわかるにもかかわらず、多くの人が、あえて〝損〟な選択肢を選んでいました。『理』に『合わない』ようにもみえたこれらの行動は、もう少し別のこと、つまり生き残り子孫を残すという意味においては、それは非常に理にかなった行動といえるのではないかというのが、ここまでの議論が示してきたことです。[2]

これを本書では、適応という観点からみて合理的という意味で、「**適応合理性**（adaptive rationality）」とよびたいと思います。経済学が想定してきたような、いわば直接的な資源の獲得だけを目指す行動ではなく、「（過去の環境を前提として）生き残り子孫を残すという可能性を大きくするような行動パターンをとる傾向をもつ」という考え方です。冒頭でお伝えした「とってもとっても合理的」とは、この「適応合理性」を意味していたのです。「合理的に、不合理だ！」、そういってもいいかもしれません。[3]

[1] ただし、ここでいう社会集団とは、自らが所属する集団―「私たちの集団（いわゆる内集団）」―のことであり、自分が所属していない集団―「彼らの集団（いわゆる外集団）」―のことではないようです。詳しくは、章末の補足1を見てください。

[2] こうしたふるまいは、単なるエラーやでたらめな選択の結果というわけではなく、他者の利得を考慮したうえでの、〝矛盾のない整合的な〟選択の結果として考えられるという意味で合理的であることも示されています。詳しくは章末の補足2を見てください。

深い合理性

本書で主張するこの考え方は、進化心理学者のケンリックらの主張する、「**深い合理性**（deep rationality）」と本質的な考え方は同じです（Kenrick *et al.* 2009, Kenrick 2011, Kenrick & Griskevicius 2013）。

ケンリックは、大きく2つの主張をしています。1つ目が、人の意思決定は進化上の目標にかなっていること。2つ目が、人の意思決定はいくつかのまったく異なる進化上の目標を達成するように設計されていることです。進化上の課題としては、「人間が解決する必要のあった重要な問題にはどういったものがあったか？」という問いへの答えとして、①身体への危害を免れる、②病気を避ける、③友人を作る、④地位を得る、⑤異性を引き付ける、⑥その異性を手放さない、⑦家族の世話をする、の7つをあげています。

つまり、「敵や捕食生物から自分の身を守り、感染症や病気を避け、部族のほかの人たちとうまくつきあい、部族の仲間たちの尊敬を勝ち得」ること、さらに「首尾よく異性の気を引き、その人と相互関係を築き（…中略…）、自分ではほとんど何もできない未熟な子どもの世話をする」ということ、こうした課題をうまく解決できた人が適応度を高め、私たちの先祖となったという考え方です（Kenrick & Griskevicius 2013／邦訳 p.54）。こうした進化上の課題を、「**適応課題**」とよぶことにしましょう[4]。

この7つで、重要な適応課題がすべて網羅されたのかどうかはまだ議論の余地は十分にあるかとは思いますが、こうした課題をあまりうまく解決できなかった人は、誰かの祖先になることは難しかったであろうということ自体は間違いがないでしょう。私たちの祖先が生き延びて子孫を残すためには、こうした問題を、絶えず解決しなければならなかったはずです。そうであるならば、こうした課題に立ち向かうための心の仕組みが、進化の中の長い長い時間をかけて、ヒトの心に組み込まれていったと考えることは自然です。複数の問題に対処するための複数の仕組みが組み込まれているもの、それが私たちの「心」なのです。

その中で重要なのは、対応すべき適応課題は〝複数〟あったであろうということ、そしてそれぞれが互いに矛盾するかのような行動パターンを生み出しうること、しかしそれらの矛盾するかのようにみえる複雑な行動パターンの背後にあるのは、「生き延びて子孫を残す」、つまり生存と繁殖の可能性

[3] 一見合理的ではない行動が何らかの意味で「合理的」でありうることを議論したものに、(Frank 1988, 戸田 2007, Gigerenzer 2007, Haselton *et al.* 2009, Kenrick *et al.* 2009, Kenrick & Griskevicius 2013) など多数のものがあります。たとえば経済学者のフランクは、目先の自己利益を越えて、より合理的な方向にその行動を導くという仕組みを、「感情」のもつ役割として議論しています。もちろん、本書とも相通じる視点です。

[4] こうしたそれぞれの課題にうまく適応しようとした心の仕組みを、「**モジュール**(module)」といいます。章末の補足4に簡単な説明があります。

を大きくしようとする、「進化の中の適応」という統一的な視点からとらえることができるという考え方です（なお、「適応」という言葉は誤解を受けやすい言葉でもあるので、章末の補足3に簡単な説明があります）。

合理的に不合理　合理的に合理的

なお、本書で考えている適応合理性の概念は、いわゆる「合理性」と必ずしも矛盾するものではないことには、ぜひ注意をしてください。

本書でいう適応合理性とは、「（古代の環境を前提として）、生存と繁殖の可能性をあげる」という意味で理にかなっているという概念です。しかし当然のことですが、食べ物やお金などの貴重な資源をより多く手にいれることは、〝生存〟という観点からみても〝繁殖〟という観点からみても、どちらの視点からみてもとても魅力的なはずです。そうであるならば、意思決定主体が「適応合理的」であるとき、状況に応じて、いわゆる「合理的」に行動することもまた十分にありえるはずです。

たとえば3.2節で議論をした「目」の議論を思いだしてください。ここでは、「目」の影響を限りなくなくすことで、限りなくエコンに近い「合理的」な行動を選択していることが示されました。「目の前の貴重な資源を確保しにいく」ことで問題が起きそうにないときには、実際にそのように行動していたのです。つまりヒトは、「合理的に合理的」な面もあわせもっているはずなのです。

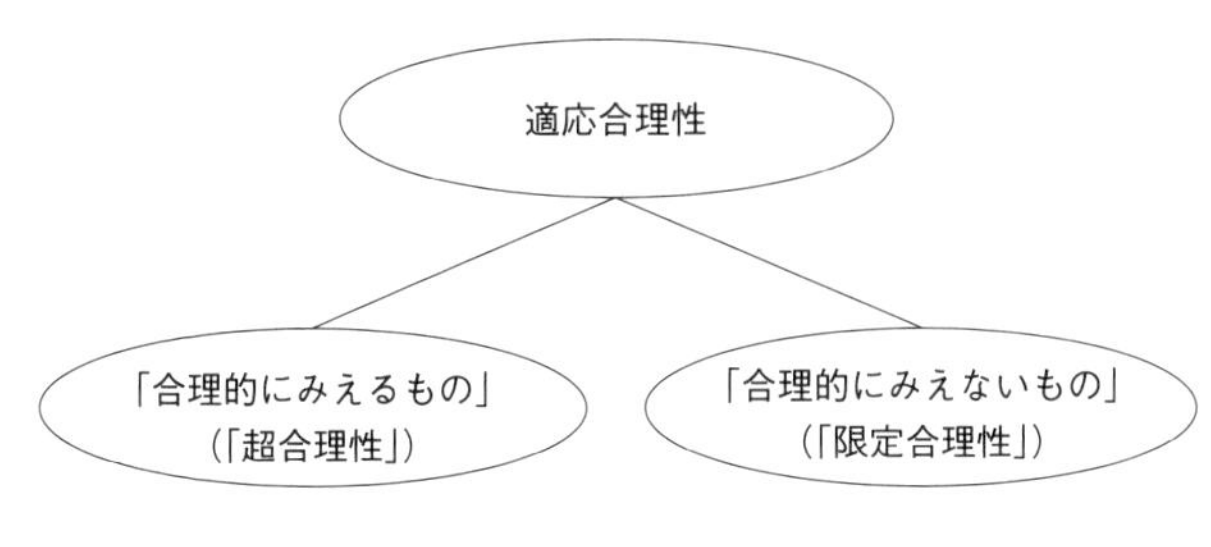

図6-2　適応合理性

「適応」による合理性は、長い目でみて適応的な特性をもたらす傾向をもちます。長期的にみればその方が望ましいならば、一見〝損〟としか思えない行動をとる傾向をもつことにつながるでしょう。しかし一方で、長期でみても特に問題がないのであれば、そうしたシンプルに〝得〟な行動を選択する傾向をもつことになるはずです。

適応合理的である意思決定主体は、状況に応じて、「合理的」にふるまうこともあれば、一見「合理的ではない」行動もどちらもとりうるのです。その意味で、本書でいう適応合理性の概念は、「合理的ではなくみえる行動」だけでなく、エコンのいわゆる「合理的な行動」とも対立する概念ではありません。むしろ、両者を含む概念であると考えています。

「合理的にみえるもの（超合理性）」と「合理的にみえないもの（限定合理性）」は、これまでごく当然のように、相反するものとして扱われてきました。しかし、上記のように考えると、必ずしもそのように相反するものとして扱う必要はなくなります。ヒトは、状況に応じて、「合理的に不合理」でもあり、「合理的に合理的」でもあるのです（図6-2）。

社会的で利己的な種：ヒト

近年、エコンのモデルは、「**ベンチマーク**（benchmark）」であるといった表現もよく耳にするようになりました。ベンチマークとは、もともとは測量の用語で「水準点」を意味しており、「基準となるもの」、そんな意味あいで使われます。

たしかにエコンのモデルは、ベンチマークとしての意義も大きいことは間違いがないでしょう。今回の最後通牒ゲームをとりあげても、エコンによる「合理的意思決定」のモデルがあったからこそ、「なぜヒトのふるまいは、エコンの『合理的』なふるまいからずれるのか？」という問題意識をもつことができ、議論の出発点を作ることができました。

しかし一方で、エコンのモデルの役割は、それだけではないとも考えています。たとえば、「目がない」ときには、ヒトはエコンに限りなく近いふるまいをしていたように、伝統的な経済学のモデルが、社会の中のヒト、特に集団でのふるまいを実際によく説明するケースは多々存在しています（例として、神取 2010）。またたからこそ、経済学は、これだけの長きにわたってエコンのモデルを使い続けてきたのだとも思っています。

ヒトは、エコンなのか、それともエコンではないのか、という2項対立として問題をとらえるのではなく、エコンに近いふるまいをするときもあれば、そうでないときもある、そうとらえるべきではないかと考えています。同じ1人のヒトが、状況に応じて、エコンのようにふるまうときもあれば、そうでないときもある。そのように、一見矛盾するようなふるまいをするのがヒトなのではないか、ととらえる考え方です。ドゥ・ヴァールの言葉を借りれば、「私たちの種には、社会的な面も、利己的な面もある」(de Waal 2009／邦訳 p.14) のです。

さらにいえば、そうした「合理的でないようにみえるふるまい」もまた、一枚岩というわけではありません。「合理的ではない」ようにみえるふるまいの中にもまた、互いに矛盾するかのような行動が存在しています。そうした、「合理的にみえるもの」から「合理的にみえないもの」まで、そして互いに相矛盾しているようにみえるものまで、それらすべてを含んだ複雑な行動パターンがみな、「適応という観点からみると合理的」として1つの統一的な視点からとらえなおすことができるのではないか、それが本書の最大の主張でもあります。なおそのように考えると、「エコン」は必ずしも死んではいないし、また死ぬ必要すらなく、いわば少し姿を変えて生き続けているといえるのかもしれません。

次なる問題の1つは、そのそれぞれの境界条件です。ヒトはどのようなときにエコンのようにふるまい、またどのようなときにエコンとは異なるふるまいをするのでしょうか。それぞれの境界はどこでしょうか。ここでとりあげた「目」は、1つの事例にすぎません。そのときどきの状況に応じて、ヒトはそのふるまいを変えることを示す境界条件につながる研究は、この他にも多数あります。

これまでの研究は、アノマリーにばかり着目するきらいがあったのではないでしょうか。アノマリーの重要性を否定するものではもちろんありませんが、同時にまた、伝統的な経済学が示してきたような「合理性」を示すときというのはいったいいつなのか、これもまた、重要な視点ではないかと考えています。それがわかってこそ、そうした境界条件がみえてくるからです。またこうした視点を考えるためには、なぜそもそものようなふるまいをする傾向がヒトには組み込まれているのか、その〝原因〟についても踏み込んでいく必要があるでしょう。そうした問題のカギの1つは、本文中でも少しふれたとおり、ヒトの進化の舞台の中で直面してきた適応課題にあるのではないか、そう考えています。[5]

現代人の頭蓋骨に石器人の心

6.1節の最後に、「適応」という言葉について少しだけ補足をしたいと思います。近年、ヒトの体と同様に、脳や心も進化の産物であること、いいかえれば「心が進化する」といわれるようになりました。本書でいう「**適応**（adaptation）」とはもともとは生物学の用語で、自然淘汰の結果、ある特定の環境の下で、生き残り子孫を残すという意味で有利な形質を身につけることです。

我々ヒトの進化の舞台は、基本的には、古代の狩猟採集生活だと考えられています。[6] したがって、「適応合理性」という用語は、ヒトのもつ合理性は、進化の舞台であった古代の環境を前提としながらも、進化の中の長い時間をかけて今を生きる私たちの脳と心に刻みつけられてきたもの、そんな意味をもつことになります。進化心理学のパイオニアであるコスミデスとトゥービー夫妻は、これを

[5] ここまでの議論を整理すると、「合理的ではなくみえるもの」には、いくつかの〝理由〟がありそうです。

本書の議論の範囲の中だけでも、エラー管理理論の考え方に従った、大きなエラーを防ぐために必然的に引き起こされる小さなエラー、過去には適応的であったが現在では適応的ではなくなったもの、複数のモジュールの矛盾した働きによるもの、そして適応の副産物（スパンドレル）や単なる偶然の結果など、いくつかの背景が考えられそうです。

「ヒトは、『目』や『評判』を気にするから、ニセモノの目にも反応してしまう」といった、ヒトの行動の直接のメカニズムを、「**至近要因**（proximate factors）」からの説明といいます。それに対して、なぜそもそも「目」や「評判」を気にするメカニズムが組み込まれているのかを考えるのが、「**究極要因**（ultimate factors）」からの説明といいます。

現在は、乱立状態といいたくなるほどかなり多数のアノマリーが報告されていますが、それらの究極要因にまでさかのぼった議論がされることは必ずしも多くなく、そうした視点は今後ますます重要になってくるでしょう。同時に、その〝発生のメカニズム〟やあるいは何らかの基準に従って、それらの多数のアノマリーを整理し統一的に分析していくという考え方は、今後さらに精緻に議論されていく必要があると考えています。

[6] こうした私たちヒトの進化の舞台を、専門用語で「**進化的適応環境**（EEA：Environment of Evolutionary Adaptation）」といいます。

我々ヒトの進化的適応環境は、基本的には古代の狩猟採集生活と考えられており、現生人類（ホモ・サピエンス）へとつながるホモ属が現れてから農業の起源までの、数百万年の環境（更新世）を指すことが多いようです。しかし、どのような適応を考えるのかによっても変わるものなので、必ずしもはっきりと、「いつからいつの時代のどの場所」と決まっているわけではありません（Buss 2019）。

「現代人の頭蓋骨に石器時代の心（〝modern skulls house stone age minds〟）」と表現しています（Cosmides & Tooby 1997）。

なお適応の背景となる環境が、基本的には古代の環境であることは、非常に重要です。進化の舞台であったと考えられるはるか昔の生活に適応するように、われわれの脳や体、そして心も形作られてきました。見方を変えれば、古代の環境に適応した「適応合理的」な意思決定主体は、現代の環境では、〝不適応〟となる行動をしばしばとる可能性があることには、十分な注意が必要です。なお、そんな過去では適応的だったけれども現代では不適応となってしまったものの例として、よくあげられるものの1つは肥満です。詳しくはコラム「進化の中の肥満」をみてください。

コラム●進化の中の肥満

過去の環境では適応的だったけれども、現在の環境では適応的ではなくなったものの例として、よくあげられるものの1つが肥満です（Power & Schulkin 2009）。

現代の生活において、毎日毎日食べたいものを食べたいだけ食べ続けていたら、あっという間に肥満から生活習慣病かもしれません。「ちょうどよく食べた」ときに満腹と感じるような仕組みが体に備わってさえいれば、こんなことにはならなかったはずです。「食べる」などという、生きることに直結したごく基本的な部分でなぜこんな〝ズレ〟が起きているかというと、それは私たちの祖先が暮らした古代の環境にあるとされています。

次の食べ物がいつ手に入るのかわからない古代の世界では、糖や脂肪などの貴重な食べ物に出会ったときには、それらを「おいしい！」と感じてたくさん食べ、余分があればさらに食べて、それらを皮下脂肪や内臓脂肪など何らかの形で体にためておくことこそが、生き残るためには有利だったはずです。「おなか一杯！　もう食べられない」と貴重な食料を残してしまう個体は、不利だったはずです。その意味で〝必要な分〟を食べてもなお満腹と感じずにもっと食べられるという性質は、古代の環境においては適応的だったと考えられます。

一方で私たちの体には、〝余分な栄養〟の蓄積をモニターし、「もう十分ですよ～～」とうながす仕組みはないようです。その性質をもつことが有利になるほどに、いくらでも食べられるという状況は、古代の環境ではそうはなかったからだと思われます。さらに古代の環境と現代では、運動量も大きく異なるでしょう。古代の環境では、食料を手に入れるためにはかなり体を使う必要があったと思われますが、今日ではスーパーマーケットに出かけるのがせいぜいで、スマホを親指で操作するだけでも事足ります。こうしたことを考えると、糖や脂肪をおいしいと感じ、せっせと食べては体内にためておく仕組みは、古代の環境においては適応的であったとしても、現代の環境においては、適応的とはいえないどころか、むしろ有害とすらいえそうです。

なお、このように古代の環境に適応したがゆえに現代の環境で病気につながるものは、ひろく「**ミスマッチ病**」などとよばれるようにもなりました（Lieberman 2013a）。ミスマッチ病の候補としては、2型糖尿病、虫歯、アルツハイマー病、肝硬変、喘息、水虫、高血圧、胃潰瘍、一部のガンなどなど、想像以上に多数のものがあげられています。

6.2 協力行動の進化

真の利他性

本書では、ゲーム理論の代表的なアノマリーの1つである、最後通牒ゲームでの「分ける人」であるAさんの利他的な行動と、「受ける人」であるBさんの拒否行動について考えてきました。とりわけ、自らが損をしてでも見知らぬ他者と分かちあうという、「利他的」にもみえたAさんの行動、いいかえれば〝20％の希望〟のその中身は何かということを、本書での直接的なテーマとして考えてきました。

これは、不公平さへの強い嫌悪や怒りを原動力としたBさんの拒否の行動と、それを背景として、「目」と「評判」を極端なまでに気にかけるAさんの行動のたまもの、というのがここでの結論です。つまりこれは、「『ケチ！』って思われても、イヤだし〜〜」というAさんの、いわば**「見せかけの利他性」**ではないかということです。

ここで、1点だけ補足をさせてください。これは、「ヒトは一皮むけば誰でも偽善者だ！」という主張とはまったく違うという点です。ここで議論したような最後通牒ゲームや独裁者ゲームなどの、いわば抽象的で中立的な状況では、見せかけの利他性とでもいうべきものが、無視できない割合で関与しているといわざるを得ないのではないのかといっているにすぎません。

困っている人を見れば、それが仮にまったく見ず知らずの人であったとしても、思わず手を差し伸べたくなる、そんな気持ちにはだれもが覚えがあるでしょう。ある意味では不思議なそんな強い〝気持ち〟に突き動かされて、〝誰か〟のために何かをしてあげたくなる、そんな傾向をヒトがもつということ自体は、疑いようがないように思われます。仮にそんな〝気持ち〟に突き動かされる利他性を、**「真の利他性」**とよぶことにしましょう。「真の利他性」と「見せかけの利他性」とでは、表面的なふるまいは、同じにみえることもあるでしょう。また両者を厳密に区分することそれ自体が、そもそも難しいのかもしれません。しかしそれは、両者を区分した議論が必要ないことを意味するわけではありません。人目を気にして、表面的にだけいい格好をしようとする「見せかけの利他性」をヒトがもつとしても、それは、〝気持ち〟に突き動かされる真の利他性を、ヒトがもたないことを意味するものでは決してないのです。

著名な行動経済学者のフェアは、「人間は、真の利他行動を促進する遺伝的構造を備えたおそらく唯一の生物種」と書きました（Fehr & Renninger 2004／邦訳 p.23）。「唯一の」の部分に多少の引っ掛かりを覚えるとはいえ、本書もこの見方に与しています。「真の利他性とは何ぞや⁉」「それが発揮されるのはいつ？」「本当に唯一？」など、〝謎〟はまだまだ続きます[7]。

利他性のパラドックス：血に染まった爪と牙の中で

最後に、本書のテーマの背景について、簡単にふれておきたいと思います。

本書では、「もらった1000円をどう分けるか」、そんなシンプルな問題を通じて、「利他性」や「道徳性」といった、ヒトのもつ協力的な性質について考えてきました。「ヒトの行動のカギとなる側面は、協力（cooperation）である」（Dreber *et al.* 2008）と著名な数理生物学者のノヴァクらは書き、著名な経済学者であるボウルズとギンタスが、「並外れて協力的な種（exceptionally cooperative species）」（Bowles & Gintis 2013）とよんだ私たちヒトのそんな〝協力〟の大きな特徴の1つは、その規模の大きさや複雑さ、そしてまったく見知らぬ赤の他人にまで及ぶ点だとされています。

「I, Pencil（わたし、えんぴつ）」という、経済学者リードによる有名なエッセイをご存じでしょうか（Read 1958）。ノーベル経済学賞も受賞した著名な経済学者であるフリードマンが好んで引用し、一躍有名になりました（Friedman & Friedman 1990）。そこでは、「私の作り方を全部知っている人は、誰もいない！」と豪語するえんぴつ君が、森の木が1本のえんぴつとなって人の手に渡るまでの、その複雑な協力関係を美しく語っています。木を切る人、削る人、芯の材料をとる人、それを運ぶ人、それらの道具を作る人……。そんなシンプルなものでさえ、1本のえんぴつとして人の手に渡るまでの間には、国境も民族も超えた数えきれないほど多くの人を巻き込むほどに、ヒトの協力行動は大規模かつ複雑です。コロナの問題でも、エッセンシャル・ワーカーとよばれる人々をはじめとして、私たちの当たり前の日常は、どれほど見知らぬ無数の人々の協力の上になりたっていたのかが改めて浮

［7］ 本書の初めのモチベーションの1つは、最後通牒ゲームを扱ったときの学生さんたちからの度重なる納得のいかない顔であり、それはAさんの利他的にもみえる行動とのズレというよりも、むしろ、損をしてでも「ノー！」というBさんの行動とのズレです。

Bさんの行動は、「身勝手な者に強い怒りや嫌悪を覚えたから拒否をした」といえそうであることは、ここまでで議論したとおりです。このような直接的なメカニズムの説明を、「至近要因」からの説明といいました。それに対して「そもそも、なぜ身勝手なふるまいをする者に強い怒りや嫌悪を覚えるメカニズムが組み込まれているのか」を説明するのが、「究極要因」からの説明です。

本書では、主としてAさんの行動の究極要因について議論をしてきました。しかしBさんの行動については、至近要因についてはある程度説明できたかもしれませんが、究極要因については残念ながらまだまだです。私にとっての〝最後通牒ゲームの謎〟は、まだまだはじまったばかりです（小林 forthcoming）。

き彫りになりました[8]。

それだけではありません。たとえば大きな災害があれば、顔も知らない人のために、遠く離れた地域からも多額の寄付が集まり、多くのボランティアが駆けつけます。命を懸けてまで見知らぬ人を助けたというニュースも、枚挙にいとまがありません。こうした血縁関係を超えた協力関係は、ヒトという生き物の大きな特徴の1つです。

実はこれは、自然淘汰による進化の観点からみれば、とても不思議な現象です。厳しい生き残りの競争の中では、見ず知らずの他者のために犠牲を払う個体よりも、自分の利益だけを考えて行動する個体の方が、結局のところ生き延びてより多くの子孫を残す可能性が高いと思われるからです。長い間生物学者を悩ませ続けてきたこの問題は、「**利他性のパラドックス**（paradox of altruism）」ともよばれ、進化論で知られるあのダーウィンをも悩ませました。そんな中でダーウィンは、当時の常識に真っ向から逆らい、ヒトの良心や道徳性の問題を、進化の観点から議論した初めての人といわれています。

道徳性の礎石

そんなヒトの協力的な性質は、ヒトと動物とを分けるものであり、ヒトをヒトたらしめる重要な性質である、長い間そんな風にとらえられてもきました。しかし、「協力」という性質は、必ずしもヒトという種に限られているわけではないことも、近年幅広く議論されるようになりました。バクテリアから昆虫、そしてチンパンジーにいたるまで、ヒト以外の生物の世界にも、さまざまな協力行動が知られるようになったのです。『協力と罰の生物学』（大槻 2014）などから、そのいくつかを紹介してみましょう。

たとえば目に見えないほど小さなバクテリアの世界では、多数の個体が協力してべとべととくっつ

[8] 2020年の初頭に日本でも話題となりはじめたコロナの問題の中で、私たちの当たり前の生活が、どれほど無数の人に支えられていたのか、改めて浮き彫りになりました。社会を支える必要不可欠な仕事に従事している人たちを表す「エッセンシャル・ワーカー」という言葉は、このとき初めて聞いた人も多いと思います。

ウィルスの拡散を避けるために、「stay at home!（おうちにいよう）」と叫ばれました。しかし本当にすべての人が家にこもってしまえば、どうなるでしょうか。ガスも水道も電気も止まるでしょう。スーパーもコンビニも閉まります。宅配だって、運んでくれる人がいませんし、そもそも誰も注文を受けてもくれません。ゴミの収集もありません。病院も薬局も閉まりますし、警察や消防すらも来てくれません。我が家ではちょうどこの時期に、ガス台が壊れました。コロナによる中国の工場生産の停止などの関係でパーツがなく、修理も買い替えもできないかもしれないといわれました。「協力」の範囲は、日本の中だけですらないのです。

数え上げればきりがありませんが、そんな人々の活動のどれ1つ欠けても、私たちの当たり前の生活は脅かされ、命さえも守ることが難しくなることがこのとき改めて突きつけられました。私たちの日常は、これほどまでに無数の見知らぬ誰かの協力の上になりたっていたのです。

く接着物質をだし、バイオフィルムという構造をつくることで、食料のある場所にとどまろうとする「協力」をするそうです。自ら労力をかけたりリスクを負ったりする自己犠牲的な協力の例としても、食料が乏しくなると集合体をつくり、2割ほどの個体の犠牲のうえに残りの8割が生き残る道をつくるキイロタマホコリカビという粘菌の例や、自らの繁殖を犠牲にしてでも女王アリの産卵と子育てに協力する働きアリの例、飢えた仲間に貴重な食料である血を分けるチスイコウモリの例（Carter & Wilkinson 2013）など、多数のケースが知られています。よりヒトに近い霊長類の例も、たとえば野生のチンパンジーが、親を失ったこどもを養子にしたり（Boesch *et al.* 2010）ヒョウの襲撃から仲間を守ったり（de Waal 2009）など、多数の例が報告されています。

このように、人間以外の他の動物においても、「危険を冒し、努力をし、食物をあきらめ、時には自らの命を捨ててまでも他者のために尽くす例が数多くみられる（Batson 2011／邦訳 p.117）」ことが知られるようになりました。ドゥ・ヴァールは、「ヒトのもつ共同性は、進化上の古い起源をもっている（de Waal 2014／邦訳 p.12）」として、「道徳性の礎石は、明らかに人類以前にさかのぼることができる（the building blocks of morality clearly predate humanity）（de Waal 2005b）」と書きました。ヒトと動物とを分けるもの、ヒトをヒトたらしめる最たるもののようにもいわれつづけてきたヒトの「協力」的な性質は、ヒトがヒトになるはるか以前に、その起源がある可能性がみえてきています。

進化の立役者：協力

2005年にサイエンス誌は、現代の科学が直面する25の最重要課題の1つとして、協力行動の進化の問題をえらびました（Kennedy & Norman 2005）。協力は、「進化を形作ってきた立役者の1つ（Nowak 2012／邦訳 p.24）」として、大きな社会集団の中で協力しあうという人間ならではの能力こそが、生物種としての人類の成功の重要なカギの1つなのではないか、そういわれるようになってきたのです。

心理学、生物学、考古学、人類学、動物行動学、脳神経科学、認知科学、倫理学、法律学、ゲーム理論、行動経済学……。理系も文系も乗り越えて、さまざまな学問領域の研究者が集い、「ヒトは、なぜこれほどまでに協力的な種となったのか」、そんな大きな謎に取り組むさまは、まさに壮観！の一言です。自らの「評判」を気にかけ、ヒトは「協力的」にみえる行動を選ぶことがある、そんなヒトの一面を議論した本書も、こうした壮大な研究の積み重ねに、小さな小さな石のかけらを1つ積むものでもあります。「ヒトとはどのような生き物なのか⁉」、それを問う新しい総合的な学問分野が、今まさに生まれようとしているようにも感じています（Gintis 2009）。

知れば知るほど、知らないことばかりになります。もっともっと知りたくて、ただただワクワクします！　本書では、できるだけ多岐にまたがる学問領域の議論を紹介しました。知れば知るほどさらにより深い謎が現れる、この学問の世界の壮大な息吹を少しでもお届けすることができたら……、実は、それが本書の隠れた大きな目的のひとつでもあります。

貪欲かつ柔軟な学問：経済学

私がなかば偶然のきっかけから経済学の勉強を始めたのは、20歳のころでした。そのころ、〝進化〟とか〝脳〟とか〝適応〟とか、まさかそんな「どうみても経済学とは関係なさそうなこと」に関わることになるとは、夢にも思っていませんでした。

「経済学とは、人を幸せにするにはどうしたらよいのかを、バカみたいに真剣に考える学問だ！」。大先輩の先生が大学での講演会でそう熱弁を振るわれたとき、心の底から納得したことをよく覚えています。経済学は、私たち「社会に生きるヒト」が、より幸せに生きていくためにはどのような社会の仕組みが必要なのか、そんな問題意識に突き動かされている学問です。ヒトを幸せにする社会の仕組みを考えるためには、「ヒトの意思決定の特徴」をとりこんでいく必要があります。だからこそヒトの意思決定の性質をより深く理解することは、経済学にとっても、とても重要なテーマの1つであるはずなのです。

人間は、たしかに「合理的」でありません。しかし、それは単なる「不合理」でもありません。しかし経済学は、とても貪欲かつ柔軟な学問です。ヒトの心理的側面をとりこみ、さらに「**進化の光**(light of evolution)」という灯りを照らしてみることで、経済学はさらにいっそう豊かになっていくのではないかと考えています。同時に、その新しい総合的な学問の中で、経済学は、ほかのさまざまな諸学問とともに重要な役割を果たしていくことを、私は強く確信しています。

第6章まとめ

- （過去の環境を前提として）生存と繁殖の可能性をあげるという意味で合理的という考え方を、「適応合理性」と本書ではよぶ。
- 「適応合理性」とは、いわゆる「合理的にみえるもの」と、いわゆる「合理的にみえないもの」の、両者を含みうる概念である。

「政治経済学の基礎、そしてすべての社会科学一般の基礎は、明らかに心理学にある。
我々が社会科学の諸法則を心理学の原理から演繹できるようになる、そんな日がきっとやって来るであろう。」

By Vilfredo Pareto（1906）*Manuale di Economia Politica*
Manuale of Political economy（2014; reprint, p.20）

第6章 補足1：「私たちの集団」を優先する傾向（内集団バイアス）について

6.1節で、ヒトは、「社会集団の一員として生きるように進化した」ことに触れました。しかしこの「社会集団」とは、残念ながら「ヒトという生き物すべての集団」というわけではないようです。

道徳哲学者のグリーンは、「人間は協力するように設計された。ただし、ある人々とだけ」といいました（Greene 2013／邦訳 p.30）。グリーンのいう〝ある人々〟とは、自分が所属している集団（＝私たちの集団）のメンバーのことです。

「私たちの集団」、つまり自分の仲間を優先する傾向は、「**内集団バイアス**（in-group bias）」あるいは「**内集団ひいき**（in-group favoritism）」とよばれています。たとえば独裁者ゲームなどの実験をすれば、内集団の人に多くの配分をすることが報告されています（例として Yamagishi & Mifune 2008）。こうした内集団のメンバーへのひいき的な扱いは、ある絵が好きかどうかや、さらにはランダムにグループを分けた場合でも起こり、「私たち」と「彼ら」を分ける境界が、ほとんど無意味なほどに些細なものであっても起こりうることもさまざまな研究から示されてきています。

外集団の人のことは、人というより〝事物〟のことを考えているような脳の反応を示すという報告もあります（Mitchell *et al.* 2006. 川合 2018）。特にホームレスや麻薬中毒者など「極端な外集団」の人の写真を見たときには、流していないトイレの写真など〝不快なモノ〟を見たときと同じような脳の反応が起こり、そうした人たちを、〝ヒト〟というより〝不快なモノ〟として扱っていることをうかがわせる結果も報告されています。人を人として扱わなくなるこうした傾向は、「脱人間化」ともいわれます（Harris & Fiske 2006）。「特定の立場の人々を対象とすると、ヒトは社会的理解を遮断する」（Bloom 2016／邦訳 p.88）のです。

敵のチームのファンなど、自分と遠い人の痛みには共感を示さないどころか、その痛みに報酬系が反応するという研究は、すでに紹介したとおりです（Hein *et al.* 2010）。「自分と遠い人」は〝ヒト〟とはみなさず、その痛みには喜びすら見いだしうるというこうした結果からは、私たちの社会がかかえる問題の根深さを思い知らされます。

「私たちの集団」のことだけを強く気にかけるというこうした傾向は、思っていた以上に根深いらしいということも、さまざまな研究からわかってきています。これは、いじめや差別、民族主義などともかかわる、非常に重大な問題でもあります。こうした問題について深く考えた本としては、たとえば『モラル・トライブズ』（Greene 2013／グリーン２０１５）などをみてください。

第6章 補足2：「合理的でなくみえる行動」の合理性について

見ず知らずの他者に自らの資源を与えるなどの「合理的でなくみえる行動」は、単なるエラーやでたらめな選択の結果というわけではなく、他者の利得を考慮したうえでの〝矛盾のない整合的な〟選択の結果として考えられる（専門用語でいえば、「**顕示選好の一般公理**（generalized axiom of revealed preference：GARP)」を満たしている）という意味で合理的であることが、近年の複数の研究から示されています（Andreoni & Miller 2002, Fisman *et al.* 2007, Andreoni 2007）。

しかしながら、「そもそも、なぜ他者の利得を考慮するような行動をとるのか」という〝行動の動機（motives)〟は、まだはっきりとはしていません。この〝動機〟の問題は近年注目を集め（レビューとしてVesterlund 2016)、その候補として議論されているものには、たとえば本書でも触れた「**公平性**（fairness)」のほかにも、純粋に他者の満足度を考慮する「**純粋な利他性**（pure altruism)」や、親切にされたら親切を返したくなるという「**互恵性**（reciprocity）」、他者に親切にすること自体に〝喜び〟を感じるといった「**ウォーム・グロウ**（warm glow：暖かい灯火）」などがあげられています。

「ヒトは公平性を気にかけるから、他者にフェアにふるまう」といった、直接的なメカニズムの説明は、至近要因からの説明となります。一方で「そもそもなぜ、公平性を気にかけてしまうメカニズムが組み込まれているのか」を考えるのが、究極要因からの説明です。至近要因のさらに背後にある究極要因からの説明として、「進化の中の生き残りと生存の可能性をあげること」が、そうした行動の（無意識の）メカニズムとして考えられるのではないかというのが、本書での主張となります。

第6章 補足3：「適応合理性」という言葉について

「適応」という言葉は誤解を受けやすい言葉でもあるので、「適応合理性」という言葉について、ここで簡単な補足をしておきたいと思います。

「適応という観点からみて合理的」という意味は、現在の環境はもちろん過去の環境を前提としてすら、〝最適〟を意味することはありません。進化による適応とは、なかなかよくできた仕組みを作る傾向があるというだけで、〝最適〟になることを保証するものではないのです。「適応的なもの」が、唯一であることも意味しません。さらに本文中でも触れたとおり、「環境」そのものが進化の長い時間軸の中で常に変化していく以上、過去の環境で適応的であったとしても、それが現在の環境でもなお適応的であるとは限りません。

また「適応という観点からみて合理的」とは、「生存と繁殖」という観点からみてなかなかよくできているということであり、〝優れている〟や〝劣っている〟、あるいは〝こうあるべき〟といった価値判断とも無縁です。

また、ヒトの心や体の仕組みの〝すべて〟が、適応という観点からみて合理的であることも意味しません。進化の過程でうまれる適応の副産物や、単なる偶然の効果などもあるからです。なおこうした「副産物」には、建築用語からきた「**スパンドレル**（spandrel）」というニックネームが、著名な進化生物学者のグールドによってつけられています（Gould & Lewontin 1979）。

第6章 補足4：心のモジュールについて

6.1節で、ヒトは、長い時間をかけて、複数の課題に対処する心の仕組みを進化させてきた可能性を議論しました。それぞれの課題にうまく適応しようとした心のシステムを、一般に「**モジュール**（module）」といいます。モジュールとは、もともとは工学などで使われていた言葉で、「ひとまとまりの機能をもったパーツ・部品」といった意味になります。

複数の異なる課題に適応するために、進化の中で、我々の心には複数のモジュールが組み込まれたのではないかといわれるようになりました。しかし複数の異なるモジュールが組み込まれているために、それぞれが互いに異なる行動を選ぶことがあり、そのために一貫性のないようにみえるふるまいにつながるケースがあることが、しばしば指摘されています（Kurzban 2011）。

たとえば、「異性を引き付ける」ためには、少し軽めの、いわばちょっとナンパな人になることが有効なときがあるかもしれません。しかし「異性を手放さないこと」、つまり良きパートナーでいるためには、先とは少し違った行動が必要とされるでしょう。矛盾するとも思える行動パターンが、同じひとりの人物の中に必然的に組み込まれている、それが「ヒト」という生き物であるという考え方になります。〝美しい側面〟もあれば、〝醜い側面〟もあるでしょう。ヒトとは、知れば知るほど奥深くて興味深い、愛すべき生き物です。

第6章 補足5：利他性のパラドックスと協力の進化について

自己犠牲的な協力行動（行動生態学における利他行動）とは、先にも紹介したとおり、自分が生存や繁殖上の損失をこうむってでも、他者に生存や繁殖上の利益をもたらす行動をさします。自身の生存や繁殖の可能性が脅かされるのですから、本来こんな行動は進化しにくいはずだというのが、「利他性のパラドックス」の根底にある問題です。

「協力」がどのように進化しえたのか、3つの主要な考え方をここで簡単に補足しておきましょう（なお『協力と罰の生物学』（大槻 2014）の3章に、非常にわかりやすい説明がまとまっています。興味のある方はぜひ見てください）。

まず考えられたのが、「**血縁選択**」という考え方です（Hamilton 1964）。これは、親子や兄弟姉妹など、遺伝的に関係のある個体同士の協力を説明する考え方です。本文であげた例では、自らの繁殖を犠牲にして女王アリの生存と繁殖を助ける働きアリの例が、これにあたります。こうした働きアリたちは、よく知られているように、みな女王アリの姉妹です（働きアリは、すべてメスなのです（Moffett 2010））。働きアリたちは、原則として自分のこどもを生むことはできませんが、自分の姉妹である女王アリの生存と繁殖を助けることで、自らの遺伝子を残していると考えられています。

しかし、それだけで生物の世界の協力行動をすべて説明できるわけではありません。特にヒトの世界の協力は、血縁関係にない赤の他人同士であっても幅広く起こることがその大きな特徴の1つです。そこで次に考えられたのが、「**直接互恵主義**」という考え方です（Trivers 1971）。

本文での例でいうと、チスイコウモリの例がこれにあたると考えられています。チスイコウモリは、名前のとおり動物の血を食料とするコウモリの一種で、口移しで、貴重な食糧である血を仲間に分け与えることで知られています。しかもその行動は、母子間など血縁関係がある者に限られなかったのです。狩りに失敗し飢えているとき、誰が自分に血を分けてくれたのかを覚えておいて、今度はその相手が飢えたときには自分が血を分け、いわば恩返しをする傾向があることが報告されたのです。このような直接の助け合い行動が、直接互恵主義です。ここからもわかるとおり、直接互恵主義は、繰り返しのつきあいのある2者間における協力行動を説明できます。

しかしすぐにわかるとおり、互いに直接に親切をやりとりするだけが、ヒトの世界の協力ではありません。そこで次に考えられたのが、「**間接互恵主義**」という考え方です（Nowak & Sigmund 1998, 2005）。

間接互恵主義とは、「情けは人のためならず」ということわざがその考え方を端的に表していますが、誰かを助けると、まわりまわって別の誰かから助けてもらえるという考え方のことです。ヒトの協力的な性質を研究してきた進化生物学者のノヴァックは、ヒトの世界の協力を考える際にもっとも重要なものが、この間接互恵主義のメカニズムであること、そして間接互恵を支えるメカニズムが、本書でも議論した「評判」であることを指摘しています（Nowak 2012）。よい評判のある人は、ヒトから助けてもらいやすいと考えられるからです（なおノヴァックは、協力の進化が起こりうる5つのメカニズムをあげています（Nowak 2006）。ここで触れた「血縁選択」、「直接互恵主義」、「間接互恵主義」のほかに、「ネットワーク互恵主義（network reciprocity）」、「集団選択（group selection）」をあわせた5つです。詳しくはノヴァック自身の解説論文であるNowak（2012）や、巌佐・中丸（２０２０）を見てください）。

おわりに

本書で考えてきたような問題に興味をもったきっかけは、私自身の学生時代にまでさかのぼります。学部は経済学部ではありませんでした。いろいろなことに悩み、結果として必ずしも真面目とはいえなかった高校時代、きちんと進路を考えないままに入学してしまった大学では、学ぶ面白さを見つけることができず、気がつけばサークル活動ばかりに熱心な、悪い見本のような学生でした。あるときその現状に疑問をもち、思いきって、〝日本一〟とされる大学の講義に、勝手に出かけてみることにしました。理系も文系も関係なく、勝手に調べたシラバスで、少しでも面白そうだと思った講義に、片っ端から出席をしてみたのです。一度も休まずに最後まで聴講した唯一のクラスが、ミクロ経済学でした。前のめりになって聞いていたのは、900番教室2階席の最前列やや左よりの席、奥野先生のテキストを使った岩井先生の講義です。そこではまった経済理論の美しさとゲーム理論の爽快さに惹かれ、自分の大学に戻って一人図書館に通う日々から、とうとう、勢いのままに大学院にまで進学してしまいました。

学部時代の基礎がない、そんな焦りの気持ちで始まった院生活でした。目の前のテキストを理解することだけに必死な時間が続き、そんな中でときおり覚える経済学に対するかすかな〝違和感〟は、いまだに「わかっていないが故の疑問」と、考えることもなく一蹴していました。とはいえそんな中でもゲーム理論の魅力にはますますはまり、日本とアメリカでの大学院での学びは、苦しさと楽しさのないまぜになった、一言では表せない、決して忘れられない大事な時間です。

そうして頭の先までどっぷりと合理性の経済学につかって育ち、日本に戻ってきて間もなく、尊敬する先生の講演会で聞いたのが、「経済学で、〝革命〟が起きている」、そんな言葉でした。正確な言葉は思いだせませんが、経済学の中で大きな変化が起きているというその言葉はあまりに印象的で、大きな引っ掛かりを残して、私の日本での時間が始まりました。

そうしていつのまにか教える立場となりましたが、しかしそうなってもなお、折々に、あの違和感が自分の中で頭をもたげることに気がつきました。これはもういいかげんこの違和感と正面から向きあうしかない、そう思ったときに頭をよぎったのは、あの講演会での言葉でした。そこで紐解いたのが、行動経済学のテキストです。自分でも驚くほどあっという間に、引きずり込まれるようにのめりこみました。これほど学ぶことが面白くなったのは、経済学に初めて出会った、あの20歳のころ以来でした。

とはいえ行動経済学を学ぶにつれて、こちらにもまた、若干の違和感を覚えるようにもなりました。「不合理的行動のカタログ」と同僚の先生がとても的確に表現されましたが、ヒトの不合理さばかりを面白おかしくあげつらうかのような、そんな一部の風潮に対してです。ヒトはそんなにも、ただただ〝愚か〟なのだろうかと、そんな疑問を感じるようになりました。

同時に、アノマリーばかりに着目する傾向にも違和感を覚えました。実験をしても、経済学の理論が指し示すような「合理的」な結果しかでてこないとき、〃アタリマエすぎる〃として、「論文にならない！」「アノマリーはどこにあるのか⁉」といわれてしまいます。しかしそうやってアノマリーばかりを集めていても、それでは「不合理的行動のカタログ」が分厚くなるばかりです。

「合理的な結果」を〃アタリマエ〃と排除することは、裏を返せばそれは、ヒトがエコンのように行動することがしばしばあることを認めていることでもあります。「合理的」なふるまいがそれだけ〃アタリマエ〃であるというのならば、「合理的」にみえるものとみえないもの、それらすべてを一緒にみていかなければ、これらの境界がみえてくることもなく、ましてや、「ヒトの選択の根底にあるもの」がみえてくることもないのではないか、そう思ったのです。本書は、伝統的な経済学にも、その批判として生まれたとされる行動経済学にも、その両者に感じたそんな小さな違和感から生まれたものです。

行動経済学を学ぶ中で、進化心理学を知りました。進化心理学とは、進化の中で心の問題を考える学問です。経済学、行動経済学、進化心理学、これらの世界を知るたびに、大げさにいえば世界の見方が変わりました。経済学は、問題に向き合う姿勢や考え方を教えてくれただけでなく、すべての基礎ともいえる、考える力の大切さを私に教えてくれました。その後出会った行動経済学は、自分の感じた違和感は恐れずに言葉にしていいし、それをまた追究していいのだということを教えてくれました。進化心理学は、今までとは違う、まったく新しい世界の見方を教えてくれました。

進化の考え方を知ることで、ヒトの体も脳も、そして心も、生きて生きて生き延びて、そして命をつなぐことにどれほど懸命なのかと、感動すらするようになりました。40億年ほど前ともいわれる、見当もつかないはるか昔に誕生した生命が、必死に生きて命をつなぎ、今日の私たちがいます。その痕跡が、今を生きる私たちに刻まれていることが、疑いようのない事実として感じられるようになりました。ほかでもない私たち自身の体と脳とそして心が、これほどまでに懸命に「生きよう」としているのならば、それに負けないような生き方をしないといけない、またそれを次の世代を担うこどもたちにも伝えたい、そんなことまで思うようにもなりました。また進化の視点でみていくことで、ヒトには、「認知しやすい情報」と「認知しにくい情報」があることもわかり、それは本書を書くときはもちろん、「教える」、「伝える」という私の日々の仕事の中でも役立つ見方ともなりました（そういった視点で書かれ参考になった本が、『進化教育学入門―動物行動学から見た学習』（小林朋道 2018）です）。

学ぶこと、知ること、考えることが、今はただただ楽しくてたまりません。今もなおこんなにもワクワクとした気持ちで学問と向きあえることには、感謝の気持ちしかありません。学ぶことや考えることのその楽しさを伝えること、そしてなにより少なくともひとつは〝お土産〟をもちかえってもらうこと、この2つが、私が日々の講義で強く意識していることです。1人で学ばざるをえないことも多かった自分を振り返ると、「意地でもわかりやすい本にしてやる！」そんな思いもありました。「海よりも深く考えろ！」そんな先輩の声も何度も思いだしました。

本書では、理系も文系も関係のない、多岐にわたる分野にまたがった議論をしています。分野を超えた議論をするためにも、どんな専門分野の方にでも読める本にしたいと強く思いました。そこで目指したのは、学部生はもちろん、一般の方やさらには高校生のみなさんも含めた、「誰にでも読める専門書」です。ただしその結果注釈だらけの本となり、まるで、一般の方向けと専門書との、2冊分のような本となってしまいました。読みにくさを感じたみなさまには、お詫びいたします。それでも本書をここまで読んでくださったすべての方に、もしなにかひとつでもお土産があったなら、これほどうれしいことはありません。また、学部生や高校生など若い読者のみなさまには、小さな疑問をただひたすらに深掘りしていく、このふるえるような楽しさを少しでも感じてもらえたら……、実はそんな願いももっています。

＊　＊

最後になりましたが、大学院時代の指導教員であった東京大学名誉教授の奥野（藤原）正寛先生をはじめ、公立はこだて未来大学の川越敏司先生、東京大学の松井彰彦先生、亀田達也先生、大坪庸介先生、大阪大学の大竹文雄先生、東京大学名誉教授の神谷和也先生、横浜国立大学名誉教授の倉澤資成先生、京都大学名誉教授の成生達彦先生、名古屋大学の川合伸幸先生、花薗誠先生、名古屋工業大学の小田亮先生、京都大学の関口格先生、総合研究大学院大学の大槻久先生、高知工科大学の肥前洋一先生、三船恒裕先生、日道俊之先生、大阪市立大学の橋本博文先生、Seoul National University の奥井亮先生、上智大学の川西諭先生、南山大学の上田薫先生、薫祥哲先生、浦上昌則先生、西森晃先生、奥田太郎先生、後藤剛史先生の各先生方には、つたない原稿の全章を読んでいただき、大変丁寧で的確なコメントをいただいたり、関連文献を教えていただいたりしました。経済学のみならず、心理学や認知科学、さらには脳神経科学、生物学、倫理学など、さまざまなご専門の先生方からのコメントを頂くことができ、たくさんの改善点が見つかっただけでなく、非常にたくさんの大切なことを学ぶことができました。先生方におかれましては、この場をお借りして、深く御礼申し上げます。

特に川越先生、松井先生、そして大坪先生には、何度もメールでのやりとりをしていただいたうえ、コメント自体の的確さはもちろんですが、文章を書くということ、さらには研究者としての姿勢など、大切なことをたくさん教えていただきました。大竹先生には、突然のお願いを快くお引きうけくださり、非常に的確なコメントやアドバイスをいただいたばかりか、暖かなお心遣いまでしていただきました。西森先生、浦上先生、三船先生、日道先生、大坪先生の各先生方には、2度にわたって草稿を読み、詳細なコメントや鋭いご指摘をいただき、さらに参考文献などを教えていただいたりしただけでなく、心温まる励ましの言葉などもいただきました。特に西森先生には、私のふっかける〝暑苦しい〟質問にいつも丁寧に対応していただき、絶妙のタイミングで鋭くも暖かいコメントをくださいました。また誰よりも奥野先生には、何度も的確なコメントをくださったばかりか、さまざまな形での励ましをいただきました。奥野先生がいらっしゃらなければ、この本をここまで書くことはとうていできませんでした。

東京大学の神取道宏先生、東京大学名誉教授の太田勝造先生、南山大学名誉教授の大谷津晴夫先生、

南山大学の湯本祐司先生、林順子先生、岡田悦典先生、家田崇先生、David Courron 先生の各先生方には、原稿に関係したことを教えていただいたり興味深いご指摘をいただいたりしました。またそもそも出版のきっかけを作ってくださったのは、元南山大学の川崎勝先生と、南山大学の阪本俊生先生です。各先生におかれましては、心から御礼申し上げます。

こうしてお名前をあげさせていただくと、これまでどれほど多くの先生方に助けていただいてきたのか、改めてはっきりと知ることができました。先生方のこうしたお力添えがなければ、この本は決してこのような形にはなりませんでした。すべての先生方に、改めて、心から御礼申し上げます。

元日本評論社の武藤誠様と、日本評論社の小西ふき子様には、何度も丁寧なやりとりをしていただいたうえに、的確なコメントや鋭いアドバイス、さらには温かな励ましをいただきました。お二人がいなければ、この本がこうして存在することはありませんでした。心から感謝申し上げます。また、優しいイメージのイラストと素敵な表紙をデザインしてくださった、デザイナーの淵上恵美子様にも、ここで感謝の気持ちを伝えさせてください。また、脳だの赤ちゃんだのサルだのサヘラントロプス・チャデンシスだのと、どうみても経済学とは思えない不思議な資料をあちこちから集めてくださった図書館のみなさまにも、心から感謝いたします。また、原稿の段階でこれを読んでさまざまにコメントをしてくれた小林ゼミのみなさんと、これまでに授業をとってくれたすべての学生のみなさんにも、改めてお礼をいわせてください。

本を書く中で、人とのつながりのありがたさを改めて感じました。経済学の世界に入ったことで出会えたすべての人に、この場をお借りして、心からの感謝を伝えさせてください。

本を書くということが、これほど大変だということを初めて知りました。こどもが生まれて学会や研究会への参加は難しくなり、まとまった時間を確保することもできなくなりました。さんざん悩んだ後に、精いっぱい確保できるのが細切れの時間なら、その中でできることをするしかないと、文献をひとり読み漁るだけの時間が続きました。

読むべき文献は次々に増え、ご飯の支度をしながら読んでは鍋を焦がし、かくれんぼで隠れながら論文を読み、授乳をしながら読んではそのまま寝落ちをしてしまうといったこともしょっちゅうでした。気が付くと、手元のメモは一千ページをはるかに超えていました。

とあるきっかけで本にまとめることになってからは、ますます大量の文献と原稿との間をいったりきたりしながら、読み返しても読み返しても、手をいれたいところばかりでした。紙幅の制約もあり、どのトピックスをいれるかよりも、どのトピックスを削るのかがはるかに大きな問題ともなりました。唯一静かな夜中にアイデアが浮かぶことも多く、そのまま寝てしまえば忘れることは必至ですから飛び起きては書かざるを得ず、ただでさえ授乳などで夜中に何度も起こされているのに、これ以上はもう体力の限界だと思うこともしばしばでした。

関連分野もあまりに広く、用語ひとつをとっても当初は混乱し、原稿の中でどのように統一的に扱うのかについてもかなり悩みました。たった3文字の言葉のために、山積みの資料を前に何日もかけて確認の作業をする、そんなことも当たり前でした。それでも、各専門の方からみれば、おかしな点も多々残ってしまっているのではないかということをもっとも恐れています。読者のみなさまには、何かありましたらどうぞぜひ教えてください。もちろんすべての間違いの責任は、著者のみにあります。

最後に私事になりますが、本書を書いている間、家の中のことは何一つまともにできませんでした。「ママ、お仕事しすぎ！」とこどもたちには何度も叱られ、寂しい思いばかりさせてしまいました。仕事をしているとすぐにのぞきこみにきては、「頑張ってるね！」と励ましてくれた長男。「ママのご本、本屋さんは買ってくれるの？」と何度も心配をしてくれた次男。末の娘は「論文」という言葉を早くに覚え、「ママ、ロンブン！」、「ママノ　オシゴト！」とつたない2語文で話しながら、家中に散らばる論文を見つけては拾ってくれるようになりました。一般の人の立場で原稿を読み、「ここがわからん！」と指摘をしてくれた父、焦げたご飯を「おいしいよ！」といって黙って食べてくれたこどもたち、そして家の中のことを一手に引き受け、ダメにしたお鍋を黙って片付けてくれた夫、そして支えてくれたすべての人に、心からの感謝を捧げたいと思います。

２０２１年５月

小林佳世子

＊本書の内容は、小林（2018）をもとにして、大幅に加筆修正したものです。

もっと勉強したい方へ

ここでは、本書を読んでもっと勉強したいと思った方へ向けて、関連文献をいくつか、思いつくままに紹介させていただきます。

行動経済学関係では、どれを紹介するか迷うほど多数出版されていますが、初学者でも手にとりやすい本としては、『予想どおりに不合理——行動経済学が明かす「あなたがそれを選ぶわけ」』（ダン・アリエリー、早川書房、2013年）などアリエリーの本や、『行動経済学の使い方』（大竹文雄、岩波新書、2019年）、『自滅する選択——先延ばしで後悔しないための新しい経済学』（池田新介、東洋経済新報社、2012年）などがあります。カーネマン自身による『ファスト&スロー——あなたの意思はどのように決まるか？』（ダニエル・カーネマン、早川書房、2012年）も、忘れてはいけない一冊です。

現場への応用を意識したものが、『医療現場の行動経済学——すれ違う医者と患者』（大竹文雄・平井啓、東洋経済新報社、2018年）や『WORK DESIGN（イリス・ボネット、NTT出版、2018年）などで、これらも大変興味深いトピックスが満載です。『その問題、経済学で解決できます』（ウリ・ニーズィー&ジョン・A・リスト、東洋経済新報社、2014年）では、多数のフィールド実験が紹介されています。

教科書としては、『行動経済学入門』（筒井義郎他、東洋経済新報社、2017年）や『行動経済学——伝統的経済学との統合による新しい経済学を目指して 新版』（大垣昌夫・田中沙織、有斐閣、20

18年）があり、全体像をもう少し手軽に学びたい人には、『行動経済学――経済は「感情」で動いている』（友野典男、光文社新書、2006年）、『行動経済学』（筒井義郎・山根承子、ナツメ社、2011年）、『知識ゼロからの行動経済学入門』（川西諭、幻冬舎、2016年）などがあります。ある程度行動経済学を学んだあとには、『行動経済学――感情に揺れる経済心理』（依田高典、中公新書、2010年）もぜひ一度は読んでほしい本です。

「意思決定」や「選択」、あるいは「認知」というものをもう少し幅広い視点から考えるときには、『選択の科学――コロンビア大学ビジネススクール特別講義』（シーナ・アイエンガー、文藝春秋、2014年）、『影響力の武器』（ロバート・B・チャルディーニ、誠信書房、2014年）、『「意思決定」の科学――なぜそれを選ぶのか』（川越敏司、講談社、2020年）、『選択と誘導の認知科学』（日本認知科学会（監修）、山田歩（著）、新曜社、2019年）、『認知バイアス――心に潜むふしぎな働き』（鈴木宏昭、講談社、2020年）などもぜひ手にしてほしい本です。

ゲーム理論のテキストもたくさんあり、とても紹介しきれませんが、初学者の方でも読みやすい本として、『戦略的思考の技術――ゲーム理論を実践する』（梶井厚志、中公新書、2002年）、『高校生からのゲーム理論』（松井彰彦、ちくまプリマー新書、2010年）、『16歳からのはじめてのゲーム理論――〝世の中の意思決定〟を解き明かす6.5個の物語』（鎌田雄一郎、ダイヤモンド社、2020年）などをお勧めします。もう少しかっちり勉強したい方には、『入門 ゲーム理論と情報の経済学』（神戸伸輔、日本評論社、2004年）や『ゲーム理論・入門――人間社会の理解のために』（岡田章、有斐閣、2014年）などがあります。また経済学の考えを楽しく学べる『超ヤバい経済学』（スティーヴン・D・レヴィット&スティーヴン・J・ダブナー、東洋経済新報社、2010年）では、本書でとりあげた小規模社会実験のほか、相手から「奪える」実験なども詳しく書いてあります。なお、「慣習」や「規範」といったものを、ゲーム理論の観点からとらえた貴重な本が、『慣習と規範の経済学――ゲーム理論からのメッセージ』（松井彰彦、東洋経済新報社、2002年）です。行動ゲーム理論のその理論的基礎を学びたい人には、『行動ゲーム理論入門 第2版』（川越敏司、NTT出版、2020年）をお勧めします。本格的な入門書です。

進化心理学の考え方を学ぶ本も多数あります。代表的なテキストである『進化と人間行動』（長谷川寿一・長谷川眞理子、東京大学出版会、2000年）や『心と行動の進化を探る――人間行動進化学入門』（五百部裕・小田亮（編著）、朝倉書店、2013年）のほか、「深い合理性」を提唱しているケンリックらの本『きみの脳はなぜ「愚かな選択」をしてしまうのか――意思決定の進化論』（ダグラス・T・ケンリック&ヴラダス・グリスケヴィシウス、講談社、2015年）、『友達の数は何人？――ダンバー数とつながりの進化心理学』（ロビン・ダンバー、インターシフト、2011年）（ダンバーの本はたくさん出版されていますが、どれも読みやすいです）、『進化心理学から考えるホモサピエンス――一万年変化しない価値観』（アラン・S・ミラー&サトシ・カナザワ、パンローリング株式会社、2019年）などもみなお勧めです。

社会心理学のテキストは、『眠れなくなるほど面白い 図解 社会心理学』（亀田達也（監修）、日本文芸社、2019年）、『徹底図解 社会心理学――歴史に残る心理学実験から現代の学際的研究まで』（山岸俊男（監修）、新星出版社、2011年）、『社会心理学・再入門――ブレークスルーを生んだ12の研究』（ジョアンヌ・R・スミス&S・アレクサンダー・ハスラム、新曜社、2017年）などは、どれも手に取りやすく読みやすい本です。進化の視点の入ったものとして、『複雑さに挑む社会心理学 改訂版――適応エージェントとしての人間』（亀田達也・村田光二、有斐閣、２０１０年）や、『進化と感情から解き明かす 社会心理学』（北村英哉・大坪庸介、有斐閣、２０１２年）、さらに感情の問題を扱った『感情心理学・入門』（大平英樹、有斐閣、２０１０年）などもお勧めです。

社会神経科学や社会脳は近年注目を集めている分野でもあり、こちらもまた多数の良書が出版されています。初学者でも読みやすいのが、『21世紀の脳科学――人生を豊かにする3つの「脳力」』（マシュー・リーバーマン、講談社、２０１５年）、『脳の中の経済学』（大竹文雄他、ディスカヴァー・トゥエンティワン、２０１２年）、『なぜ他人の不幸は蜜の味なのか』（高橋英彦、幻冬舎ルネッサンス新書、２０１４年）、『ソーシャルブレインズ入門――〈社会脳〉って何だろう』（藤井直敬、講談社現代新書、２０１０年）、『意思決定の心理学――脳とこころの傾向と対策』（阿部修士、講談社、２０１７年）などがあり、もう少し本格的なものとして『社会脳科学の展望――脳から社会をみる』（苧阪直行（編）、新曜社、２０１２年）の社会脳シリーズなどがあります。

『読む目・読まれる目――視線理解の進化と発達の心理学』（遠藤利彦（編）、東京大学出版会、２００５年）は、本書でとりあげた「目」や「視線」に関する本格的な書籍です。もっと気軽に手に取れる本としては、『モアイの白目――目と心の気になる関係』（小林洋美、東京大学出版会、２０１９年）があります。赤ちゃんも公平性を好むっていわれても、いったいどうやって実験しているの？と思った方には、『大人の直観vs子どもの論理』（辻本悟史、岩波書店、２０１５年）や『ジャスト・ベイビー――赤ちゃんが教えてくれる善悪の起源』（ポール・ブルーム、NTT出版、２０１５年）などはとても読みやすい本です。至近要因や究極要因という考え方をきちんと知りたい人は、『生き物をめぐる４つの「なぜ」』（長谷川眞理子、集英社新書、２００２年）などをお勧めします。

なお、本書でとりあげた多数の実験は、「行動経済学」やその隣接領域というべき「社会心理学」という範疇をこえ、むしろ「実験社会科学」というべきかもしれません。「実験社会科学」という視点から考えた本として、『モラルの起源――実験社会科学からの問い』（亀田達也、岩波新書、2017年）や、『実験が切り開く21世紀の社会科学（フロンティア実験社会科学）』（西條辰義・清水和巳（編著）、勁草書房、2014年）のシリーズなどをぜひ参照してみてください。また脳神経科学などの経済学への導入を、批判も含めて幅広い視点から議論した本として、『経済学に脳と心は必要か』（川越敏司（編著）、河出書房新社、2013年）があります。

最後に、本書でのテーマでもあった「協力行動の進化」というトピックスに興味をもった方には、これに関連した書籍として、『モラルの起源――道徳、良心、利他行動はどのように進化したのか』（クリストファー・ボーム、白揚社、2014年）、『道徳性の起源――ボノボが教えてくれること』（フランス・ドゥ・ヴァール、紀伊國屋書店、2014年）、『進化倫理学入門』（スコット・ジェイムズ、名古屋大学出版会、2018年）、『社会はなぜ右と左にわかれるのか――対立を超えるための道徳心理学』（ジョナサン・ハイト、紀伊國屋書店、2014年）、『モラル・トライブズ――共存の道徳哲学へ（上・下）』ジョシュア・グリーン、岩波書店、2015年）、『モラルの起源――実験社会科学からの問い』（亀田達也、岩波新書、2017年）、『利他学』（小田亮、新潮社、2011年）、『脳に刻まれたモラルの起源――人はなぜ善を求めるのか』（金井良太、岩波書店、2013年）、『分かちあう心の進化』（松沢哲郎、岩波書店、2018年）、『ヒトの本性――なぜ殺し、なぜ助け合うのか』（川合伸幸、講談社現代新書、2015年）、『協力する心の科学』（串崎真志、風間書房、2013年）、『進化倫理学入門――「利己的」なのが結局、正しい』（内藤淳、光文社新書、2009年）、『社会の仕組みを信用から理解する――協力進化の数理（共立スマートセレクション）』（巌佐庸・中丸麻由子、共立出版、2020年）、『ヒトはなぜ協力するのか』（マイケル・トマセロ、勁草書房、2013年）、『道徳の自然史』（マイケル・トマセロ、勁草書房、2020年）など、多数の良書が近年相次いで出版されています。

紙幅の関係もあり、こちらでは紹介しきれなかった本は多数あります。決して網羅的なリストではありませんが、ぜひともいろいろな本を手にとってみてください。

ゲームの詳細についての補足

本書では、最後通牒ゲームと独裁者ゲームを中心に扱っていますが、実はほかのゲームも使われています。本書で紹介した実験で使われたゲームのうち、特に代表的なものだけ、簡単にその詳細を補足しておきます。

1．公共財ゲームについて

第4章4.2節で「利他罰」を考える際に使われた、(罰則付き) 公共財ゲームについての補足です。「**公共財ゲーム**（public goods game)」とは、みんなが使う公園や道路などの「公共財」を作るために、グループのメンバーそれぞれが、お金をどのくらい払ってもよいかどうかを決めている、そんな状況を考えるためのゲームです。公園や道路といった「公共財を作るための税金」を、いったいいくら負担するのか、各自が自主的に決めている状況といってもいいでしょう。

本文で紹介した実験では、4人のグループで実験が行われています。毎回のゲームの最初に、4人のメンバーのそれぞれに20単位のお金が渡されます。そして全員のために使われる「共同資金」に、その20単位のお金のうちいくらを提供するのかを、各自がそれぞれ決定します。この「共同資金」が公園や道路などを作るための資金であり、各自が払うお金が、いわばその〝税金〟と考えられます。

共同資金に預けられたお金は、実験者によって（たとえば）2倍などに増やされてから、グループのメンバー全員に均等に分けられます。したがって集団としてもっとも〝得〟な状態は、グループのメンバー全員が全額を共同資金に提供することです。実験者がお金を2倍などに増やしてくれるので、全額を提供することで、集団全体としての取り分がもっとも大きくなるからです。

しかし個人としてもっとも〝得〟な選択は、お金をまったく提供しないことです。自分が提供した分は、実験者によって2倍などに増やしてはもらえますが、グループ全体で均等に分けられるので、自分に戻ってくるのはその4分の1でしかありません。実験者が増やしてくれる分がちょうど2倍だとしたら、最後に自分に戻ってくるのは提供額の半分にしかならないのです。したがって個人にとってもっとも〝得〟な状況は、自分以外の3人が全額を提供してくれて、自分だけは1円たりとも提供しない状況です。

税金で作られた公園や道路は、どれだけ税金を払ったかどうかにかかわらず、誰もが自由に使えます。自分はお金を1円も支払わずに、ほかの人が払ってくれたお金で公園や道路を作ってもらえれば、それが自分にとっては一番〝得〟です。でもみんながそう思って誰も税金を負担しなければ、そもそも道路も公園も作れません。公共財ゲームでは、現実のそんな側面を表しています。

ちなみに本文で紹介した実験では、提供した共同資金は実験者によって1.6倍にされたので、自分の提供額のうち戻ってくるのは、最初に提供した金額の0.4倍です。また本文では、「共同資金」にお金を提供する行動を〝協力的な行動〟とよび、資金を提供せずにお金を自分のためだけに使おうとする行動を〝身勝手な行動〟とよんでいます。そして、最初にもらった20単位のお金のうちいくらを提供しているのかで、協力行動の程度を測っています。

さらにここでは、利他罰（コストのかかる第三者罰）が行える罰ステージが加わります。グループの各メンバーの提供額を知ってから、グループの特定のメンバーに、コストを支払うことで罰を与えることができるようになります。罰ステージでは、最初にもらったお金とは別に毎期0～10ポイントを使うことができ、1ポイントごとにその特定の相手から3ポイントを奪うことができます。ポイントは、1ポイント1貨幣単位として、最後に手元のお金から差し引かれています。

2．順序付き囚人のジレンマゲームについて

第4章4.3節で議論した、「他者の痛みを見ているときの喜び」を測る際に使われたゲームが、「**順序付き囚人のジレンマゲーム**（sequential prisoner's dilemma game）」です。

これはAさんBさんの2人でプレイするゲームで、最初に両者がそれぞれ10ポイントをもらいます。まずAさんが、自分の10ポイントのうち、Bさんにいくら渡すのかを決めます。このポイントは、3倍にされてBさんに渡されます。Aさんが自分に何ポイントを渡してくれたのかを見てから、次にBさんも同様に、自分の10ポイントのうちいくらをAさんに渡すかを決めます。このポイントもまた、3倍にされてAさんに渡されます。これでゲームは終了です。

本文での実験では、参加者は常にAさんの立場で、Bさん役は、実は全員がサクラでした。そして本文でも説明したとおり、Bさん役には実は2種類の人がいて、それは常に高いポイントを返してくれる〝公平な人〟と、常に低いポイントしか返さない〝不公平な人〟でした。そして、この常に低いポイントしか送り返さない「お金を独り占めしようとする奴」の痛みを見ているときの、その脳の反応を計測したのです。

3．信頼ゲームについて

第4章4.3節で議論した、罰を与えているときの喜びを議論する際に使われたゲームは、「**信頼ゲーム**（trust game）」とよばれるものです。これはAさんBさんの2人でプレイするゲームで、ここでは最初に両者がそれぞれ10ポイントをもらいます。

まずAさんが、最初にもらった10ポイントのうち、何ポイントをBさんに送るかを決めます。Bさんに送った分は、実験者によって4倍にされます。したがって、たとえばAさんが最初にもらった10ポイントを全部Bさんに送ると、Bさんは40ポイントをもらえます。するとこのときBさんの手元には、最初にもらった10ポイントと合わせて、全部で50ポイントあることになります。

次にBさんは、この50ポイントのうち、いくらをAさんに送り返すのかを決めます。そのポイントがAさんに渡されて、これでゲームは終了です。最後にお互いの手元にあるポイントが、それぞれの利得となります。

ペア全体にとって一番得なのは、もちろんAさんが全額の10ポイントを送ることです。その10ポイントは実験者によって4倍にされるので、全体の利益が一番大きくなるからです。しかし、Bさん個人にとって一番得なのは、もちろん何も送り返さないことです。Bさん自身にとって、送り返すことのメリットは、何もないからです。すると、それを最初から予想するならば、Aさん個人にとって一番得なのは、最初からBさんには何も送らないことだということがわかります。

このように、最初にAさんがBさんに送る金額が、自分に送り返してくれるかどうかわからない相手をどれだけ信頼するのかという指標として考えられるので、「信頼ゲーム」とよばれています。

本文での実験では、参加者は実はすべてAさんの立場で、Bさんは実験協力者であるサクラでした。

Bさん役には、きちんと信頼にこたえてお金を返してくれる〝信頼できる人〟と、信頼を裏切ってお金を独り占めする〝ズルい人〟の2種類がいました。そして、「相手を信頼してポイントを送ったのに、その信頼を裏切って自分の懐にいれるズルい奴」を罰するときに、どのような脳の反応がみられたのかを測ったのです。

Zak, P. J.（2012）*The moral molecule: The source of love and prosperity*, Dutton.（『経済は「競争」では繁栄しない――信頼ホルモン「オキシトシン」が解き明かす愛と共感の神経経済学』（2013）ザック、ポール・J、柴田裕之訳、ダイヤモンド社。）

Zhang, L., & A. Ortmann（2014）"The effects of the take-option in dictator-game experiments: a comment on Engel's（2011）meta-study," ***Experimental Economics***, 17(3), pp.414–420.

Zhong, C. B., V. K. Bohns, & F. Gino（2010）"Good lamps are the best police: Darkness increases dishonesty and self-interested behavior," ***Psychological Science***, 21(3), pp.311–314.

〈マックスプランク研究所 HP：ギュートのインタビュー〉

http://www.econ.mpg.de/english/research/ESI/gueth_interview.php（取得年月日2019.12.17）

〈ドゥ・ヴァールの TED トーク〉

https://www.ted.com/talks/frans_de_waal_moral_behavior_in_animals（取得年月日2020.2.19）

〈京都大学 HP：プレスリリース「心に刻み込まれた正義――乳児は弱者を助ける正義の味方を肯定する」〉

http://www.kyoto-u.ac.jp/ja/research/research_results/2016/documents/170131_1/01.pdf（取得年月日2019.6.11）

〈Wall street journal HP："The Civilizing Effect Of Market Economics"〉

https://www.wsj.com/articles/SB1011885700476777840（2002.1.24）（取得年月日2019.11.12）

Cook (2009) "The private rejection of unfair offers and emotional commitment," *Proceedings of the National Academy of Sciences*, 106(28), pp.11520-11523.

Yamagishi, T., Y. Horita, N. Mifune, H. Hashimoto, Y. Li, M. Shinada, A. Miura, K. Inukai, H. Takagishi, & D. Simunovic (2012) "Rejection of unfair offers in the ultimatum game is no evidence of strong reciprocity," *Proceedings of the National Academy of Sciences*, 109(50), pp.20364-20368.

Yamagishi, T., Y. Li, A. S. R. Fermin, R. Kanai, H. Takagishi, Y. Matsumoto, T. Kiyonari, & M. Sakagami (2017) "Behavioral differences and neural substrates of altruistic and spiteful punishment," *Scientific Reports*, 7(1), 14654.

Yamagishi, T., S. Terai, T. Kiyonari, N. Mifune, & S. Kanazawa (2007) "The social exchange heuristic: Managing errors in social exchange," *Rationality and Society*, 19(3), pp.259-291.

Yamamori, T., K. Kato, T. Kawagoe, & A. Matsui (2008) "Voice matters in a dictator game," *Experimental Economics*, 11, pp.336-343.

Yamamori, T., K. Kato, & A. Matsui (2010) "When you ask Zeus a favor: The third party's voice in a dictator game," *Japanese Economic Review*, 61(2), pp. 145-158.

Yasue, M., A. Nakagami, K. Nakagaki, N. Ichinohe, & N. Kawai (2018) "Inequity aversion is observed in common marmosets but not in marmoset models of autism induced by prenatal exposure to valproic acid," *Behavioural Brain Research*, 343, pp.36-40.

Yudkin, D. A., J. J. Van Bavel, & M. Rhodes (2020) "Young children police group members at personal cost," *Journal of Experimental Psychology*, 149(1), pp.189-191.

Zadro, L., K. D. Williams, & R. Richardson (2004) "How low can you go? Ostracism by a computer is sufficient to lower self-reported levels of belonging, control, self-esteem, and meaningful existence," *Journal of Experimental Social Psychology*, 40(4), pp.560-567.

Vosoughi, S., D. Roy, & S. Aral（2018）"The spread of true and false news online," *Science*, 359(6380), pp.1146–1151.

Wascher, C. A. F., & T. Bugnyar（2013）"Behavioral responses to inequity in reward distribution and working effort in crows and ravens," *PLoS ONE*, 8(2): e56885.

渡邊正孝（2013）『脳科学辞典』DOI：10.14931/bsd.1657。

Watanabe, S., & K. Ono（1986）"An experimental analysis of "empathic" response: Effects of pain reactions of pigeon upon other pigeon's operant behavior," *Behavioural Processes*, 13(3), pp.269–277.

Wiessner, P.（2005）"Norm enforcement among the Ju/'hoansi bushman," *Human Nature*, 16(2), pp.115–145.

Wiessner, P.（2014）"Embers of society: Firelight talk among the Ju/'hoansi Bushmen," *Proceedings of the National Academy of Sciences,* 111(39), pp14027–14035.

Wilkes, R.（2002）*Scandal: A Scurrilous History of Gossip*, Atlantic.

Williams, K. D., C. K. Cheung, & W. Choi（2000）"Cyberostracism: effects of being ignored over the Internet," *Journal of Personality and Social Psychology*, 79(5), pp.748–762.

Xiao, E., & D. Houser（2005）"Emotion expression in human punishment behavior," *Proceedings of the National Academy of Sciences*, 102(20), pp.7398–7401.

Xu, X., X. Zuo, X. Wang, & S. Han（2009）"Do you feel my pain? Racial group membership modulates empathic neural responses," *Journal of Neuroscience*, 29(26), pp.8525–8529.

Yamagishi, T.（1986）"The provision of a sanctioning system as a public good," *Journal of Personality and Social Psychology,* 51(1), pp.110–116.

Yamagishi, T., & N. Mifune（2008）"Does shared group membership promote altruism? Fear greed and reputation," *Rationality and Society*, 20, pp.5–30.

Yamagishi, T., Y. Horita, H. Takagishi, M. Shinada, S. Tanida, & K. S.

exclusion causes self-defeating behavior," *Journal of Personality and Social Psychology*, 83(3), pp.606-615.

van Beest, I., & K. D. Williams (2006) "When inclusion costs and ostracism pays, ostracism still hurts," *Journal of Personality and Social Psychology*, 91(5), pp.918-928.

van Damme, E., K. G. Binmore, A. E. Roth, L. Samuelson, E. Winter, G. E. Bolton, A. Ockenfels, M. Dufwenberg, G. Kirchsteiger, U. Gneezy, M. G. Kocher, M. Sutter, A. G. Sanfey, H. Kliemt, R. Selten, R. Nagel, & O. H. Azar (2014) "How Werner Güth's ultimatum game shaped our understanding of social behavior," *Journal of Economic Behavior & Organization*, 108, pp.292-318.

van den Berg, P., S. Dewitte, & T. Wenseleers (2021) "Uncertainty causes human to use social heuristics and to cooperate more: An experiment among Belgian university students," *Evolution and Human Behavior*, 42(3), pp.223-229.

Vanneste, S., J. Verplaetse, A. V. Hiel, & J. Braeckman (2007) "Attention bias toward noncooperative people. A dot probe classification study in cheating detection," *Evolution and Human Behavior*, 28(4), pp.272-276.

Vanish, A., M. Carpenter, & M. Tomasello (2010) "Young children selectively avoid helping people with harmful intentions," *Child Development*, 81(6), pp.1661-1669.

Verschuere, B., E. H. Meijer, A. Jim, K. Hoogesteyn, R. Orthey, R. J. McCarthy, ... , & E. Yildiz (2018) "Registered replication report on Mazar, Amir, and Ariely (2008)," *Advances in Methods and Practices in Psychological Science*, 1(3), pp.299-317.

Vesterlund, L. (2016) "Using experimental methods to understand why and how we give to charity," in *Handbook of experimental economics*, (Kagel, J. H., & A. E. Roth (Eds.)), vol.2, pp.91-151.

von Grünau, M., & C. Anston (1995) "The detection of gaze direction: A stare-in-the-crowd effect," *Perception*, 24(11), pp. 1297-1313.

Behavioral Science, 2(2), pp.24-27.
鄭志誠・高橋英彦（2015）『脳科学辞典』DOI：10.14931/bsd.5897。
Thaler, R.（2015）*Misbehaving: The making of behavioral economics*, W. W. Norton & Company.（『行動経済学の逆襲』（2016）遠藤真美訳、早川書房。）
Thielmann, I., D. W. Heck and B. E. Hilbig（2016）"Anonymity and incentives: an investigation of techniques to reduce socially desirable responding in the Trust Game," ***Judgment and Decision Making***, 11(5), pp.527-536.
戸田正直（2007）『感情――人を動かしている適応プログラム（コレクション認知科学）』東京大学出版会。
Tomasello, M.（2016）*A natural history of human morality*, Harvard University Press.（『道徳の自然誌』（2020）中尾央訳、勁草書房。）
Tomova, L., K. L. Wang, T. Thompson, G. A. Matthews, A. Takahashi, K. M. Tye, & R. Saxe（2020）"Neuroscience: Social isolation evokes craving responses in the human brain," ***Nature Neuroscience***, 23(12), pp.1597-1605.
Tricomi, E., A. Rangel, C. F. Camerer, & J. P. O'Doherty（2010）"Neural evidence for inequality-averse social preferences," ***Nature***, 463(7284), pp.1089-1091.
Trivers, R. L.（1971）"The evolution of reciprocal altruism," ***The Quarterly Review of Biology***, 46(1), pp.35-57.
辻本悟史（2015）『大人の直観 vs 子どもの論理』岩波書店
Twenge, J. M., R. F. Baumeister, C. N. DeWall, N. J. Ciarocco, & J. M. Bartels（2007）"Social exclusion decreases prosocial behavior," ***Journal of Personality and Social Psychology***, 92(1), pp.56-66.
Twenge, J. M., R. F. Baumeister, D. M. Tice, & T. S. Stucke（2001）"If you can't join them, beat them: Effects of social exclusion on aggressive behavior," ***Journal of Personality and Social Psychology***, 81(6), pp.1058-1069
Twenge, J. M., K. R. Catanese, & R. F. Baumeister（2002）"Social

injustice," *Journal of Neuroscience*, 38(12), pp.2944–2954.
Stone, V. E., L. Cosmides, J. Tooby, N. Kroll, & R. T. Knight (2002) "Selective impairment of reasoning about social exchange in a patient with bilateral limbic system damage," *Proceedings of the National Academy of Sciences*, 99(17), pp.11531–11536.
Strathearn, L., J. Li, P. Fonagy, & P. R. Montague (2008) "What's in a smile? Maternal brain responses to infant facial cues," *Pediatrics*, 122(1), pp.40–51.
Strobel, A., J. Zimmermann, A. Schmitz, M. Reuter, S. Lis, S. Windmann, & P. Kirsch (2011) "Beyond revenge: neural and genetic bases of altruistic punishment," *Neuroimage*, 54(1), pp. 671–680.
Sugiyama, L. S., J. Tooby, & L. Cosmides (2002) "Cross-cultural evidence of cognitive adaptations for social exchange among the Shiwiar of Ecuadorian Amazonia," *Proceedings of the National Academy of Sciences*, 99(17), pp.11537–11542.
Sutter, M., C. Zoller, & D. Glätzle-Rützler (2019) "Economic behavior of children and adolescents – A first survey of experimental economics results," *European Economic Review*, 111, pp.98–121.
Tabibnia, G., & M. D. Lieberman (2007) "Fairness and cooperation are rewarding: evidence from social cognitive neuroscience," *Annals of the New York Academy of Sciences*, 1118(1), pp.90–101.
高岸治人・高橋伸幸・山岸俊男（2009）「第 3 者による不公正是正行動における意図の役割」『実験社会心理学研究』48(2), pp. 159–166.
Takahashi, H., M. Kato, M. Matsuura, D. Mobbs, T. Suhara, & Y. Okubo (2009) "When Your Gain Is My Pain and Your Pain Is My Gain: Neural Correlates of Envy and Schadenfreude," *Science*, 323 (5916), pp.937–939.
Tane, K., & M. Takezawa (2011) "Perception of human face does not induce cooperation in darkness," *Letters on Evolutionary*

distributive justice orientations; contextual influence on children's resource allocation," ***Child Development***, 62(6), pp.1367-1378.
Sigmund, K., E. Fehr, & M. A. Nowak (2002) "The economics of fair play," ***Scientific American,*** 286(1), pp.82-87.(『フェアプレーの経済学』(2002) 日経サイエンス、2002年4月号、pp.78-85、日経サイエンス社。)
Simon, H. A. (1996) *Models of my life*, Basic books.(『学者人生のモデル』(1998) 安西祐一郎・安西徳子訳、岩波書店。)
Singer, T., B. Seymour, J. P. O'Doherty, H. Kaube, R. J. Dolan, & C. D. Frithe (2004) "Empathy for pain involves the affective but no sensory components of pain," ***Science***, 303(5661), pp.1157-1162.
Singer T., B. Seymour, J. P. O'Doherty, K. E. Stephan, R. J. Dolan, & C. D. Frith (2006) "Empathic neural responses are modulated by the perceived fairness of others," ***Nature***, 439(7075), pp.466-469.
Sloane, S., R. Baillargeon, & D. Premack (2012) "Do infants have a sense of fairness? " ***Psychological Science***, 23(2), pp.196-204.
Smith, A. (1767) *The theory of moral sentiments: To which is added a dissertation on the origin of languages*, 3rd edition, A. Millar, A. Kincaid and J. Bell in Edinburgh; and sold.(スミス、アダム『道徳感情論』(2003) 水田洋訳、岩波書店。)
Sommerfeld, R. D., H. J. Krambeck, D. Semmann, & M. Milinski (2007) "Gossip as an alternative for direct observation in games of indirect reciprocity," ***Proceedings of the National Academy of Sciences***, 104(44), pp.17435-17440.
Sommerville, J. A., M. F. Schmidt, J. E. Yun, & M. Burns (2013) "The development of fairness expectations and prosocial behavior in the second year of life," ***Infancy***, 18(1), pp.40-66.
Sparks, A., & P. Barclay (2013) "Eye images increase generosity, but not for long: The limited effect of a false cue," ***Evolution and Human Behavior***, 34(5), pp.317-322.
Stallen, M., F. Rossi, A. Heijne, A. Smidts, C. K. De Dreu, & A. G. Sanfey (2018) "Neurobiological mechanisms of responding to

ultimatum game," *Science*, 300(5626), pp.1755–1758.
Schmidt, M. F. H., H. Rakoczy, & M. Tomasello (2012) "Young children enforce social norms selectively depending on the violator's group affiliation," *Cognition*, 124(3), pp.325–333.
Schmidt, M. F. H. & M. Tomasello (2012) "Young children enforce social norms," *Current Directions in Psychological Science*, 21(4), pp.232–236.
千住淳（2012）『社会脳の発達』東京大学出版会。
Senju, A., T. Hasegawa, & Y. Tojo (2005) "Does perceived direct gaze boost detection in adults and children with and without autism? The stare-in-the-crowd effect revisited," *Visual Cognition*, 12(8), pp.1474–1496.
Shariff, A., F., A. K. Willard, T. Andersen, & A. Norenzayan (2016) "Religious priming: A meta-analysis with a focus on prosociality," *Personality and Social Psychology Review*, 20(1), pp.27–48.
Shaw, A., S. Choshen-Hillel, & E. M. Caruso (2016) "The development of inequity aversion: Understanding when (and why) people give others the bigger piece of the pie," *Psychological Science*, 27(10), pp.1352–1359.
Shaw, A., & K. R. Olson (2012) "Children discard a resource to avoid inequity," *Journal of Experimental Psychology: General*, 141(2), pp.382–395.
Shaw, A., & K. Olson (2014) "Fairness as partiality aversion: The development of procedural justice," *Journal of Experimental Child Psychology*, 119, pp.40–53.
Shinohara, A., Y. Kanakogi, Y. Okumura, & T. Kobayashi (2020) "How do Children Evaluate the Gossiper of Negative Gossip?," *Japanese Psychological Research*, 12279.
塩沢由典（2006）「合理性」「手続き合理性」「実質合理性」「状況合理性」「目的合理性」『進化経済学ハンドブック』 進化経済学会編。
Sigelman, C. K., & K. A. Waitzman (1991) "The development of

punishment in chimpanzees," ***Proceedings of the National Academy of Sciences***, 109(37), pp.14824–14829.

Rigdon, M., K. Ishii, M. Watanabe, & S. Kitayama (2009) "Minimal social cues in the dictator game," ***Journal of Economic Psychology***, 30(3), pp.358–367.

Rilling, J. K., D. A. Gutman, T. R. Zeh, G. Pagnoni, G. S. Berns, & C. D. Kilts (2002) "A neural basis for social cooperation," ***Neuron***, 35(2), pp.395–405.

Roberts, A. (2011) *Evolution: The human story*, Dorling Kindersley. (『人類の進化大図鑑』(2018) 馬場悠男監修、河出書房新社。)

Rockenbach, B., & M. Milinski (2006) "The efficient interaction of indirect reciprocity and costly punishment," ***Nature***, 444 (7120), pp.718–723.

Roth, A. E., V. Prasnikar, M. Okuno-Fujiwara, & S. Zamir (1991) "Bargaining and market behavior in Jerusalem, Ljubljana, Pittsburgh, and Tokyo: An experimental study," ***American Economic Review***, 81(5), pp.1068–1095.

Rubinstein, A. (1998) *Modeling bounded rationality*, MIT Press. (『限定合理性のモデリング』(2008) 兼田敏之・徳永健一訳、共立出版。)

Russo, F. (2018) "Loneliness can be toxic," ***Scientific American***, Jan, pp.64–69. (「孤独の科学」『孤独と共感——脳科学で知る心の世界』(2018) 別冊日経サイエンス230、日経サイエンス編集部編、翻訳協力：千葉啓恵、pp.58–64、日経サイエンス社。)

Sagi, A., & M. L. Hoffman (1976) "Empathetic distress in the newborn," ***Developmental Psychology***, 12(2), pp.175–176.

佐倉統 (1997)『進化論の挑戦』角川ソフィア文庫。

Samahita, M. (2017) "Venting and gossiping in conflicts: Verbal expression in ultimatum games," ***Journal of Behavioral and Experimental Economics***, 67, pp.111–112.

Sanfey, A, G., J. K. Rilling, J. A. Aronson, L. E. Nystrom, & J. D. Cohen (2003) "The neural basis of economic decision-making in the

Developmental Psychology, 27(2), pp.445–456.

Rand, D. G. (2016) "Cooperation, fast and slow: Meta-analytic evidence for a theory of social heuristics and self-interested deliberation," *Psychological Science*, 27(9), pp.1192–1206.

Rand, D. G., A. Dreber, T. Ellingsen, D. Fudenberg, & M. A. Nowak (2009a) "Positive interactions promote public cooperation," ***Science,*** 325(5945), pp.1272–1275.

Rand, D. G., H. Ohtsuki, & M. A. Nowak (2009b) "Direct reciprocity with costly punishment: Generous tit-for-tat prevails," ***Journal of Theoretical Biology,*** 256(1), pp.45–57.

Rand, D. G., J. D. Greene, & M. A. Nowak (2012) "Spontaneous giving and calculated greed," ***Nature***, 489(7416), pp.427–430.

Rand, D. G., A. Peysakhovich, G. T. Kraft-Todd, G. E. Newman, O. Wurzbacher, M. A. Nowak, & J. D. Greene (2014) "Social heuristics shape intuitive cooperation," ***Nature Communications,*** 5(1), pp.1–12.

Range, F., L. Horn, Z. Viranyi, & L. Huber (2009) "The absence of reword induces inequity aversion in dogs," ***Proceedings of the National Academy of Sciences***, 106(1), pp.340–345.

Ratcliff, N. J., K. Hugenberg, E. R. Shriver, & M. J. Bernstein (2011) "The allure of status: High-status targets are privileged in face processing and memory," ***Personality and Social Psychology Bulletin***, 37(8), pp.1003–1015.

Read, L. E. (1958) "I, Pencil," *The freeman*, December ((2016) *The freeman*, 66(3), Fall, pp.22–27).

Redhead, G. & R. I. M. Dunbar (2013) "The functions of language: An experimental study," ***Evolutionary Psychology***, 11(4), pp. 845–854.

Reid, V. M., K. Dunn, R. J. Young, J. Amu, T. Donovan, & N. Reissland (2017) "The human fetus preferentially engages with face-like visual stimuli," ***Current Biology***, 27(12), pp.1825–1828.

Riedl, K., K. Jensen, J. Call, & M. Tomasello (2012) "No third-party public restroom," *Journal of Applied Social Psychology*, 48(4), pp. 188-194.

Pillutla, M. M., & J. K. Murnighan (1996) "Unfairness, anger, and spite: Emotional rejections of ultimatum offers," ***Organizational Behavior and Human decision Processes***, 68(3), pp.208-224.

Pinker, S. (2002) *The blank state: The modern denial of human nature*, Viking.(『人間の本性を考える――心は「空白の石板」か』上・下(2004)山下篤子訳、NHK ブックス。)

Poundstone, W. (2010) *Priceless: The myth of fair value (and How to take advantage of it)*, Hill and Wang.(『プライスレス――必ず得する行動経済学の法則』(2010)松浦俊輔・野木明恵訳、青土社。)

Powell, K. L., G. Robert, & D. Nettle (2012) "Eye images increase charitable donations: Evidence from an opportunistic field experiment in a supermarket," ***Ethology***, 118(11), pp.1096-1101.

Power, M. L., & J. Schulkin (2009) *The evolution of obesity,* Johns Hopkins University Press.(『人はなぜ太りやすいのか――肥満の進化生物学』(2017)山本太郎訳、みすず書房。)

Proctor, D., R. A. Williamson, F. B. de Waal, & S. F. Brosnan (2013) "Chimpanzees play the ultimatum game," ***Proceedings of the National Academy of Sciences***, 110(6), pp.2070-2075.

Raihani, N. J. & R. Bshary (2015a) "The reputation of punishers," ***Trends in Ecology & Evolution***, 30(2), pp.98-103.

Raihani, N. J., & R. Bshary (2015b) "Third-party punishers are rewarded, but third-party helpers even more so," ***Evolution***, 69 (4), pp.993-1003.

Rakoczy, H., F. Warneken, & M. Tomasello (2008) "The sources of normativity: young children's awareness of the normative structure of games," ***Developmental psychology***, 44(3), pp.875-881.

Rakoczy, H., N. Brosche, F. Warneken, & M. Tomasello (2009) "Young children's understanding of the context-relativity of normative rules in conventional games," ***British Journal of***

ヴァー・トゥエンティワン。
Ohtsubo, Y., F. Masuda, E. Watanabe, & A. Masuchi (2010) "Dishonesty invites costly third-party punishment," ***Evolution and Human Behavior***, 31(4), pp.259-364.
岡田章（2014）『ゲーム理論・入門――人間社会の理解のために（新版）』有斐閣アルマ。
奥野正寛（2014）「経済学とその周辺　第２回　経済学と実験」『書斎の窓』７月号（No.634）、pp.1-2、有斐閣。
大槻久（2014）『協力と罰の生物学』岩波書店。
Oosterbeek, H., R. Sloof, & G. van de Kuilen (2004) "Cultural differences in ultimatum game experiments: Evidence from a Meta-Analysis," ***Experimental Economics***, 7(2), pp.171-188.
Ostrom, E. (1990) *Governing the commons: The evolution of institutions for collective action*, Cambridge University Press.
Panagopoulos, C. (2014) "Watchful eyes: implicit observability cues and voting," ***Evolution and Human Behavior***, 35(4), pp.279-284.
Panagopoulos, C., S. van der Linden (2017) "The feeling of being watched: Do eye cues elicit negative affect?," ***North American Journal of Psychology***, 19(1), pp.113-121.
Pareto, V. (2014) *Manual of political economy: A variorum translation and critical edition*（原題：*Manuale di Economia Politica* (1906)), reprint, A. Montesano *et al.* (eds), Oxford University Press.
Peng, X., Y. Li, P. Wang, L. Mo, & Q. Chen (2015) "The ugly truth: negative gossip about celebrities and positive gossip about self entertain people in different ways," ***Social Neuroscience***, 10(3), pp. 320-336.
Pfattheicher, S. & J. Keller (2015) "The watching eyes phenomenon; the role of a sense of being seen and public self-awareness," ***European Journal of Social Psychology***, pp.560-566.
Pfattheicher, S., C. Strauch, S. Diefenbacher, & R. Schnuerch (2018) "A field study on watching eyes and hand hygiene compliance in a

心の世界』(2018) 別冊日経サイエンス230、日経サイエンス編集部編、翻訳協力：古川奈々子、pp.24-29、日経サイエンス社。)
Nowak, M. A., & K. Sigmund (1998) "Evolution of indirect reciprocity by image scoring," ***Nature***, 393(6685), pp.573-577.
Nowak, M. A., & K. Sigmund (2005) "Evolution of indirect reciprocity," ***Nature***, 437(7063), pp.1291-1298.
Oda, R. (1997) "Biased face recognition in the prisoner's dilemma game," ***Evolution and Human Behavior***, 18(5), pp.309-315.
Oda, R. (2019) "Is the watching-eye effect a fluke?," ***Letters on Evolutionary Behavioral Science***, 10(1), pp4-6.
Oda, R., K. Hiraishi, & A. Matsumoto-Oda (2006) "Does an altruist-detection cognitive mechanism function independently of a cheater-detection cognitive mechanism? Studies using Wason selection tasks," ***Evolution and Human Behavior***, 27(5), pp. 366-380.
Oda, R., & R. Ichihashi (2016) "The watching eyes effect on charitable donation is boosted by fewer people in the vicinity," ***Letters on Evolutionary Behavioral Science***, 7(2), pp.9-12.
Oda, R., Y. Kato, & K. Hiraishi (2015) "The watching-eye effect on prosocial lying," ***Evolutionary Psychology***, 13(3), pp.1-5.
Oda, R., & S. Nakajima (2010) "Biased face recognition in the faith game," ***Evolution and Human Behavior***, 31(2), pp.118-122.
Oda, R., Y. Niwa, A. Honma, & K. Hiraishi (2011) "An eye-like painting enhances the expectation of a good reputation," ***Evolution and Human Behavior***, 32(3), pp.166-171.
大垣昌夫・田中沙織 (2018)『行動経済学——伝統的経済学との統合による新しい経済学を目指して 新版』有斐閣。
Ogawa, K., T. Kawamura, & K. Matsushita (2020) "Effects of cognitive ability and age on giving in dictator game experiments," ***Research in Economics***, 74(4), pp.323-335.
大竹文雄 (2019)『行動経済学の使い方』岩波新書。
大竹文雄・田中沙織・佐倉統 (2012)『脳の中の経済学』ディスカ

principle," ***Evolution and Human Behavior***, 26(1), pp.88-105.

Nettle, D., Z. Harper, A. Kidson, R. Stone, I. S. Penton-Voak, & M. Bateson（2013）"The watching eyes effect in the Dictator game: It's not how much you give, it's being seen to give something," ***Evolution & Human Behavior***, 34(1), pp.35-40.

Nettle, D., K. Nott, & M. Bateson（2012）"'Cycle thieves, we are watching you': Impact of a simple signage intervention against bicycle theft," *PLoS ONE*, 7(12): e51738.

Nihonsugi, T., A. Ihara, & M. Haruno（2015）"Selective increase of intention-based economic decisions by noninvasive brain stimulation to the dorsolateral prefrontal cortex," ***Journal of Neuroscience***, 35(8), pp.3412-3419.

Nisbett, R. E.（2004）*The geography of thought: How Asians and Westerners think differently… and why*, Simon and Schuster（Free Press).（『木を見る西洋人 森を見る東洋人——思考の違いはいかにして生まれるか』（2004）村本由紀子訳、ダイヤモンド社。）

Nisbett, R. E., & D. Cohen（1996）*Culture of honor: The psychology of violence in the South*, Routledge.（『名誉と暴力——アメリカ南部の文化と心理』（2009）石井敬子・結城雅樹（編訳）、北大路書房。）

Northover, S. B., W. C. Pedersen, A. B. Cohen, & P. W. Andrews（2017a）"Artificial surveillance cues do not increase generosity: Two meta-analyses," ***Evolution and Human Behavior***, 38(1), pp. 144-153.

Northover, S. B., W. C. Pedersen, A. B. Cohen, & P. W. Andrews（2017b）"Effect of artificial surveillance cues on reported moral judgment: Experimental failures to replicate and two meta-analyses," ***Evolution and Human Behavior***, 38(5), pp.561-571.

Nowak, M. A.（2006）"Five rules for the evolution of cooperation," ***Science,*** 314(5805), pp.1560-1563.

Nowak, M. A.（2012）"Why we help," ***Scientific American***, July, pp. 34-39.（「なぜ生物は助け合うか」『孤独と共感——脳科学で知る

Psychology, 97(3), pp.405-423.

Meyer, M. L., C. L. Masten, Y. Ma, C. Wang, Z. Shi, N. I. Eisenberger, & S. Han (2013) "Empathy for the social suffering of friends and strangers recruits distinct patterns of brain activation," ***Social Cognitive and Affective Neuroscience***, 8(4), pp.446-454.

Mifune, N., H. Hashimoto, & T. Yamagishi (2010) "Atruism toward in-group members as a reputation mechanism," ***Evolution and Human Behavior***, 31(2), pp.109-117.

Milinski, M., D. Semmann, & H. J. Krambeck (2002) "Reputation helps solve the 'tragedy of the commons'," ***Nature***, 415 (6870), pp.424-426.

Mitchell, J. P., C N. Macrae, & M. R. Banaji (2006) "Dissociable medial prefrontal contributions to judgments of similar and dissimilar others," ***Neuron***, 50(4), pp.655-663.

Moffett, M. W. (2010) *Adventures among ants: a global safari with a cast of trillions,* Univ of California Press.（『アリたちとの大冒険――愛しのスーパーアリを追い求めて』(2013) 山岡亮平・秋野順治訳、化学同人。）

Molho, C., J. M. Tybur, P. A. M. Van Lange, & D. Balliet (2020) "Direct and indirect punishment of norm violations in daily life," ***Nature Communications***, 11: 3432.

森元良太・田中泉吏 (2016)『生物学の哲学入門』勁草書房。

モッテルリーニ, M. (2008)『経済は感情で動く』 泉典子訳、紀伊国屋書店。(Motterlini, M. (2006) *Economia emotiva. Che cosa si nasconde dietro i nostri conti quotidiani i,* BUR Biblioteca Univ. Rizzoli.)

Mulder, L. B., E. Van Dijk, D. De Cremer, & H. A. Wilke (2006) "Undermining trust and cooperation: The paradox of sanctioning systems in social dilemmas," ***Journal of Experimental Social Psychology***, 42(2), pp.147-162.

Nesse, R. M. (2005) "Natural selection and the regulation of defenses: A signal detection analysis of the smoke detector

Masten, C. L., S. A. Morell, & N. I. Eisenberge（2011）“An fMRI investigation of empathy for ‘social pain’ and subsequent prosocial behavior,” ***Neuroimage***, 55(1), pp.381–388.

Matsugasaki, K., W. Tsukamoto, & Y. Ohtsubo（2015）“Two failed replications of the watching eyes effect,” ***Letters on Evolutionary Behavioral Science***, 6(2), pp.17–20.

松井彰彦（2002）『慣習と規範の経済学――ゲーム理論からのメッセージ』東洋経済新報社。

Matsumoto, Y., T. Yamagishi, Y. Li, & T. Kiyonari（2016）“Prosocial behavior increases with age across five economic games,” ***PloS ONE***, 11(7): e0158671.

松沢哲郎（2018）『分かちあう心の進化（岩波科学ライブラリー）』岩波書店。

Mazar, N., O. Amir, & D. Ariely（2008）“The dishonesty of honest people: A theory of self-concept maintenance,” ***Journal of Marketing Research***, 45(6), pp.633–644.

McAuliffe, K., J. Jordan, & F. Warneken（2015a）“Costly third-party punishment in young children,” ***Cognition***, 134, pp.1–10.

McAuliffe, K., L. W. Linda, K. Leimgruber, R. Spaulding, P. R. Blake, & L. R. Santos（2015b）“Capuchin monkeys, Cebus apella, show no evidence for inequity aversion in a costly choice task,” ***Animal Behaviour***, 103, pp.65–74.

McAuliffe, K., & Y. Dunham（2021）“Children favor punishment over restoration,” ***Developmental Science***, e13093.

McGetrick, J., & R. Friederike（2018）“Inequity aversion in dogs: a review,” ***Learning & Behavior***, 46(4), pp.479–500.

Mealey, L., C. Daood, & M. Krage（1996）“Enhanced memory for faces of cheaters,” ***Ethology and Sociobiology***, 17(2), pp.119–128.

Mehl, B., & A. Buchner（2008）“No enhanced memory for faces of cheaters,” ***Evolution and Human Behavior***, 29(1), pp.35–41.

Mesoudi, A., A. Whiten, & R. Dunbar（2006）“A bias for social information in human cultural transmission,” ***British Journal of***

Journal of Political Economy, 115(3), pp.482–493.

List, J. A., R. P. Berrens, A. K. Bohara, & J. Kerkvliet (2004) “Examining the role of social isolation on stated preferences,” ***American Economic Review***, 94(3), pp.741–752.

Ma, N., N. Li, X.-S. He, D.-L. Sun, X. Zhang, & D.-R. Zhang (2012) “Rejection of unfair offers can be driven by negative emotions. evidence from modified ultimatum games with anonymity,” *PLoS ONE*, 7(6): e39619.

Maestripieri, D. (2012) *Games primates play: An undercover investigation of the evolution and economics of human relationships*, Basic Book.（『ゲームをするサル――進化生物学からみた「えこひいき（ネポチズム）」の起源』（2015）河合信和訳、雄山閣。）

Manesi, Z., P. A. M. Van Lange, & T. V. Pollet, (2016) “Eyes wide open: Only eyes that pay attention promote prosocial behavior,” ***Evolutionary Psychology***, 14(2), pp.1–15.

Margoni, F., & L. Surian (2018) “Infants’ evaluation of prosocial and antisocial agents: A meta-analysis,” ***Developmental Psychology***, 54(8), pp.1445–1455.

Marshall, A. (1920) *Principles of economics: 8th edition*, Macmillan and Co. (first edition 1890)（『経済学原理』（1985）永澤越郎訳 岩波ブックサービスセンター。）

Mas, A., & E. Moretti (2009) “Peers at work,” ***American Economic Review***, 99(1), pp.112–45.

Mas-Colell, A., M. D. Whinston, & J. R. Green (1995) *Microeconomic theory*, Oxford University Press.

Masserman, J. H., S. Wechkin, & W. Terris (1964) ““Altruistic” behavior in rhesus monkeys,” ***American Journal of Psychiatry***, 121(6), pp.584–585.

Masten, C. L., N. I. Eisenberger, J. H. Pfeifer, & M. Dapretto (2010) “Witnessing peer rejection during early adolescence: Neural correlates of empathy for experiences of social exclusion,” ***Social Neuroscience***, 5(5–6), pp.496–507.

Lee, Y., & F. Warneken (2020) "Children's evaluations of third-party responses to unfairness: Children prefer helping over punishment," ***Cognition***, 205, 104374.

Legate, N., C. R. DeHaan, N. Weinstein, & R. M. Ryan (2013) "Hurting you hurts me too: The psychological costs of complying with ostracism," ***Psychological Science***, 24(4), pp.583-588.

Leimgruber, K. L., A. G. Rosati, & L. R. Santos (2016) "Capuchin monkeys punish those who have more," ***Evolution and Human Behavior***, 37(3), pp.236-244.

Levitt, S. D., & S. J. Dubner (2009) *SuperFreakonomics: Global cooling, patriotic prostitutes, and why suicide bombers should buy life insurance,* William Morrow.（『超ヤバい経済学』(2010) 望月衛訳、東洋経済新報社。）

Levitt, S. D., & J. A. List (2008) "Homo economicus evolves," ***Science,*** 319(5865), pp.909-910.

Li, X., M. Jusup, Z. Wang, H. Li, L. Shi, B. Podobnik, H. E. Stanley, S. Halvin, & S. Boccaletti (2018) "Punishment diminishes the benefits of network reciprocity in social dilemma experiments," ***Proceedings of the National Academy of Sciences***, 115(1), pp.30-35.

Lieberman, D. E. (2013a) *The story of the human body: Evolution, health, and disease*, Pantheon.（『人体600万年史——科学が明かす進化・健康・疾病』上・下 (2015) 塩原通緒訳、早川書房。）

Lieberman, M. D. (2013b) *Why our brains are wired to connect*, Crown.（『21世紀の脳科学——人生を豊かにする３つの「脳力」』(2015) 江口泰子訳、講談社。）

Linden, D. J. (2016) *Touch: The science of hand, heart, and mind*, Penguin Books.（『触れることの科学』(2016) 岩坂彰訳、河出書房新社。）

Lim, K. T. K, & R. Yu (2015) "Aging and wisdom: Age-related changes in economic and social decision making," ***Frontiers in Aging Neuroscience***, 7(120).

List, J. A. (2007) "On the interpretation of giving in dictator games,"

大学出版会。
小林佳世子（2018）「（超）合理性から適応合理性へ――最後通牒ゲームを例として」『南山経済研究』33巻1号、pp.1-35。
小林佳世子（forthcoming）「ゲーム理論からみた怒りの感情の役割――最後通牒ゲームの受諾者を題材として」『認知科学』。
Kobayashi, K.（mimeo）"When do we have a watching-eye effect, and when we do not? "
小林佳世子（mimeo）「エラー管理理論――初対面の人にはなぜ無難にふるまうか？（仮題）」
小林朋道（2018）『進化教育学入門――動物行動学から見た学習』春秋社。
Kodandaramaiah, U., A. Vallin, & C. Wiklund（2009）"Fixed eyespot display in a butterfly thwarts attacking birds," ***Animal Behaviour,*** 77(6), pp.1415-1419.
Korenok, O., E. L. Millner, & L. Razzolini（2014）"Taking, giving, and impure altruism in dictator games," ***Experimental Economics***, 17(3), pp.488-500.
Kurzban, R.（2011）*Why everyone（else）is a hypocrite: Evolution and the modular mind*, Princeton University Press.（『だれもが偽善者になる本当の理由』（2014）高橋洋訳、柏書房。）
Lamm, C., J. Decety, & T. Singer（2011）"Meta-analytic evidence for common and distinct neural networks associated with directly experienced pain and empathy for pain," ***Neuroimage***, 54(3), pp. 2492-2502.
Langford, D. J., Crager, S. E., Shehzad, Z., Smith, S. B., Sotocinal, S. G., Levenstadt, J. S., M. L. Chanda, D. J. Levitin, & J. S. Mogil（2006）"Social modulation of pain as evidence for empathy in mice," ***Science***, 312(5782), pp.1967-1970.
Ledyard, J. O.（1995）"Public goods: A survey of experimental research," in J. Kagel, & A. Roth (Eds.), *The handbook of experimental economics*, Chap. 2, pp.111-194, Princeton University Press.

facial features, enhance real-world donation behavior," ***Human Nature: An Interdisciplinary Biosocial Perspective***, 29(4), pp.390-401.

Kennedy, D., & C. Norman (2005) "What we don't know," ***Science***, 309(5731), pp.75-93.

Kenrick, D. T. (2011) *Sex, Murder, and the Meaning of Life: A psychologist investigates how evolution, cognition, and complexity are revolutionizing our view of human nature*, Basic Books.(『野蛮な進化心理学――殺人とセックスが解き明かす人間行動の謎』(2014) 山形浩生・森本正史訳、白揚社。)

Kenrick, D. T., & V. Griskevicius (2013) *The rational animal: How evolution made us smarter than we think*, Basic Books.(『きみの脳はなぜ「愚かな選択」をしてしまうのか〈意思決定の進化論〉』(2015) 熊谷淳子訳、講談社。)

Kenrick, D. T., V. Griskevicius, J. M. Sundie, N. P. Li, Y. J. Li, & S. L. Neuberg (2009) "Deep Rationality: The Evolutionary Economics of Decision Making," ***Social Cognition***, 27(5), pp.764-785.

Kinzler, K. D., & K. Shutts (2008) "Memory for mean over nice the influence of threat on children's face memory," ***Cognition***, 107(2), pp.775-783.

Kiyonari, T., S. Tanida, & T. Yamagishi (2000) "Social exchange and reciprocity: Confusion or a heuristic?," ***Evolution and Human Behavior***, 21(6), pp.411-427.

北村英哉・大坪庸介 (2012)『進化と感情から解き明かす 社会心理学』有斐閣アルマ。

Kniffin, K. M., & D. S. Wilson (2005) "Utilities of gossip across organizational levels," ***Human Nature***, 16(3), pp.278-292.

Knoch, D., A. Pascual-Leone, K. Meyer, V. Treyer, & E. Fehr (2006) "Diminishing reciprocal fairness by disrupting the right prefrontal cortex," ***Science***, 314(5800), pp.829-832.

Knutson, B. (2004) "Sweet revenge? " ***Science***, 305(5688), pp. 1246-1247.

小林洋美 (2019)『モアイの白目――目と心の気になる関係』東京

actions for the enforcement of social norms," *Economic Letters*, 171, pp.193–197.

Kamei, K.（2020）"Group size effect and over-punishment in the case of third party enforcement of social norms," *Journal of Economic Behavior & Organization*, 175, pp.395–412.

Kanakogi, Y., Y. Inoue, G. Matsuda, D. Butler, K. Hiraki, & M. Myowa-Yamakoshi（2017）"Preverbal infants affirm third-party interventions that protect victims from aggressors," *Nature Human Behaviour*, 1: 0037.

神取道宏（2010）「経済理論は何を明らかにし、どこへ向かってゆくのだろうか」『日本経済学会75年史——回顧と展望』日本経済学会編、有斐閣。

神取道宏（2014）『ミクロ経済学の力』日本評論社。

Karagözolu, E., & U. B. Urhan（2017）"The effect of stake size in experimental bargaining and distribution games: A survey," *Group Decision and Negotiation*, 26(2), pp.285–325.

川合伸幸（2017）『科学の知恵　怒りを鎮める うまく謝る』講談社現代新書。

川合伸幸（2018）『狂暴老人——認知科学が解明する「老い」の正体』小学館新書。

Kawai, N., A. Nakagami, M. Yasue, H. Koda, & N. Ichinohe（2019）"Common marmosets（Callithrix jacchus）evaluate third-party social interactions of human actors but Japanese monkeys（Macaca fuscata）do not," *Journal of Comparative Psychology*, 133(4), pp.488–495.

Kawai, N., M. Yasue, T. Banno, & N. Ichinohe（2014）"Marmoset monkeys evaluate third-party reciprocity," *Biology Letters*, 10(5).

川越敏司（2020）『行動ゲーム理論入門 第2版』NTT 出版。

Kawamura, Y., & T. Kusumi（2017）"The norm-dependent effect of watching eyes on donation," *Evolution and Human Behavior*, 38(5), pp.659–666.

Kelsey, C., A. Vaish, & T. Grossmann（2018）"Eyes, more than other

（発達科学ハンドブック）』根ヶ山光一・仲真紀子編、日本発達心理学会（編集）、新曜社。
巌佐庸・中丸麻由子（2020）『社会の仕組みを信用から理解する――協力進化の数理（共立スマートセレクション）』共立出版。
Izuma K., D. N. Saito, & N. Sadato（2008）"Processing of social and monetary rewards in the human striatum," ***Neuron***, 58(2), pp. 284-294.
James, S. M.（2010）*An introduction to evolutionary ethics*, Wiley-Blackwell.（『進化心理学入門』（2018）児玉聡訳、名古屋大学出版会。）
Jensen, K., J. Call, & M. Tomasello（2007a）"Chimpanzees are rational maximizers in an ultimatum game," ***Science***, 318(5847), pp.107-109.
Jensen, K., J. Call, & M. Tomasello（2007b）"Chimpanzees are vengeful but not spiteful," ***Proceedings of the National Academy of Sciences***, 104(32), pp.13046-13050.
Jensen, K., & M. Tomasello（2019）"Punishment," *Encyclopedia of Animal Behavior*（*Second Edition*）, Academic Press, pp.214-219.
Jordan, J. J., K. McAuliffe, & F. Warneken（2014）"Development of in-group favoritism in children's third-party punishment of selfishness," ***Proceedings of the National Academy of Sciences***, 111(35), pp.12710-12715.
Jordan, J. J., M. Hoffman, P. Bloom, & D. G. Rand（2016a）"Third-party punishment as a costly signal of trustworthiness," ***Nature***, 530(7591), pp.473-476.
Jordan, J. J., K. McAuliffe, & D. G. Rand（2016b）"The effects of endowment size and strategy method on third party punishment," ***Experimental Economics***, 19(4), pp.741-763.
Kahneman, D.（2011）*Thinking fast and slow*, Farrar, Straus and Giroux.（『ファスト＆スロー（上・下）』（2012）村井章子訳、早川書房。）
Kamei, K.（2018）"The role of visibility on third party punishment

punishment," *Science*, 327 (5972), pp.1480-1484.

Henrich, J., S. J. Heine, & A. Norenzayan (2010b) "The weirdest people in the world?," ***Behavioral and Brain Sciences***, 33 (2-3), pp. 61-83.

Henrich, J., R. McElreath, A. Barr, J. Ensminger, C. Barrett, A. Bolyanatz, J. C. Cardenas, M. Gurven, E. Gwako, N. Henrich, C. Lesorogol, F. Marlowe, D. Tracer, & J. Ziker (2006) "Costly punishment across human societies," ***Science***, 312 (5781), pp. 1767-1770.

Hernandez-Lallement, J., A. T. Attah, E. Soyman, C. M. Pinhal, V. Gazzola, & C. Keysers (2020) "Harm to others acts as a negative reinforcer in rats," ***Current Biology***, 30 (6), pp.949-961.

Herrmann, B., C. Thöni, & S. Gächter (2008) "Antisocial punishment across societies," ***Science***, 319 (5868), pp.1362-1367.

Hess, N. H., & E. H. Hagen (2006) "Sex differences in indirect aggression: Psychological evidence from young adults," ***Evolution and Human Behavior***, 27 (3), pp.231-245.

Hoeft, L., & W. Mill (2017) "Selfish punishers: An experimental investigation of designated punishment behavior in public goods," ***Economics Letters***, 157, pp.41-44.

Hoffman, E., K. McCabe, K. Shachat, & V. Smith (1994) "Preferences, property rights and anonymity in bargaining games," ***Games and Economic Behavior***, 7 (3), pp.346-380.

Holt-Lunstad, J., T. B. Smith, M. Baker, T. Harris, & D. Stephenson (2015) "Loneliness and social isolation as risk factors for mortality: a meta-analytic review," ***Perspectives on Psychological Science***, 10 (2), pp.227-237.

Ingram, G. P. D., & J. M. Bering (2010) "Children's tattling: The reporting of everyday norm violations in preschool settings," ***Child Development***, 81 (3), pp.945-957.

板倉昭二（2012）「第５章　対人認知と発達——発達初期の社会的シグナルに対する感受性」『発達の基盤——身体、認知、情動

Hauser, O. P., M. A. Nowak, & D. G. Rand (2014) "Punishment does not promote cooperation under exploration dynamics when anti-social punishment is possible," ***Journal of Theoretical Biology,*** 360, pp.163–171.

Heath, C., C. Bell, & E. Sternberg (2001) "Emotional selection in memes: the case of urban legends," ***Journal of Personality and Social Psychology***, 81(6), pp.1028–1041.

Hein, G., G. Silani, K. Preuschoff, C. D. Batson, & T. Singer (2010) "Neural responses to ingroup and outgroup members' suffering predict individual differences in costly helping," ***Neuron***, 68(1), pp. 149–160.

Henrich, J. (2004) "Inequity aversion in capuchins?," ***Nature***, 428 (6979), p.139.

Henrich, J. (2017) *The secret of our success: How culture is driving human evolution, domesticating our species, and making us smarter*, Princeton University Press.(『文化がヒトを進化させた――人類の繁栄と〈文化-遺伝子革命〉』(2019) 今西康子訳、白揚社。)

Henrich, J., R. Boyd, S. Bowles, C. Camerer, E. Fehr, H. Gintis, & R. McElreath (2001) "In search of homo economicus: Behavioral experiments in 15 small-scale societies," ***American Economic Reviews***, 91(2), pp.73–78.

Henrich, J., R. Boyd, S. Bowles, C. F. Camerer, E. Fehr, H. Gintis, & R. McElreath (2004) "Overview and synthesis," in J. Henrich, R. Boyd, S. Bowles, C. F. Camerer, E. Fehr, & H. Gintis (Eds.), *Foundations of human sociality: Economic experiments and ethnographic evidence from fifteen small-scale societies*, Oxford University Press.

Henrich, J., J. Ensminger, R. McElreath, A. Barr, C. Barrett, A. Bolyanatz, J. C. Cardenas, M. Gurven, E. Gwako, N. Henrich, C. Lesorogol, F. Marlowe, D. Tracer, & J. Ziker (2010a) "Markets, religion, community size, and the evolution of fairness and

National Academy of Sciences, 108(50), pp.19931-19936.
Harbaugh, W. T., U. Mayr, & D. R. Burghart (2007) "Neural responses to taxation and voluntary giving reveal motives for charitable donations," *Science*, 316(5831), pp.1622-1625.
Harris, L. T., & S. T. Fiske (2006) "Dehumanizing the lowest of the low: Neuroimaging responses to extreme out-groups," *Psychological Science*, 17(10), pp.847-853.
Harris, P. L., M. Núñez, & C. Brett (2001) "Let's swap: Early understanding of social exchange by British and Nepali children," *Memory & Cognition*, 29(5), pp.757-764.
Hartsough, L. E. S., R. Ginther, & R. Marois (2020) "Distinct affective responses to second- and third-party norm violations," *Acta Psychologica*, 205, 103060.
Haruno, M., & C. D. Frith (2010) "Activity in the amygdala elicited by unfair divisions predicts social value orientation," *Nature Neuroscience*, 13(2), pp.160-161.
長谷川寿一・平石界（2000）「進化心理学から見た心の発生」『心の比較認知科学（ことばと心の発達）8章』渡辺茂編、小嶋祥三・鹿取廣人監修、ミネルヴァ書房。
長谷川眞理子（2016）「進化心理学から見たヒトの社会性（共感）」『認知神経科学』、18(3・4)、pp.108-114。
Haselton, M. G., & D. M. Buss (2000) "Error management theory: A new perspective on biases in cross-sex mind reading," *Journal of Personality and Social Psychology*, 78(1), pp.81-91.
Haselton, M. G., G. A. Bryant, A. Wilke, D. A. Frederick, A. Galperin, W. E. Frankenhuis, & T. Moore (2009) "Adaptive rationality: An evolutionary perspective on cognitive bias," *Social Cognition*, 27(5), pp.733-763.
Hashimoto, H., N. Mifune, & T. Yamagishi (2014) "To be perceived as altruistic: Strategic considerations that support fair behavior in the dictator game," *Letters on Evolutionary Behavioral Science*, 5(2), pp.17-20.

survey of the recent literature," ***Journal of Economic Behavior & Organization***, 108, pp.396–409.

Güth, W., R. Schmittberger, & B. Schwarze (1982) "An experimental analysis of ultimatum bargaining," ***Journal of Economic Behavior and Organization***, 3(4), pp.367–388.

Güth, W., & R. Tietz (1990) "Ultimatum bargaining behavior: A survey and comparison of experimental results," ***Journal of Economic Psychology***, 11(3), pp.417–449.

Guthrie, S. E. (1993) *Faces in the clouds: A new theory of religion*, Oxford University Press.

Haidt, J. (2006) *The happiness hypothesis: Finding modern truth in ancient wisdom*, Basic Books.(『しあわせ仮説――古代の知恵と現代科学の知恵』(2011) 藤澤隆史・藤澤玲子訳、新曜社。)

Haidt, J. (2012) *The righteous mind: Why good people are divided by politics and religion*, Pantheon.(『社会はなぜ左と右にわかれるのか――対立を超えるための道徳心理学』(2014) 高橋洋訳、紀伊国屋書店。)

Haley, K. J., & D. M. T. Fessler (2005) "Nobody's watching? Subtle cues affect generosity in an anonymous economic game," ***Evolution and Human Behavior***, 26(3), pp.245–256.

Hamilton, W. D. (1964) "The Genetical Evolution of Social Behaviour, I, II," ***Journal of Theoretical Biology***, 7(1), pp.1–52.

Hamlin, J. K. (2013) "Failed attempts to help and harm: Intention versus outcome in preverbal infants' social evaluations," ***Cognition***, 128(3), pp.451–474.

Hamlin J. K., K. Wynn, & P. Bloom (2007) "Social evaluation by preverbal infants," ***Nature***, 450(7169), pp.557–559.

Hamlin, J. K., K. Wynn, & P. Bloom (2010) "Three-month-olds show a negativity bias in their social evaluation," ***Developmental Science***, 13(6), pp.923–929.

Hamlin, J. K., K. Wynn, P. Bloom, & N. Mahajan (2011) "How infants and toddlers react to antisocial others," ***Proceedings of the***

Gollwitzer, M., M. Meder, & M. Schmitt（2011）“What gives victims satisfaction when they seek revenge?” ***European Journal of Social Psychology***, 41(3), pp.364–374.
Gonsalkorale, K., & K. D. Williams（2007）“The KKK won't let me play: Ostracism even by a despised outgroup hurts,” ***European Journal of Social Psychology***, 37(6), pp.1176–1186.
Gould, S. J., & R. C. Lewontin（1979）“The spandrels of San Marco and the Panglossian paradigm: A critique of the adaptationist programme,” ***Proceedings of the Royal Society B, Biological Sciences***, 205(1161), pp.581–598.
Greene, J.（2013）*Moral tribes: Emotion, reason, and the gap between us and them*, Penguin Press.（『モラル・トライブズ――共存の道徳哲学へ（上・下）』（2015）竹田円訳、岩波書店。）
Grocke, P., F. Rossano, & M. Tomasello（2015）“Procedural justice in children: Preschoolers accept unequal resource distributions if the procedure provides equal opportunities,” ***Journal of Experimental Child Psychology***, 140, pp.197–210.
Grossmann, T., M. H. Johnson, S. Lloyd-Fox, A. Blasi, F. Deligianni, C. Elwell, & G. Csibra（2008）“Early cortical specialization for face-to-face communication in human infants,” ***Proceedings of the Royal Society B: Biological Sciences***, 275(1653), pp.2803–2811.
Grossmann, Z., & J. J. van der Weele（2017）“Self-image and willful ignorance in social decisions,” ***Journal of European Economic Association***, 15(1), pp.173–217.
Guala, F.（2012）“Reciprocity: Weak or strong? What punishment experiments do (and do not) demonstrate,” ***Behavioral and Brain Science***, 35(1), pp.1–15.
Gürerk, Ö., B. Irlenbusch, & B. Rockenbach（2006）“The competitive advantage of sanctioning institutions,” ***Science***, 312(5770), pp. 108–111.
Güth, W., & M. G. Kocher（2014）“More than thirty years of ultimatum bargaining experiments: Motives, variations, and a

ultimatum game and the brain: A meta-analysis of neuroimaging studies," ***Neuroscience & Biobehavioral Reviews***, 47, pp.549-558.

Gächter, S., B. Herrmann, & C. Thöni (2010) "Culture and cooperation," ***Philosophical Transactions of the Royal Society B***, 365 (1553), pp.2651-2661.

Gächter, S., E. Renner, & M. Sefton (2008) "The long-run benefits of punishment," ***Science***, 322 (5907), pp.1510-1510.

Gazzaniga, M. S. (2008) *Human-The science behind what makes us unique,* Ecco.（『人間らしさとはなにか?——人間のユニークさを明かす科学の最前線』(2010) 柴田裕之訳、インターシフト。）

Gerfo, E. L., A. Gallucci, R. Morese, A. Vergallito, S. Ottone, F. Ponzano,G. Locatelli, F. Bosco, & L. J. R. Lauro (2019) "The role of ventromedial prefrontal cortex and temporo-parietal junction in third-party punishment behavior," ***Neuroimage***, 200, pp.501-510.

Gigerenzer, G. (2007) *Gut feelings: The intelligence of the unconscious,* Viking Adult.（『なぜ直感のほうが上手くいくのか？——「無意識の知性」が決めている』(2010) 小松淳子訳、インターシフト。）

Gigerenzer, G., & K. Hug (1995) "Domain-specific reasoning: Social contracts, cheating, and perspective change," ***Cognition***, 43(2), pp. 127-171.

Gintis, H. (2009) *The bounds of reason: Game theory and the unification of the behavioral sciences*, Princeton University Press.（『ゲーム理論による社会科学の統合（叢書 制度を考える)』(2011) 小川一仁・川越敏司・佐々木俊一郎・成田悠輔訳、NTT出版。）

Gneezy, U., & A. Rustichini (2000) "Pay enough or don't pay at all," ***The Quarterly Journal of Economics***, 115(3), pp.791-810.

Goette, L., D. Huffman, & S. Meier (2006) "The impact of group membership on cooperation and norm enforcement: Evidence using random assignment to real social groups," ***American Economic Review***, 96(2), pp.212-216.

not need to be perfectly accurate to promote trust," ***Games and Economic Behavior***, 107, pp.253–281.

Foster, E. K.（2004）"Research on gossip: Taxonomy, methods, and future directions," ***Review of General Psychology***, 8(2), pp.78–99.

Francey, D, & R. Bergmüller（2012）"Images of eyes enhance investments in a real-life public good," ***PLoS ONE***, 7(5): e37397.

Frank, R. H.（1988）*Passions within reason: The strategic role of emotions*, W. W. Norton & Co Inc.（『オデッセウスの鎖――適応プログラムとしての感情』（1995）山岸俊男監訳、大坪庸介・大野俊和・神信人・高橋伸幸・林直保子・増田貴彦・渡辺席子・渡辺幹訳、サイエンス社。）

Franklin, B.（1962/c. 1791）*Autobiography of Benjamin Franklin*, McMillan.（『フランクリン自伝』（1957）松本慎一・西川正身訳、岩波書店。）

Franzen, A., & S. Pointner（2012）"Anonymity in the dictator game revisited," ***Journal of Economic Behavior and Organization***, 81(1), pp.74–81.

Friedman, M., & R. Friedman（1990）*Free to choose: A personal statement*, Houghton Mifflin Harcourt.（『選択の自由（新装版）――自立社会への挑戦』（2012）西山千明訳、日本経済新聞出版社。）

Fudenberg, D., & P. A. Pathak（2010）"Unobserved punishment supports cooperation," ***Journal of Public Economics***, 94(1–2), pp. 78–86.

藤井直敬（2009）『つながる脳』NTT 出版。

藤井直敬（2010）『ソーシャルブレインズ入門――〈社会脳〉って何だろう』講談社現代新書。

Funk, F., V. McGeer, & M. Gollwitzer（2014）"Get the message: Punishment is satisfying if the transgressor responds to its communicative intent," ***Personality and Social Psychology Bulletin***, 40(8), pp.986–997.

Gabay, A. S., J. Radua, M. J. Kempton, & M. A. Mehta（2014）"The

Fehr, E., & K. M. Schmidt (1999) "A theory of fairness, competition, and cooperation," ***Quarterly Journal of Economics***, 114(3), pp. 817-868.

Fehr, E., & F. Schneider (2009) "Eyes are on us, but nobody cares: are eye cues relevant for strong reciprocity? " ***Proceedings of the Royal Society B: Biological Sciences***, 277 (1686), pp.1315-1323.

Fehr, D., & M. Sutter (2019) "Gossip and the efficiency of interactions," ***Games and Economic Behavior***, 113(C), pp.448-460.

Feinberg, M., R. Willer, & M. Schultz (2014) "Gossip and ostracism promote cooperation in groups," ***Psychological Science***, 25(3), pp. 656-664.

Fiddick, L. (2004) "Domains of deontic reasoning: Resolving the discrepancy between the cognitive and moral reasoning literature," ***Quarterly Journal of Experimental Psychology***, Section A, 57(3), pp.447-474.

Fiddick, L. (2011) "From social exchange to safety: Further explorations of adaptive reasoning" in X. T. Wang (ed) *Thus spake evolutionary psychologists*, pp. 136-145, Peking University Press.（「ヒトの理屈はいつだって論理的？——交換と安全の論理」『進化心理学を学びたいあなたへ——パイオニアからのメッセージ』(2018) 平石監修・翻訳他、pp.147-156、東京大学出版会。）

Fiddick, L., M. V. Spampianto, & J. Graman (2005) "Social contracts and precautions activate different neurological systems: An fMRI investigation of deontic reasoning," ***NeuroImage***, 28(4), pp. 778-786.

Fields, D. (2016) *Why we snap: Understanding the rage circuit in your brain*, Dutton.（『激情回路——人はなぜ「キレる」のか』(2017) 米津篤八・杉田真訳、春秋社。）

Fisman, R., S. Kariv, & D. Markovits (2007) "Individual preferences for giving," ***American Economic Review***, 97(5), pp.1858-1876.

Fonseca, M. A., & K. Peters (2018) "Will any gossip do? Gossip does

Ernest-Jones, M., D. Nettle, & M. Bateson (2011) "Effects of eye images on everyday cooperative behavior: A field experiment," ***Evolution and Human Behavior***, 32, pp.172-178.

Falk, A., E. Fehr, & U. Fischbacher (2003) "On the nature of fair behavior," ***Economic Inquiry***, 41(1), pp.20-26.

Fallon, N., C. Roberts, & A, Stancak (2020) "Shared and distinct functional networks for empathy and pain processing: A systematic review and meta-analysis of fMRI studies," ***Social Cognitive and Affective Neuroscience***, 15(7), pp.709-723.

Farroni, T., G. Csibra, F. Simion, & M. H. Johnson (2002) "Eye contact detection in humans from birth," ***Proceedings of the National Academy of Sciences***, 99(14), pp.9602-9605.

Farroni, T., M. H. Johnson, E. Menon, L. Zulian, D. Faraguna, & G. Csibra (2005) "Newborns'preference for face-relevant stimuli: Effects of contrast polarity," ***Proceedings of the National Academy of Sciences***, 102(47), pp.17245-17250.

Fehr, E., H. Bernhard, & B. Rockenbach (2008) "Egalitarianism in young children," ***Nature***, 454(7208), pp.1079-1083.

Fehr, E., & U. Fischbacher (2004) "Third-party punishment and social norms," ***Evolution and Human Behavior***, 25(2), pp.63-87.

Fehr, E., & S. Gächter (2000) "Cooperation and punishment in public goods experiments," ***American Economic Review***, 90(4), pp.980-994.

Fehr, E., & S. Gächter (2002) "Altruistic punishment in humans," ***Nature***, 415, pp.137-140.

Fehr, E., & B. Rockenbach (2003) "Detrimental effects of sanctions on human altruism," ***Nature***, 422(6928), pp.137-140.

Fehr, E., & S.-V. Renninger (2004) "The Samaritan paradox," ***Scientific American Mind***, 14(5), pp. 14-21.(「無私は最高の戦略」『孤独と共感——脳科学で知る心の世界』(2018) 別冊日経サイエンス230、日経サイエンス編集部編、編集部訳、pp.16-23、日経サイエンス社。)

Dunbar, R.（2014）*Human evolution,* Pelican Books.（『人類進化の謎を解き明かす』（2016）鍛原多惠子訳、インターシフト。）

Eadeh, F. R., S. A. Peak, & A. J. Lambert（2017）"The bittersweet taste of revenge: On the negative and positive consequences of retaliation," ***Journal of Experimental Social Psychology***, 68, pp. 27-39.

Edgeworth, F. Y.（1881）*An essay on the application of mathematics to the moral sciences*, C. Kegan, Paul & Co.

Eisenberger, N. I., M. D. Lieberman, & K. D. Williams（2003）"Does rejection hurt? An fMRI Study of Social Exclusion," ***Science***, 302（5643）, pp.290-292.

Eisenberger, N. I., S. E. Taylor, S. L. Gable,C. J. Hilmert, & M. D. Lieberman（2007）"Neural pathways link social support to attenuated neuroendocrine stress responses," ***Neuroimage***, 35（4）, pp.1601-1612.

Ekström, M.（2012）"Do watching eyes affect charitable giving? " ***Experimental Economics***, 12, pp.530-546.

遠藤利彦（2005）「第１章　総説：視線理解を通してみる心の源流――眼目を見る・視線を察す・心意を読む」『読む目・読まれる目――視線理解の進化と発達の心理学 』東京大学出版会、遠藤利彦編。

遠藤光男（2012）「第10章　顔認知の発達とその神経基盤」『発達の基盤――身体、認知、情動（発達科学ハンドブック）』根ヶ山光一・仲真紀子編、日本発達心理学会（編集）、新曜社。

Emler, N.（1994）"Gossip, reputation, and social adaptation," in R. F. Goodman, & A. Ben-Ze'ev（Eds.）, *Good gossip,* University Press of Kansas.

Engel, C.（2011）"Dictator games: A meta study," ***Experimental Economics***, 14（4）, pp.583-610.

Engelmann, J. M., & M. Tomasello（2019）"Children's sense of fairness as equal respect," ***Trends in Cognitive Sciences***, 23（6）, pp. 454-463.

de Waal, F.（2009）*The age of empathy: Nature's lessons for a kinder society*, Crown.（『共感の時代へ』（2010）柴田裕之訳、紀伊国屋書店。）

de Waal, F.（2013）*The bonobo and the atheist: In search of humanism among the primates*, W. W. Norton & Co. Inc.（『道徳性の起源——ボノボが教えてくれること』（2014）柴田裕之訳、紀伊国屋書店。）

de Waal, F.（2014）"One for all," ***Scientific American***, 311(3), pp. 68-71.（「助け合いのパワー」『人類への道：知と社会性の進化』（2017）別冊日経サイエンス219、篠田謙一編、編集部訳、pp. 68-71、日経サイエンス社。）

de Waal, F.（2019）"Empathetic behavior," in *Encyclopedia of Animal Behavior, 2nd ed.*, pp.366-370, Academic Press.

Dondi, M., F. Simion, & G. Caltran（1999）"Can newborns discriminate between their own cry and the cry of another newborn infant?," ***Developmental Psychology***, 35(2), pp.418-426.

Dreber, A., D. G. Rand, D. Fudenberg, &M. A. Nowak（2008）"Winners don't punish," ***Nature***, 452（7185）, pp.348-351.

Dunbar, R.（1996）*Grooming, gossip, and the evolution of language*, Farber & Farber.（『ことばの起源——サルの毛づくろい、ヒトのゴシップ　新装版』（2016）松浦俊輔・服部清美訳、青土社。）

Dunbar, R.（2004）"Gossip in evolutionary perspective," ***Review of General Psychology***, 8(2), pp.100-110.

ダンバー、ロビン（2011）『友達の数は何人？——ダンバー数とつながりの進化心理学』藤井留美訳、インターシフト。（Dunbar, R.（2010）*How many friends does one person need?: Dunbar's number and other evolutionary quirks*, Harvard University Press.）

Dunbar, R.（2011）"Evolutionary psychology in the round," in Wang, X. T.,（ed.）*Thus spake evolutionary psychologists*, pp.23-31, Peking University Press.（「進化心理学の来し方と行く末」『進化心理学を学びたいあなたへ——パイオニアからのメッセージ』（2018）平石界監修・翻訳他、pp.28-36、東京大学出版会。）

Darwin, C.（1871）*The descent of man and selection in relation to sex*, John Murray.（『人間の由来（上・下）』（2016）長谷川眞理子訳、講談社学術文庫。）

Dawkins, M. B., S. Sloane, & R. Baillargeon（2019）"Do infants in the first year of life expect equal resource allocations?," ***Frontiers in Psychology***, 10(116).

Dear, K., K. Dutton, & E. Fox（2019）"Do 'watching eyes' influence antisocial behavior? A systematic review & meta-analysis," ***Evolution and Human Behavior***, 40(3), pp.269-280.

Decety, J., & K. J. Michalska（2010）"Neurodevelopmental changes in the circuits underlying empathy and sympathy from childhood to adulthood," ***Developmental Science***, 13(6), pp.886-899.

de Quervain, D. J. -F., U. Fischbacher, V. Treyer, M. Schellhammer, U. Schnyder, A. Buck, & E. Fehr（2004）"The neural basis of altruistic punishment," ***Science***, 305(5688), pp.1254-1258.

Dennett, D. C.（2006）*Breaking the spell: Religion as a natural phenomenon*, Viking Adult.（『解明される宗教――進化論的アプローチ』（2010）阿部文彦訳、青土社。）

DeSteno, D.（2014）*The truth about trust: How it determines success in life, love, learning, and more*, Avery.（『信頼はなぜ裏切られるのか』（2015）寺町朋子訳、白揚社。）

Deutchman, P., M. Bračič, N. Raihani, & K. McAuliffe（2021）"Punishment is strongly motivated by revenge and weakly motivated by inequity aversion," ***Evolution and Human Behavior***, 42(1), pp.12-20.

de Waal, F.（2005a）"How animals do business," ***Scientific American***, 292(4), pp.72-79.（「動物たちの行動経済学」『孤独と共感：脳科学で知る心の世界』（2018）別冊日経サイエンス230、日経サイエンス編集部編、pp.30-38、日経サイエンス社。）

de Waal, F.（2005b）*Our inner ape*, Reverhead Books.（『あなたのなかのサル――霊長類学者が明かす「人間らしさ」の起源』（2005）藤井留美訳、早川書房。）

Cooper, D. J., & J. H. Kagel (2016) "Other regarding preferences a selective survey of experimental results," in J. H. Kagel, & A. E. Roth (Eds.), *The handbook of experimental economics Vol. 2*, Princeton University Press.

Cosmides, L. (1989) "The logic of social exchange: Has natural Selection Shaped with Humans Reason? Studies with the Wason Selection Task," ***Cognition***, 31(3), pp.187-276.

Cosmides, L., & J. Tooby (1989) "Evolutionary psychology and the generation of culture, Part II: A computational theory of social exchange," ***Ethology and Sociobiology***, 10(1-3), pp.51-97.

Cosmides, L., & J. Tooby (1997) "The multimodular nature of human intelligence," in A. Schiebel, & J. W. Schopf (Eds.), *Origin and evolution of intelligence,* Jones & Bartlett Learning, pp.71-101.

Cosmides, L., & J. Tooby (2005) "Social exchange: The evolutionary design of a neurocognitive system," in M. S. Gazzaniga (Ed.), *The Cognitive Neurosciences III*, pp.1295-1308, MIT Press.

Cosmides, L., H. C. Barrett, & J. Tooby (2010) "Adaptive specializations, social exchange, and the evolution of human intelligence," ***Proceedings of the National Academy of Sciences***, 107 (Supplement 2), pp.9007-9014.

Cummins, D. D. (1999) "Cheater detection is modified by social rank: The impact of dominance on the evolution of cognitive functions," ***Evolution and Human Behavior***, 20(4), pp.229-248.

Cushman, F., K. Gray, A. Gaffey, & W. B. Mendes (2012) "Simulating murder: The aversion to harmful action," ***Emotion***, 12(1), pp.2-7.

Dana, J., D. M. Cain, & R. M. Dawes (2006) "What you don't know won't hurt me: Costly (but quiet) exit in dictator games," ***Organizational Behavior and Human Decision Processes***, 100(2), pp.193-201.

Dana, J., R. A. Weber, & J. X. Kuang (2007) "Exploiting moral wiggle room: experiments demonstrating an illusory preference for fairness," ***Economic Theory***, 33(1), pp.67-80.

(2019) "Emotional mirror neurons in the rat's anterior cingulate cortex," ***Current Biology***, 29(8), pp.1301-1312.

Carter, G. G., & G. S. Wilkinson (2013) "Food sharing in vampire bats: Reciprocal help predicts donations more than relatedness or harassment," ***Proceedings of the Royal Society B: Biological Sciences***, 280 (1753), 20122573.

Chapman, H. A., D. A. Kim, J. M. Susskind, & A. K. Anderson (2009) "In bad taste: Evidence for the oral origins of moral disgust," ***Science***, 323 (5918), pp.1222-1226.

Charness, G. & M. Pingle (eds.) (forthcoming) *The art of experimental economics: Twenty top papers reviewed*, Routledge.

Cheng, X., L. Zheng, L. Li, Y. Zheng, X. Guo, & G. Yang (2017) "Anterior insula signals inequalities in a modified Ultimatum Game," ***Neuroscience***, 348, pp.126-134.

Chiappe, D., A. Brown, B. Dow, J. Koontz, M. Rodriguez, & K. McCulloch (2004) "Cheaters are looked at longer and remembered better than cooperators in social exchange situations," ***Evolutionary Psychology***, 2, pp.108-120.

Chijiiwa, H., H. Kuroshima, Y. Hori, J. R. Anderson, & K. Fujita (2015) "Dogs avoid people who behave negatively to their owner: Third-party affective evaluation," ***Animal Behavior***, 106, pp.123–127.

Church, R. M. (1959) "Emotional reactions of rats to the pain of others," ***Journal of Comparative and Physiological Psychology***, 52 (2), pp.132-134.

Cikara, M., & S. T. Fiske (2012) "Stereotypes and schadenfreude: Affective and physiological markers of pleasure at outgroup misfortunes," ***Social Psychological and Personality Science***, 3(1), pp.63-71.

Cochard, F., J. Le Gallo, N. Georgantzis, & J.-C. Tisserand (2021) "Social preferences across different populations: Meta-analyses on the ultimatum game and dictator game," ***Journal of Behavioral and Experimental Economics***, 90, 101613.

cheaters," ***Evolution and Human Behavior***, 30(3), pp. 212-224.
Burkett, J. P., E. Andari, Z. V. Johnson, D. C. Curry, F. B. de Waal, & L. J. Young (2016) "Oxytocin-dependent consolation behavior in rodents," ***Science***, 351(6271), pp.375-378.
Burnham, T., & B. Hare (2006) "Engineering human cooperation: Does involuntary neural activation increase public goods contributions in adult humans," ***Human Nature***, 17, pp.90-108.
Buss, D. (2019) *Evolutionary psychology: The new science of the mind*, sixth edition, Routledge
Cacioppo, J. T., & W. Patrick (2008) *Loneliness: Human nature and the need for social connection*, W. W. Norton & Company.(『孤独の科学――人はなぜ寂しくなるのか』(2018) 柴田裕之訳、河出文庫。)
Call, J., & M. Tomasello (1998) "Distinguishing intentional from accidental actions in orangutans (Pongo pygmaeus), chimpanzees (Pan troglodytes) and human children (Homo sapiens)," ***Journal of Comparative Psychology***, 112(2), pp.192-206.
Call, J., & M. Tomasello (2008) "Does the chimpanzee have a theory of mind? 30 years later," ***Trends in Cognitive Sciences***, 12(5), pp. 187-192.
Camerer, C. F. (2003) *Behavioral game theory: Experiments in strategic interaction*, Princeton University Press.
Cappelletti, D., W. Güth, & M. Ploner (2011) "Being of two minds: Ultimatum offers under cognitive constraints," ***Journal of Economic Psychology***, 32(6), pp.940-950.
Carbon, C. C., & V. M. Hesslinger (2011) "Bateson *et al.*'s (2006) cues-of-being-watched paradigm revisited," ***Swiss Journal of Psychology***, 70(4), pp.203-210.
Carlsmith, K. M., T. D. Wilson, & D. T. Gilbert (2008) "The paradoxical consequences of revenge," ***Journal of Personality and Social Psychology***, 95(6), pp.1316-1324.
Carrillo, M., Y. Han, F. Migliorati, M. Liu, V. Gazzola, & C. Keysers

Bradley, A., C. Lawrence, & E. Ferguson（2018）“Does observability affect prosociality?,” ***Proceedings of the Royal Society B: Biological Sciences***, 285（1875）, 20180116.

Bräuer, J., J. Call & M. Tomasello（2006）“Are apes really inequity averse?,” ***Proceedings of the Royal Society B: Biological Sciences***, 273（1605）, pp.3123–3128.

Broberg, T., T. Ellingsen, & M. Johannesson（2007）“Is generosity involuntary?,” ***Economics Letters***, 94（1）, pp.32–37.

Brondino, N., L. Fusar-Poli, & P. Politi（2017）“Something to talk about: Gossip increases oxytocin levels in a near real-life situation,” ***Psychoneuroendocrinology***, 77, pp.218–224.

Brosnan, S. F.（2013）“Justice-and fairness-related behaviors in nonhuman primates,” ***Proceedings of the National Academy of Sciences***, 110（Supplement 2）, pp.10416–10423.

Brosnan, S. F., & F. B. M. de Waal（2003）“Monkeys reject unequal pay,” ***Nature***, 425, pp.297–299.

Brosnan, S. F., C. Talbot, M. Ahlgren, S. P. Lambeth, & S. L. Schapiro（2010）“Mechanisms underlying responses to inequitable outcomes in chimpanzees, Pan troglodytes,” ***Animal Behaviour***, 79（6）, pp. 1229–1237.

Brown, D. E.（1991）*Human universals*, McGraw-Hill.（『ヒューマンユニバーサルズ――文化相対主義から普遍性の認識へ』（2002）鈴木光太郎・中村潔訳、新曜社。）

Brown, W. M., & C. Moore（2000）“Is prospective altruist-detection an evolved solution to the adaptive problem of subtle cheating in cooperative ventures? Supportive evidence using the Wason selection task,” ***Evolution and Human Behavior***, 21（1）, pp.25–37.

Bruhin, A., K. Janizzi, & C. Thöni（2020）“Uncovering the heterogeneity behind cross-cultural variation in antisocial punishment,” ***Journal of Economic Behavior & Organization***, 180, pp.291–308.

Buchner, A., R. Bell, B. Mehl, & J. Much（2009）“No enhanced recognition memory, but better source memory for faces of

者ハリー・ハーロウとサル実験の真実』（2014）藤澤隆史・藤澤玲子訳、白揚社。）

Boehm, C.（2012）*Moral origins: The evolution of virtue, altruism and shame,* Basic Books.（『モラルの起源』（2014）斉藤隆央訳、白揚社。）

Boesch, C., C. Bole, N. Eckhardt, & H. Boesch（2010）"Altruism in forest chimpanzees: the case of adoption," *PLoS ONE*, 5(1): e8901.

Bolton, G. E., E. Katok, & R. Zwick（1998）"Dictator game giving: Rules of fairness versus acts of kindness," ***International Journal of Game Theory***, 27(2), pp.269–299.

Bourrat, P., N. Baumard, & R. McKay（2011）"Surveillance cues enhance moral condemnation," ***Evolutionary Psychology***, 9(2), pp.193–199.

Bouwmeester, S., P. P. Verkoeijen, B. Aczel, F. Barbosa, L. Bègue, P. Brañas-Garza, ..., & C. E. Wollbrant（2017）"Registered replication report: Rand, Greene, and Nowak (2012)," ***Perspectives on Psychological Science***, 12(3), pp.527–542.

Bowlby, J.（1973）"Affective bonds: Their nature and origin," in R. S. Weiss ed., *Loneliness: The experience of emotional and social isolation*, MIT Press, pp.38–52.

Bowles, S.（2003）*Microeconomics: Behavior, institutions, and evolution,* Princeton University Press.（『制度と進化のミクロ経済学』（2013）塩沢由典・磯谷明徳・植村博恭訳、NTT 出版。）

Bowles, S.（2012）*The new economics of inequality and redistribution*（*Federico Caffè Lectures*）, Cambridge University Press.（『不平等と再分配の新しい経済学』（2013）佐藤良一・芳賀健一訳、大月書店。）

Bowles, S., & H. Gintis（2013）*A cooperative species: Human reciprocity and its evolution*, Princeton University Press.（『協力する種――制度と心の共進化』〔叢書《制度を考える》〕（2017）竹澤正哲・高橋伸幸・大槻久・稲葉美里・波多野礼佳訳、NTT 出版。）

for cheaters? Evidence for moral and egoistic biases," ***Cognition***, 132(3), pp.437–442.
Bellucci, G., J. A. Camilleri, V. Iyengar, S. B. Eickhoff, & F. Krueger (2020) "The emerging neuroscience of social punishment: Meta-analytic evidence," ***Neuroscience & Biobehavioral Reviews***, 113, pp.426–439.
Belot, M., R. Duch, & L. Miller (2015) "A comprehensive comparison of students and non-students in classic experimental games," ***Journal of Economic Behavior & Organization***, 113, 26–33.
Benedict, R. (1946) *The chrysanthemum and the sword: Patterns of Japanese culture*, Houghton Mifflin Harcourt.(『菊と刀』(2005)長谷川松治訳、講談社。)
Bereczkei, T., B. Birkas, & Z. Kerekes (2010) "Altruism towards strangers in need: costly signaling in an industrial society," ***Evolution and Human Behavior***, 31(2), pp.95–103.
Bernhard, H., E. Fehr, & U. Fischbacher (2006) "Group affiliation and altruistic norm enforcement," ***American Economic Review***, 96(2), pp.217–221.
Blaine, T., & P. Boyer (2018) "Origins of sinister rumors: A preference for threat-related material in the supply and demand of information," ***Evolution and Human Behavior***, 39(1), pp.67–75.
Blake, P. R., & K. McAuliffe (2011) "I had so much it didn't seem fair; Eight-year-olds reject two forms of inequity," ***Cognition***, 120(2), pp.168–175.
Bloom, P. (2016) *Against empathy: The case for rational compassion*, Ecco.(『反共感論――社会はいかに判断を誤るか』(2018) 高橋洋訳、白揚社。)
Blount, S. (1995) "When social outcomes aren't fair: The effect of causal attributions on preferences," ***Organizational Behavior and Human Decision Processes***, 63(2), pp.131–144.
Blum, D. (2002) *Love at Goon Park: Harry Harlow and the Science of Affection*, Basic Books.(『愛を科学で測った男――異端の心理学

remember cheaters?," *Human Nature*, 17(1), pp.98–113.
Bardsley, N. (2008) "Dictator game giving: altruism or artefact?," *Experimental Economics*, 11(2), pp.122–133.
Barmettler, F., E. Fehr, & C. Zehnder (2012) "Big experimenter is watching you! Anonymity and prosocial behavior in the laboratory," *Games and Economic Behavior*, 75(1), pp.17–34.
Bartal, I. B. A., J. Decety, & P. Mason (2011) "Empathy and prosocial behavior in rats," *Science*, 334(6061), pp.1427–1430.
Batson, C. D. (2011) *Altruism in humans,* Oxford University Press. (『利他性の人間学――実験社会心理学からの回答』(2012) 菊池章夫・二宮克美訳、新曜社。)
Batson, C. D., E. R. Tompson, G. Seuferling, H. Whitney, & J. A. Strongman (1999) "Moral hypocrisy: Appearing moral to oneself without being so," *Journal of Personality and Social Psychology*, 77, pp.523–537.
Bateson, M., D. Nettle, & G. Roberts (2006) "Cues of being watched enhance cooperation in a real-world setting," *Biology Letters*, 2, pp. 412–414.
Bateson, M., R. Robinson, T. Abayomi-Cole, J. Greenlees, A. O'Connor, & D. Nettle (2015) "Watching eyes on potential litter can reduce littering: evidence from two field experiments," *PeerJ*, 3, e1443.
Baumard, N. (2010) "Has punishment played a role in the evolution of cooperation? A critical review," *Mind and Society*, 9, pp.171–192.
Baumard, N., O. Mascaro, & C. Chevallier (2012) "Preschoolers are able to take merit into account when distributing goods," *Developmental Psychology*, 48(2), pp.492–498.
Beaman, A. L., B. Klentz, E. Diener, & S. Svanum (1979) "Self-awareness and transgression in children: two field studies," *Journal of Personality and Social Psychology*, 37, pp.1835–1846.
Bell, R., & A. Buchner (2009) "Enhanced source memory for names of cheaters," *Evolutionary Psychology*, 7(2), pp.317–330.
Bell, R., C. Schain, & G. Echterhoff (2014) "How selfish is memory

Andreoni, J., & B. D. Bernheim (2009) "Social image and the 50–50 norm: A theoretical and experimental analysis of audience effects," ***Econometrica***, 77(5), pp.1607–1636.

Andreoni, J., & J. Miller (2002) "Giving according to GARP: An experimental test of the consistency of preferences for altruism," ***Econometrica***, 70(2), pp.737–753.

Archer, J. (2004) "Sex differences in aggression in real-world settings: A meta-analytic review," ***Review of general Psychology***, 8 (4), pp.291–322.

Artavia, L-M., A. S. Bedi, & M. Rieger (2017) "Intuitive help and punishment in the field," ***European Economic Review***, 92, pp. 133–145.

Balafoutas, L., & N. Nikiforakis (2012) "Norm enforcement in the city a natural field experiment," ***European Economic Review***, 56, pp.1773–1735.

Balafoutas, L., K. Grechenig, & N. Nikiforakis (2014a) "Third party punishment and counter punishment in one shot interactions," ***Economics Letters***, pp.308–310.

Balafoutas, L., N. Nikiforakis, & B. Rockenbach (2014b) "Direct and indirect punishment among strangers in the field," ***Proceedings of the National Academy of Sciences***, 111(7), pp.15924–15927.

Balafoutas, L., N. Nikiforakis, & B. Rockenbach (2016) "Altruistic punishment does not increase with the severity of norm violations in the field," ***Nature Communications***, 7, 13327.

Baldassarri, D. (2020) "Market integration accounts for local variation in generalized altruism in a nationwide lost-letter experiment," ***Proceedings of the National Academy of Sciences***, 117(6), pp.2858–2863.

Balliet, D., L. B. Mulder, & P. A. Van Lange (2011) "Reward, punishment, and cooperation: A meta-analysis," ***Psychological Bulletin***, 137(4), pp.594–615.

Barclay, P., & M. L. Lalumière (2006) "Do people differentially

参考文献

Alicart, H., D. Cucurell, & J. Marco-Pallarés (2020) "Gossip information increases reward-related oscillatory activity," *NeuroImage*, 116520.

Andersen, S., S. Ertac, U. Gneezy, M. Hoffman, & J. A. List (2011) "Stakes matter in ultimatum games," *American Economic Review*, 101(7), pp.3427–3439.

Anderson, C. M., & L. Putterman (2006) "Do non-strategic sanctions obey the law of demand? The demand for punishment in the voluntary contribution mechanism," *Games and Economic Behavior*, 54(1), pp.1–24.

Anderson, E., E. H. Siegel, E. Bliss-Moreau, & L. F. Barrett (2011) "The visual impact of gossip," *Science*, 332(6036), pp.1446–1448.

Anderson, J. R., B. Bucher, H. Chijiwa, H. Kuroshima, A. Takimoto, & K. Fujita (2017) "Third-party social evaluations of humans by monkeys and dogs," *Neuroscience & Biobehavioral Reviews*, 82, pp.95–109.

Anderson, J. R., H. Kuroshima, A. Takimoto, & K. Fujita (2013a) "Third-party social evaluation of by monkeys," *Nature Communications*, 4, 1561.

Anderson, J. R., A. Takimoto, H. Kuroshima, & K. Fujita (2013b) "Capuchin monkeys judge third-party reciprocity," *Cognition*, 127(1), pp.140–146.

Andrea, L., R. Amanda, & B. Pat (2019) "Stake size effects in ultimatum game and dictator game offers: A meta-analysis," *Organizational Behavior and Human Decision Processes*, 151 (C), pp.61–72.

Andreoni, J. (2007) "Giving gifts to groups: How altruism depends on the number of recipients," *Journal of Public Economics*, 91(9), pp.1731–1749.

【は行】

【ま行】

【ら行】

【わ行】

【た行】

【な行】

索　引

【あ行】

【か行】

【さ行】

著者紹介

小林佳世子（こばやし　かよこ）

埼玉県川越市生まれ。埼玉県立浦和第一女子高等学校卒、東京女子大学文理学部社会学科卒、東京大学大学院経済学研究科博士課程単位取得満期退学、ペンシルバニア大学経済学研究科留学。

南山大学経済学部専任講師を経て准教授。専門は行動経済学、応用ゲーム理論、法と経済学。3児の母。

最後通牒ゲームの謎

進化心理学からみた行動ゲーム理論入門

2021年6月25日　第1版第1刷発行
2023年8月20日　第1版第5刷発行

著　者　小林佳世子
発行所　株式会社日本評論社
〒170-8474　東京都豊島区南大塚3-12-4
電話　03-3987-8621（販売）　03-3987-8595（編集）
https://www.nippyo.co.jp/　　振替　00100-3-16
印刷所　精文堂印刷株式会社
製本所　株式会社難波製本
装　幀　淵上恵美子

検印省略

Printed in Japan　　ISBN 978-4-535-55986-8